臺南文獻 · 第20輯

刊頭語

　　《臺南文獻》第 20 輯總計收錄 13 篇文章，內容相當多元，有信仰、墓葬，有陣頭、書聯，亦有有應公、旋風事件，更有寫疫情日記的西港刈香，開卷有益，都值得一讀。

　　大灣廣護宮 2020 年庚子科五朝清醮甫於年初結束，由於是新豐區極具指標性的大醮，過往研究不多，適有陳宏田主任與謝國興研究員兩篇文章討論儀程與陣頭，乃以「大灣廣護宮清醮」為題做為本輯專題名稱，藉以略窺難得一見的新豐區大醮之梗概與氣勢，亦為此醮留下些許祭典鑿痕，提供後人研究參採。特別一提的是，謝國興先生的大作〈大灣廣護宮建醮的傳統陣頭〉，運用龐大文獻與長期田調成果（更多是第一手資料）交互對照、論證，並用通俗語彙解析深奧陣式，讀來就像在廟埕看宋江、金獅。

　　本輯收稿、編輯期間，正是國內疫情嚴峻階段（可能因為這樣，賜稿較多），其間有如箭在弦上的西港刈香，為配合政府防疫政策，不得不暫時箭收弓藏，所有活動瞬間凍結；這是西港刈香發展史上重大事件，謝武昌組長的〈西港刈香 2021 年辛丑香科防疫日記〉，註記了危機處理與應變調適之種種，經驗相當寶貴，足供借鏡。8 月間，趁著疫情稍緩，於細雨清晨低調送王（燒王船）；11 月間，疫情穩定，慶安宮正式行文 96 村鄉將於 12 月底「補辦」刈香之事，讓辛丑香科圓滿結局（也為「謝文」略作補述）。這樣的「變化」，牽動的人、神、陣、庄、廟錯綜複雜，非常值得觀察。

　　本輯新增多位研究同好，賜稿內容雖仍多偏宗教信仰，但已較往常多樣了；臺南擁有豐厚的文化底蘊，實有發掘不完的題材，期待更多人加入「臺南文獻」的研究行列。

主編

大灣廣護宮 2020 年庚子科 五朝謝恩祈安清醮略記

陳宏田 *

● 一 前言

　　大灣廣護宮境內轄大灣、東灣、南灣、西灣、北灣、崑山、北興等七里，鄭氏（1662-1683）以來一直為長興里大廟，清中葉後為長興上里里廟，境域形成已逾兩三百年，主祀廣惠聖王謝安，地方上又稱「王公爺」、「境主公」等。本次庚子科[1]（2020 年）為時隔 13 年之後再次舉行。醮祭誠為地方一大盛事，特別是在府城週邊仍保有傳統舊聚落的地方，筆者先祖世居大灣一地也已逾 300 年，[2] 歷科醮事家族內父祖輩、堂親叔伯也常有參與醮事擔任會首之舉，2007 年丙戌科不揣譾陋整理了〈大灣廣護宮歷科醮事史及丙戌年五朝慶成祈安清醮略記〉一文，[3] 本次庚子科因工作及時間關係，只能利用零散時間仍續予進行相關訪查、記錄，期能傳承相關醮事歷程，延續鄉土信仰文化。

● 二 確定設醮及醮典前規劃整備

（一）關八抬

　　2019 年 9 月 12 日（農曆 8 月 14 日）起廣護宮開始置天臺、關八抬，[4] 是日上午於廟埕佈置妥天臺，午時由在地陳聰敏道長[5] 引領董事長、董監事及爐主等人，立壇參拜，祈求關八抬聖事順利。

---

* 臺南市政府觀光旅遊局虎頭埤風景區管理所主任（2019-）、臺南大學文化與自然資源學系兼任講師（2014-）

1 醮典定期者曰「科」，未定期者曰「年」，大灣廣護宮前依例約 12 年一科，此次隔 13 年仍稱「庚子科」。

2 拙著〈臺南永康大灣廟南陳厝 300 年開發史略〉，《臺南文獻》第 5 輯，2014，頁 149-185。

3 拙著〈大灣廣護宮歷科醮事史及丙戌年五朝慶成祈安清醮略記〉，《南瀛文獻》新第 7 輯，2008。

4 永康地區主要廟宇於廟方有重大待決事項，如建廟時程、方位、設醮科年等時，常有「置天臺、關八抬」之舉，期藉由稟告玉皇上帝之後，神聖降駕指示相關事項，以昭公信，也讓後續進行事項更有準據。

5 陳聰敏道長為東灣前村長陳珠生房頭內，1948 年生，十五、六歲即拜於臺南著名道長陳秋堂、陳錦錫（道號大弼）門下（24 歲卯拜），1993 年在臺南小東路護東宮登刀梯奏職，道號「陳羅興」，由 64 代嗣漢天師府張源先天師授職，原執業於光明街道壇，數年前遷回大灣，道壇曰「三臺保護壇」，獲聘任廣護宮庚子科高功道長，近年另主持過新化洋仔保生大帝廟 2010 年庚寅五朝慶成祈安清醮等。

2019 年 9 月 12 日（農曆 8 月 14 日）起開始「置天臺、關八抬」。

置天壇時迎請「開基王公爺祖」親自坐鎮。

9月18日由廣護宮董事長楊中成率領董監事前往大灣本境境內交陪廟宇進行境內訪宮事宜，邀請各友宮前來共同支持廣護宮關八抬事宜，9月24日起每晚在廣護宮廟埕進行關八抬儀式。此後，每晚安排各宮廟成員前來廣護宮廟埕協助關大廟八抬。關八抬期間，廣護宮廟內、境內交陪境宮廟等神明，曾分別降駕表示關心或進行相關指示，境外六甲赤山龍湖巖觀音佛祖及臺南祀典大天后宮天上聖母亦分別前來踏駕關心；境外交陪境永康開天宮主委黃益謨也率領廟內執事前來參拜及表達關心支持。10月13日廣護宮董事長楊中成、名譽董事長陳順忠、陳式輝及兼廟常務董事的七里里長等人，親自下場扛八抬，祈求境主能早日降駕指示。10月15日當晚10點至11點半間由廣惠聖王親自帶駕降臨，聖示此科庚子年醮事重要事宜，廟方並於10月17日子時謝天臺，感謝關八抬期間列位眾神的幫忙。

大灣忠順聖王宮成員前來廣護宮廟埕協助關大廟八抬。

10月12日蔡英文總統等中央、地方民代親臨致賀。

（二）成立建醮委員會

2020年2月12日首次召開籌備會議，2月21日向王公爺「跋桮」裁決相關建醮事宜細節。2月22日上午向境主王公爺稟報後，公告庚子科五朝謝恩清醮五種會首名稱及名額，邀集香境內熱心人士擔任會首（預定人數35位，至10月才足額）。8月6日公告大灣境內未與廣護宮交陪，但有意參與建醮遶境的宮廟壇堂受理報名登記，屆時另擇日向王公爺請示是否允許參加建醮遶境。西灣里范王府、大灣新峰寺均屬獲允桮同意加入參與建醮。

（三）送大帖

宮廟設醮係地方大事，要邀請境內外友宮參與盛事，不若神明聖誕平安宴以邀

請卡請束方式較便宜行事，多採傳統大禮，由建醮委員會總董率領建醮委員親持大帖前往交誼境宮廟面邀，以示鄭重，同時向交誼宮廟正式說明醮典相關日課安排。

送大帖分外境友廟、境內友廟，事先排定行程由建醮委員會總董率領建醮委員前往，8 月 13 日以一天時間先後前往外境永康二王廟、永康保生宮、龍潭天壇、永康區開天宮、西勢廣興宮、安定蘇厝第一代天府、祀典大天后宮、仁德太子廟明直宮等廟拜訪邀請；8 月 14 至 15 日兩天，拜訪並邀請境內的山西清玄府（東灣）、聖巡代天府（東灣）、大灣觀音寺（東灣）、南巡宮（南灣）、城隍宮（南灣）、聖池宮（南灣）、天后宮（南灣）、玄二壇（南灣）、護尊堂（南灣）、聖巡北極殿（南灣）、忠順聖王宮（東灣）、慈雲玄聖宮（南灣）、凌霄寶殿武龍宮（崑山）、南帝宮（崑山）、中樞元帥廟（建國）、玄武宮（崑山）、瑤池代天府（崑山）、觀音廟（北灣）、國聖宮（北灣）、淨法寺（大灣）、清水宮（北興）、慈勝宮（西灣）、玉所行館（西灣）、玉虛寺（大灣）、廣德堂（大灣）、評周公廟（西灣）等廟。

（四）柽選主會首、組成建醮委員會

10 月 6 日（農曆 8 月 20 日）登記的眾會首，於廟內以評柽方式柽選出主會、主醮、主壇、主普、三官首等五大會首，如下：

主　會：陳力彰（西灣）、陳憲德（南灣）、汪順德（大灣）、楊甚吉（崑山）、劉裕銘（西灣）、張龍泰（西灣）、陳碩彰（大灣）。

主　醮：謝文元（東灣）、楊義夫（東灣）、陳金柱（大灣）、陳龍陞（南灣）、謝進義（北灣）、李清雲（西灣）、鄭清風（大灣）。

主　壇：鄭福昌（西灣）、劉有財（南灣）、黃宗堃（大灣）、汪青發（大灣）、蔡昆成（崑山）、魏順和（北興）、黃中榮（東灣）。

主　普：劉　水（西灣）、李 a 哲男（西灣）、陳玉賢（北興）、陳松夫（崑山）、陳慶霖（南灣）、顏修盈（西灣）、蔡文瑞（北灣）。

三官首：謝坤樹（大灣）、劉和財（南灣）、劉進發（南灣）、王進雄（南灣）、甲堃營造開發有限公司陳瑞堂（東灣）、李光輝（西灣）、證豐實業有限公司陳明安（南灣）。

本科大主會首即由陳力彰（西灣）以最多桮跋得，各主會首區位分佈為：大灣里7位、東灣里4位、南灣里8位、西灣里9位、北灣里3位、崑山里3位、北興里2位。由上列主會首分布，也可知悉以大廟為核心的舊社區聚落（大灣里、東灣里、南灣里、西灣里等），參與程度遠高於崑山里、北興里（2018年由北灣里分出）。

另外，建醮委員會組成略記如下：

爐主吳益田（崑山）、名譽管理顏茂松（西灣）、名譽董事長陳順忠（崑山）、總董楊中成（南灣）、副總董張龍泰（西灣）、劉明桐（崑山）、監事主席李順雄（崑山）、常務董事鄭文義（大灣）、李明堂（東灣）、詹瑞美（南灣）、李元慶（西灣）、鄭瑞益（北灣）、李忠信（崑山）、鄭文生（北興）。總幹事陳瑞元（北灣）、副總幹事王冠智（北興）、王怡仁（北興）、劉家仰（南灣）。

外掌陳式輝（東灣）、副外掌黃輝南（西灣）、陳玉賢（北興）；內掌蔡松伯（西灣）、副內掌董峰雄（北興）；祭典組長李文珍（西灣）、會計組長鄭萬生（北灣）、出納劉有進（南灣）、文書組長胡景堯（西灣）、副文書組長王南傑（北興）、機動組組長許良仁（北灣）、機動組副組長張崇益（北興）、膳食組組長李福（東灣）、交通組組長鄭明宗（崑山）、廣播組組長韓福助（東灣）、廣播組副組長曾金生（崑山）、公關組組長莊東嶧（北興）、攝影組組長黃國平（北灣）；福首、建醮緣首（7里共70名由鄰長擔任）。

（五）建醮相關職務需備辦供品及費用

10月21日會首第一次會議時，針對相關職務需備辦供品及費用有如下明細。

【表 1】建醮相關職務需備辦供品及費用明細表

職稱	贊助金	腳桶數	金額	豬隻
主普	60,000	160	壽金 1,320 支（88 捆） 金紙 14,600 支（146 捆） 紙頭 360 粒（72 捆）	1 豬公 2 隻伴豬 （或 8 豬） 外加 1 豬 1 羊
主會 主醮 主壇 三官首	60,000	100	壽金 660 支（44 捆） 金紙 8,000 支（80 捆） 紙頭 200 粒（40 捆）	1 豬公 2 隻伴豬 （或 8 豬）
總董	100,000	126	壽金 660 支（44 捆） 金紙 8,000 支（80 捆） 紙頭 200 粒（40 捆）	1 豬公 2 隻伴豬 （或 8 豬）
爐主	隨意	120	壽金 660 支（44 捆） 金紙 8,000 支（80 捆） 紙頭 200 粒（40 捆）	1 豬公 2 隻伴豬 （或 8 豬）
名譽管理 名譽董事長	隨意	60	6,000 元	---
董事 監事主席 總幹事 內外掌	30,000	100	6,000 元	---
副總幹事 副內外掌	20,000	60	6,000 元	---
董監事	20,000	60	6,000 元	---
新委員	20,000	32	6,000 元	---
顧問	20,000	32	6,000 元	---
緣首 福首	---	10	---	---

資料來源：整理自醮事相關紀錄。

（六）其他

10月15日（農曆8月29日）梧選建醮遶境先鋒官、開廟門友宮。遶境先鋒官由廣護宮謝府元帥擔任；開廟門方式：廣德堂神獅陣、國聖宮金獅陣由大門入廟、廣德堂四駕由大爿入廟、國聖宮四駕由小爿入廟。

遶境路關旗：出大廟後，路關旗由區長（時任區長張睿民）擔任。

建醮日課表（正面）。　　　　　　　　　　　建醮日課表（背面）。

11月10日起建醮委員會前往各武館發送補助金及為武館成員打氣。

1. 南灣里聖巡北極殿宋江陣於10月18日（農曆9月2日）開館，夜訓場地在南灣里聖巡北極殿廟埕；成員為里內劉厝劉姓、南灣陳厝陳姓、潭墘楊姓為主，每週二、四訓練，總教練為楊基祥。南灣里聖巡北極殿宋江陣習稱「大灣劉厝宋江陣」，前身在日治時期（1895-1945）稱為「大灣宋江團」，係當時大灣陳厝、劉厝合陣的宋江陣，日大正12年（1923）4月20日日本裕仁皇太子（後為昭和天皇）臺南「行啟」時，前往原臺南州知事官邸（今東區衛民街1號）表演給裕仁皇太子觀賞。大灣宋江團後分設東灣陳厝宋江陣、後壁李宋江陣、南灣劉厝宋江陣、西灣頭前李宋江陣等陣，東灣陳厝、後壁李二陣已散陣近20年，至今未再復陣。

2. 西灣里宋江陣夜訓場地在西灣里伍風宮西側空地、成員以里內頭前李姓、顏姓為主，每週一、二、三訓練。西灣里宋江陣係由廣護宮常董西灣里長李元慶負

責組陣，因歷來西灣里頭前李並未有族姓宮廟，雖宋江埕設於伍風宮旁，但伍風宮係近年剛入火安座的新廟，宋江陣並未附屬於該廟，近來西灣里認定的里內境廟係評周公廟。

3. 北灣里國聖宮金獅陣夜訓場地在北灣里國聖宮廟埕，成員以里內姓鄭仔鄭姓、廟北陳厝陳姓為主，每週一、二、四、五訓練。原北灣里有一保、二保金獅陣，分屬國聖宮、清水宮附屬，今分北灣及北興二里，一保北灣里金獅陣今統稱「國聖宮金獅陣」，北興里清水宮附屬金獅陣仍習稱「原二保金獅陣」。

4. 北興里清水宮原二保金獅陣夜訓場地在北興里清水宮廟埕，成員以里內王姓、北灣里姓黃仔黃姓為主，每週一、二、三、四、五訓練。

5. 大灣里廣德堂神獅陣夜訓場地在大灣里三媽廟廣德堂廟埕，成員以里內汪厝汪姓為主，每週二、三、四訓練。

醮典前期進程

（一）天壇牌樓、歡迎門啟燈

11 月 19 日下午 6 點，進行廟前天壇牌樓、主會總壇、歡迎門燈海啟燈儀式，開燈大吉，象徵建醮科儀正式展開。此次天壇牌樓設於大廟前廟埕，主會總壇設於大灣三街與大安街交叉路口。

搭設天壇牌樓設於大廟前廟埕。

主會總壇設大灣三街與大安街交叉路口。

建醮歡迎門陸續於 11 月 1 日前搭建完成，多由在地建商或企業提供贊助，列如表 2：

【表 2】建醮歡迎門搭設位置、贊助單位及贊助金額一覽表

搭設位置	路寬	贊助單位	贊助金額
永大路一段（太子橋）	30m	北揚建設	10 萬元
永大路二段（北）	30m	瀚霖建設	10 萬元
大灣路崑大路（西）	30m	邰欣建設	10 萬元
大灣東路（東）	30m	易展企業劉德全	10 萬元
大灣路富強路口	18m	臺邦建設	6 萬元
永華路近文化路	15m	晨鑫開發建設	6 萬元
大同街夜市旁	15m	致穩建設	6 萬元
民族路遠大加油站	15m	樺融建設黃益謨	6 萬元
南興路太子橋	15m	開將建設	6 萬元

資料來源：整理自醮事相關紀錄。

在地建商或企業提供贊助的建醮歡迎門。

境內各重要對外出入口搭設各歡迎門書：

| 「恭祝大灣廣護宮庚子科五朝謝恩祈安清醮大典」

聯曰：（以南興路歡迎門為例）

| 「廣運略韜敵寇膽寒涭水風雲憑叱吒」（入境上聯）

| 「護持黎庶蘋蘩香郁灣村阡陌儘繁華」（入境下聯）

| 「廣衍廟堂新一角甌稑輝日月」（出境上聯）

| 「護維邦國固六奇策略起風雷」（出境下聯）

南興路歡迎門。

　　11月20日（農曆10月6日）建醮總董開始頒發建醮委員聘書，並尋求委員們於醮典期間全力支持，俾讓醮事順利。

（二）文化季系列活動暖身

　　11月22日（農曆10月8日）10點於大灣國小辦理建醮文化祭系列活動「大灣廣護在地文化暨老照片影像展覽」開展記者會，由建醮委員會與東灣里社區發展協會共同辦理，由文書組長胡景堯統籌、副總幹事劉家仰策劃執行，包括廣護宮沿革、主神謝安王公爺事蹟、傳統建醮文化及歷史老照片，以發揚傳統文化與深耕在地精神，並為年底的建醮大典做暖場開跑。

大灣廣護在地文化暨老照片影像展覽。

　　11 月 28、29 日西灣社區發展協會慶贊此次醮典，主辦「時光隧道 FUN 起來，阿公阿媽一起來看戲世代融合系列活動」晚會，於總主會壇前廣場（大安街與大灣三街交叉路口）舉行，讓社區民眾、長輩共同重溫年輕時建醮時熱鬧場景，也為本科醮典暖身。

　　11 月 30 日由大廟四駕、建醮委員前往鹿耳門天后宮、鎮門宮及仁德太子廟明直宮參香及「貼香條」，以祈求後續「送火王」、「放水燈等」二大科儀前往外境拜廟及儀式進行順利。12 月 1 日筆者引薦建醮總董共同前往古都電臺接受寺廟大小事主持人專訪本次醮科活動，共同為建醮大典行銷加溫。12 月 5 日上午於崑山國小辦理建醮文化祭系列活動接力開展記者會，此次續展由建醮委員會與崑山國小家長委員會共同辦理，增加鯽魚潭歷史脈絡與文化變遷議題，教育學子們了解古時大灣鯽魚潭的風華，並為年底的建醮大典繼續做暖身，筆者獲邀出席並共同述說在地古鯽魚潭歷史。

　　12 月 18 日起，大灣地區大灣高中、大灣國小、崑山國小及鄰近永仁高中、大橋國中、仁德長興國小等學校社團，亦皆來大廟廟埕獻藝，向醮主賀醮，活動項目略如下表 3：

【表 3】2020 年 12 月 18 日文化季動態節目活動

場次	時間	團隊（人數）	慶賀演出曲目
1	18:30-19:00	崑山國小舞獅隊 20 人	祥獅獻瑞
		大灣國小合唱團 20 人	客家心故鄉情
2	18:30-19:00	大灣國小管樂團 45 人	管樂喧天
		崑山國小舞獅隊 20 人	好獅來一客
		大灣國小舞龍隊 15 人	飛龍在天
3	18:30-19:00	大灣高中管樂團 35 人	管樂饗宴
		大灣高中戰鼓隊 10 人	戰鼓震天
4	18:30-19:00	大橋國中啦啦舞蹈隊 35 人	青春閃耀 Cheer Up
5	18:30-19:00	長興國小擊鼓隊 25 人	乘風破浪
6	18:30-19:00	永仁高中慈暉醒獅團 16 人	祥獅獻瑞
		永仁高中管樂隊 24 人	青春組曲

資料來源：整理自醮事相關紀錄。

　　此外，12 月 20 日晚上 7 點文化季系列活動明華園戲劇總團大戲，由孫翠鳳領銜主演，演出地點於永大路二段西灣滯洪池旁空地，同時也是日後醮典普度場所在，演出戲碼〈扮仙慶賀〉、〈劍神呂洞賓〉，由地方人士出資贊助。

文化季系列活動明華園戲劇總團大戲演出。

（三）蜈蚣陣蜈蚣壇成立

2020 年 12 月 5 日大灣里謝厝蜈蚣陣蜈蚣壇成立，設於大廟廟後大民街，由建醮總董、爐主、常務董事、建醮委員及信女隊共同前往參拜。蜈蚣陣由百足之蟲蜈蚣轉化而成，古人以其百足可破煞及路障，故村里皆以蜈蚣陣遶境保祐村里家家平安、福壽安康，為建醮慶典不可缺少藝陣之一。大灣謝厝蜈蚣陣係由廣護宮廟南謝厝謝姓族人組成，頭科建醮（1924 年）參加汪厝神獅陣，由於謝厝人口成長較低及搬遷外地謀生等因素，第二科醮（1935 年）由謝姓耆老倡議以蜈蚣陣來代表謝厝陣頭；兩科醮後，鄰近永康保生宮、開天宮（轄境蜈蜞潭、王行、五圖、對面仔）、元帥廟廣興宮（轄境西勢、蕃薯厝、新庄仔、樹仔腳、新化崙仔頂）等交陪境建醮慶典遶境，以及大灣地區本庄三王廟聖巡代天府、聖巡北極殿、國聖宮、天公廟武龍宮等建醮慶典，蜈蚣陣皆隨廣護宮境主廣護聖王參加遶境，頗受族人及鄉親肯定，是大灣地區非常受歡迎藝陣之一。

本科謝厝蜈蚣陣出陣為 42 人陣，陣容角色如下：隨駕將軍、謝靈運、謝琰、謝玄、謝石、隨駕將軍、謝府王、[6] 財神宮、送財宮、喜福宮、報春宮、仙女、仙女、喜童、財童、仙女、財童、財童、春神、仙女、觀世音、探子、唐太宗跨海征東五虎將、[7] 五虎將、五虎將、五虎將、五虎將、程咬金、程鐵牛、徐圓郎、高士達、孟海公、薛應龍、隨駕將軍、陳金定、薛仁貴、尉遲恭、徐茂公、魏徵、皇室總管、皇后、唐太宗等。

由於少子化及工商化社會招募蜈蚣陣成員不易，此次特別透過大灣地區國中小、幼稚園號召家長們鼓勵幼稚園大班至國中一年級學童參與，免費報名且由主辦單位為參加學童辦理保險，由於蜈蚣陣係一具有神性藝陣，咸信成為蜈蚣陣成員多有受神明加持庇祐現象，最終順利完成滿陣陣容。

（四）狀元府收員

2020 年 12 月 11 日狀元府開始收員，預計收 100 名，設於北興里北興路，並搭設頂級皇龍帳，供「狀元公」[8]（乞丐美稱，或稱「天子門生」）使用，本次管理員

6　所指「謝府王」即廣護宮主神廣惠聖王謝安。

7　有指係程咬金、蘇定方、秦瓊、尉遲恭、薛仁貴等人。

8　目前登記收員的狀元公，除了一般低收入戶的民眾、流浪遊民外，也有一些是因帶「乞食命」的富戶，開著百萬名車前來登記參加，以求命運順遂。

仍請有「丐幫幫主」之譽、已有 14 次經驗的李丁松[9]擔任。狀元府是醮祭法會或者迎神賽會時，南北乞丐聚集的地方，有些宮廟為了避免被這些乞丐騷擾，特地設置狀元府安置這些人，實是「乞食寮」的美稱，乞丐的祖師爺鄭元和、呂蒙正，都是在當乞丐後才高中狀元的；另外稱狀元府不稱「乞食寮」，也是表現對弱勢族群的尊重，也因歷史故事中廣傳乞丐也能出天子（明太祖朱元璋），因此不可怠慢輕視。

設於北興里北興路的「狀元府」。

設「狀元府」提供來自各地的「狀元公」膳宿及日常用品，並派專人伺候他們的生活起居，另有志工協助服務，希望他們能吃得飽、穿得暖，每天供應「狀元公」住宿、冷熱水淋浴，並供應三餐，以貴賓禮遇接待，同時在府前搭設牌樓、設香案，每天祈拜，每人均分發日常用品一份，包括棉被、草蓆、枕頭、臉盆、毛巾、香皂、牙刷、牙膏、漱口杯、衛生紙等等，如有善男信女布施善款，則平均分予每一名狀元公，希望招待這些狀元公彼此能相安無事，不致妨礙醮典進行，同時在遶境前一夜也會飽餐一頓後發放紅包當零用，也讓醮典活動能有「普天同慶」的歡樂氛圍。

9　大灣地區各大小廟宇，近 30 多年來祭典有設狀元府的管理人員，歷次皆由李丁松擔任，可說是職業狀元府管理人，可參見 2015/01/15〈管狀元府 李丁松喊到燒聲〉中華日報張淑娟記者報導。http://cdns.com.tw/news.php?n_id=23&nc_id=4505。

（五）豎燈篙

事先於 12 月 12 日上午 7 點動土挖燈篙孔，深度二尺八寸，為兩天後豎燈篙做準備，代表即將進入緊鑼密鼓的醮祭期間。午時再進行賞兵巡五營（東、南、西、北、中營）法事儀式，由大灣在地紅頭法師徐明洲進行相關「犒賞」科儀，以祈求五營官將兵丁能協助此次醮祭一切順利圓滿。

12 月 14 日上午 9 點 20 分豎燈篙，廟方於左前方大灣路與民族路交叉路口空地設案桌豎起燈篙，召告天地神祇蒞壇鑑醮，代表為本科醮祭正式揭開序幕（主會戶民有豎燈篙者敬備香案桌，各會首、委員齋戒茹素），燈篙尾向東北方，燈篙橫竹離地一丈四尺九寸。

廣護宮於左前方大灣路與民族路交叉路口空地豎起燈篙。（本張攝影由大灣廣護宮攝影組長黃國平提供）

此科，廣護宮在 10 月 21 日第一次主會會議時，即有提供主會、總董、爐主家中排設香案桌供品種類數量以供參考：

設施：四角合桌一塊、桌裙一條、八仙彩一支、香爐一個、淨爐一個、花瓶一對、水果盤四個、茶甌三杯、燭臺燈一對、龍角燈一對、連尾甘蔗一對、蜜餞臺一個、香環臺一個、點香燈臺一個。

供品：鮮花一對、水果四項、餅菜碗乾溼一付、山珍海味一付、蜜餞花一個、烏龍茶一瓶。

壽金：大香、小香、淨香、束茶、大炮（隨意），金爐一個。

　　燈篙豎立後，直至醮典結束謝燈篙時，香案即置於宅前，案上置水果、鮮花、茶水、香爐、燭臺、荐盒、淨香、束柴等，案前兩側各豎紅甘蔗一根，蔗尾並以紅紙相互縶起，形似一拱門，再於案前圍以桌裙，會首家宅前多者設三案，分別代表天公桌、三界公桌、南北斗星君與眾神桌，或僅設一桌者亦有之，此後開始晨昏上香，直至醮典謝燈篙結束。

會首家宅前設香案桌。

此外，戶民另於門上掛上八仙醮綵，並貼上設醮廟方發給戶民張貼的門聯與福符。

戶民於門上掛上八仙醮綵並貼上門聯與福符。

（六）武陣開刀（開斧）

「開刀」（開斧）即於境主廟廣護宮廟埕成果驗收，由大廟主神校閱之意，此科地方自組武陣宋江陣及金獅陣，計有：南灣里聖巡北極殿宋江陣、西灣里宋江陣、大灣里廣德堂神獅陣、國聖宮金獅陣、北興里原二保金獅陣，總計自組五陣武陣，2020 年 12 月 15 至 17 日一連三天在大廟廟埕進行開刀、開斧儀式，各陣安排日期、時間詳如下表 4：

【表 4】宋江陣、獅陣開刀、開斧時程表

日期	武陣（宋江陣／金獅陣）	時間
12 月 15 日 （農曆 11 月 1 日）（二）	大灣里廣德堂神獅陣	19:00-20:30
12 月 16 日 （農曆 11 月 2 日）（三）	西灣里宋江陣	19:00-20:30
	北灣里國聖宮金獅陣	20:30-22:00
12 月 17 日 （農曆 11 月 3 日）（四）	南灣里聖巡北極殿宋江陣	19:00-20:30
	北興里原二保金獅陣	20:30-22:00

資料來源：筆者自行整理自醮事相關紀錄

大灣里廣德堂神獅陣廟埕進行開
刀、開斧儀式。

北灣里國聖宮金獅陣廟埕進行開
刀、開斧儀式

南灣里聖巡北極殿宋江陣廟埕進
行開刀、開斧儀式。

（七）晉匾、賀醮

「晉匾」即由各交誼境廟宇依排定時間前來向醮主廟宇「插燭」，並送上匾額以「賀醮」，預祝醮事順利，護境安民。由於交誼廟宇眾多，每座宮廟如都各自獻上匾額亦會造成醮主廟宇懸掛上的困擾，因此近來頗多集合眾廟施作一大公匾之例，惟各廟仍依事先排定時間前來賀醮，雖無各自晉匾，惟仍習稱「晉匾賀醮」。[10]

友宮晉匾賀醮（一）。

友宮晉匾賀醮（二）。

10　插燭賀醮拜品略如下：五牲、五秀、山珍、海味、香排、大燭、鮮花、四菓、清茶、紅龜、發粿、大麵、煙酒、檳榔、八仙綵、財帛（大金）、鳴炮……等。

各交誼境共同施作所晉公區額曰「廣宣德惠」，上款文：「恭祝大灣廣護宮庚子科五朝謝恩祈安清醮大典」，下款文：「歲次庚子年葭月吉旦　全臺祀典大天后宮（等36座境內外交誼境廟宇聯名）一同敬獻」。各交陪境友廟晉區（公區）插燭、賀醮的日期、時間略如下表5：

【表5】境內外各友宮晉區時程表

日期	單位	時間
12月19日 （農曆11月4日）（五）	天后宮（南灣）	19:30
	評周公廟（西灣）	20:00
	淨法寺（大灣）	20:00
12月19日 （農曆11月5日）（六）	慶安宮（西灣）	19:00
	伍風宮（西灣）	19:00
	玉虛寺（大灣）	20:00
	清水宮（北興）	20:30
	觀音廟（北灣）	20:30
12月20日 （農曆11月6日）（日）	聖巡代天府（東灣）	19:00
	瑤池代天府（崑山）	19:30
	開基觀音寺（東灣）	20:00
	護尊堂（南灣）	20:00
	國聖宮（北灣）	20:30
12月21日 （農曆11月7日）（一）	聖池宮（南灣）	19:00
	凌霄寶殿武龍宮（崑山）	19:30
	忠順聖王宮（東灣）	20:00
	南巡宮（南灣）	20:30

【表 5】境內外各友宮晉匾時程表

日期	單位	時間
12 月 22 日 （農曆 11 月 8 日）（二）	聖巡北極殿（南灣）	19:00
	玄二壇（南灣）	19:30
	廣德堂（大灣）	20:00
	慈雲玄聖宮（南灣）	20:30
12 月 23 日 （農曆 11 月 9 日）（三）	城隍宮（南灣）	19:00
	永康保生宮	19:30
	永康區開天宮	20:00
12 月 24 日 （農曆 11 月 10 日）（四）	全臺祀典大天后宮	19:00
	蘇厝第一代天府真護宮	19:30
	永康二王廟	20:00
	龍潭天壇	20:30

資料來源：筆者自行整理自醮事相關紀錄。

各交誼境共同施作所晉「公匾」額曰「廣宣德惠」。

插燭賀醮相關拜品。

（八）神尊鑑醮

此次廣護宮自 12 月 18 日至 24 日（農曆 11 月 4 至 10 日）止受理神尊鑑醮，其中：

王令、鯉魚、令旗 　　 每件貳仟元

一尺三以內（含一尺三）每尊參仟元

一尺三以上到一尺六 　每尊伍仟元（一尺六以上不予受理）

除了接受一般宮廟堂神尊鑑醮以外，對於特殊交陪的宮廟神尊，通常也會由廟方特別擇日前往邀請參與鑑醮，12 月 19 日早上建醮委員便特別前往祀典大天后宮恭請媽祖聖駕蒞宮鑑醮。

（九）封廟門、斗燈入醮壇排設

12 月 22 日（農曆 11 月 8 日）上午 10 點「封廟門」，在此之後，廟內即佈置成「內道壇」，廟門開始封閉；廟前置設十六騎，以護衛醮場。

「封廟門」之後，廟前置設醮騎，以護衛醮場。

中央正門前並置「觀音大士普度公」鎮守，兩側分設「翰林所」及「男堂女室」。接下並安排「斗燈入醮壇排設」，指廟方為各會首準備的「斗燈」，主要由「斗燈傘」、「斗燈籤」及所謂的「斗燈十二寶」所組成；「斗燈傘」用以保護傘下「斗燈籤」，「斗燈籤」則為長條形書寫某信士祈安植福本命元辰星君之類字樣，「斗燈十二寶」為「斗燈」內十二項器物，代表人的十二元神，約有「油燈盞、花生油、燈心、斗、白米、劍、鏡、尺、秤、剪、古銅錢和七色線」等，亦分別有其代表意義，劍以驅邪逐魔，鏡令邪魔現形，尺秤以度量善惡、秤知輕重，剪具辟煞功能，古銅錢和七色線串結示財帛相連，因之「斗燈」實寓有生生不息、煥彩元神、趨吉避凶、招財進寶之立意。醮典法會主要之用意即在「禮斗植福」，所謂「斗」即指「斗燈」，尤其入醮點燃後至醮祭結束，不得熄滅，否則不祥，其重要性可見一斑。

（十）送火王

醮祭活動於 12 月 25 日（農曆 11 月 11 日）進行打（拍）火部、送火王儀式，藉此預防火災，有送走厄運，祈求好運之意涵。中午 12 時 30 分，參與送火王友宮廟宇（大灣香境內）先至大廟報壇，參與宮廟包括廣德堂、國聖宮、聖池宮、聖巡北極殿、瑤池代天府、城隍宮、凌霄寶殿武龍宮、玉虛寺、觀音廟、清水宮、忠順聖王宮、聖巡代天府等，均出動四駕、蜈蚣傘、神轎，武陣則有汪厝廣德堂神獅陣、國聖宮姓鄭仔金獅陣、清水宮原二保金獅陣、南灣聖巡北極殿宋江陣、西灣里宋江陣。

午時，眾會首及委員執事們即齊聚廟前，事前道壇人員先書寫貼上聯橫符「禳熒祈安」、上聯「火德中天扶日月」、下聯「炎方一柱鎮乾坤」等聯符，並製做書寫「火烜尊帝」二燈，廟前出發時，由二人提該二燈座，大主會、爐主及總董手捧紙紮神轎及紙人、道長則持一長旗青竹，長旗為一面黑一面紅，黑面書敕令北斗水神滅凶災罡、紅面書南斗火官除毒害等字，接著道士團及眾會首、委員執事們、謝府元帥大轎，隨後宋江陣、各宮廟隊伍，依序由大廟出發，前往仁德區太子五街三爺宮溪旁空地，預計於下午 4 時 25 分進行送火王儀式。到達目的地後，於預定時間前先

由道士團引領眾會首上香致意，向天地神明稟報將進行五朝謝恩祈安清醮，稟報完畢，工作人員即將帶來的大金、小金及紙紮神轎、紙人、火烜尊帝燈座、長旗青竹等在溪畔邊空地燒化，化金完畢，完成送火王儀式，全部人員即回程，並依原規劃至太子廟明直宮參拜，之後，全部人員沿仁德太子路、長興路、大灣南興路、大灣路依序回大廟。

送火王時大主會陳力彰（中）、爐主吳益田（左）、總董楊中成（右）手捧紙紮神轎及紙人。（本張攝影由大灣廣護宮攝影組長黃國平提供）

送火王儀式於廟前天壇張貼之聯符。

送火王前道士團引領眾會首上香致意。（本張攝影由大灣廣護宮攝影組長黃國平提供）

（十一）煮油除穢

送火王之後，眾會首、委員執事們及各陣頭隊伍陸續返回廣護宮，道長已事先在廟前置好香案，並備妥三牲、粿品及酒醴，案前並置油鼎一組，準備就緒後隨即進行煮油除穢儀式。眾會首及委員執事們齊聚廟埕油鼎前，道士團在香案前稟報後，即在油鼎內置油燃火，瞬間火勢變大，簡單儀式後，道士團即請眾會首及委員執事們陸續淨油，眾會首委員執事趨前站在油鼎旁伸手在火苗前做勢取火，在往自己頭上、臉上及身體擦抹，代表以火淨身，並將身上污穢除去，未能親自參加者，亦皆攜帶衣服代替，接續再提供其他人等進行淨油，以準備正式醮典的到來。

四 醮典後期進程

（一）起鼓入醮

2020 年 12 月 26 日（農曆 11 月 12 日）上午卯時（5-7 時）起醮鼓，高功陳聰敏道長即引領眾會首、委員執事們，入內壇焚香敬拜，高功道長向三清道祖及眾神尊稟報廣護宮即將啟建大醮，恭讀「庚子科五朝謝恩祈安清醮意悃」，[11] 說明設醮地點、用意，並一一唱名各會首、委員執事們名字，祈求設醮能風調雨順、國泰民安外，並能闔境平安，鴻圖大展。稟奏完畢，手持法仔鼓鼓手即從眾會首委員執事面前一路敲鼓前進至壇前，完成引鼓入醮儀式，也代表此科醮典正式開始。

接下並進行「早朝」、燈篙前「祀天旗」儀式。「天旗」又稱「祈安旗」或「三清上聖旗」，黃色布條，上書：「三清上聖十極高真三界萬靈左班真宰右序群真四府列聖醮筵主宰一切威靈」字樣。搭配「天布」，青色長條布疋，象徵青天，以召請天上諸神。上畫三清符號為符頭，中書「奉敕令玉皇上帝三界神祇列聖恩前五朝福醮上答天恩下祈合境平安」字樣，下押「罡」字為符腳。其上並有「天燈」，又稱「玉皇燈」，紅紙燈籠，燈腹以紅墨書寫「天燈」或「玉皇燈」及「建醮大吉」字樣，接下「皇壇發表」及於廟前「懸掛榜文」儀式。

11　文檢可分為疏文、牒文、關文、榜文、意文（悃、表、申、狀）、奏章等。悃意（或稱意悃、意文、福疏）係道士備忘錄，放於道士手中誦讀，故俗稱「手疏」。悃意內容，簡述醮典地點、時間、事由，以及醮首名單，祈祝諸事順利，表達信徒建醮酬神之誠懇至意。因僅係備忘性質，而非公文，故書寫於紅紙而不用封套。

廟前懸掛此科建醮榜文。

（二）建醮法會科儀

　　醮祭靈魂人物道士團及高功道長遴聘，本科經公開評梏後由本庄陳聰敏道長擔任，自 12 月 26 日（農曆 11 月 12 日）起，五朝謝恩祈安清醮法會開始，一連至 12 月 30 日（農曆 11 月 16 日）止共 5 天，高功道長率道士團進行醮事科儀，依事先規劃好的建醮科儀時間表按表進行操課，全體禮拜參與者包括爐主、建醮總董、各主會首，各日科儀略如下：

12 月 26 日（農曆 11 月 12 日）首日醮事：起醮鼓、皇壇發表、豎立天旗、外壇獻敬、午陳獻耕、分燈捲簾、鳴金嘎玉、外壇獻敬、皇壇奏樂。

12 月 27 日（農曆 11 月 13 日）第二日醮事：道場陞壇、奉進甘湯、九陳午耕、奉獻瓊花、啟師啟聖、主維大教法、敕水禁壇、收禁命魔、宿啟玄壇、紀綱教法。

12月28日（農曆11月14日）第三日醮事：早朝朝見三清道祖與玉皇大天尊、呈奏三寶青詞、奉獻清茶、祝告清香；午朝朝見中天星主北極紫微大帝、呈進紫微紅疏、祝酒繽紛、散遠奇花；晚朝朝見勾陳玉虛天皇、呈進勾陳硃表、奉獻酥酡。

12月29日（農曆11月15日）第四日醮事：啟闕玉皇經、放水燈、玉皇經補謝、拜天公。

12月30日（農曆11月16日）第五日醮事；登棚演教、呈進表章、奉安灶君、雲廚妙供、再獻素粔、普度植福、普場奉香、通誠正醮、恭送聖駕回程、巡孤筵、登座說法。

（三）放水燈

　　12月29（農曆11月15日）上午10時，參與放水燈的武陣與友宮廟宇一如先前送火王的隊伍，先至大廟報壇，上午11時隊伍陸續報壇參拜後於永大路二段會合再往鹿耳門出發，並分別向鹿耳門天后宮、鎮門宮參香，再前往鹿耳門溪出海口旁沙灘，準備相關放水燈事宜。

　　下午約3點，由陳聰敏道長負責的道士團，即在沙灘置妥香案，昭告天地眾神預備燃放水燈事宜，並一一唱名眾會首及委員執事們，敬邀天地眾神尊共鑒醮儀盛典、燃放水燈、普照陰路、幽冥孤魂前往共饗普度盛會，願能普施度化，不再擾民。向天地神明稟報將進行放水燈儀式完畢後，下午3時45分，部分會首手捧，分乘數艘膠筏前往外海，陸續將書有「大灣廣護宮」及各自會首姓名的紙紮水燈座投放入海，結束後眾會首回到岸上，各宮廟及相關隊伍再依續搭車返回廣護宮，完成當日放水燈儀式。

會首手捧書有「大灣廣護宮」及各自會首姓名的紙紮水燈座。（本張攝影由大灣廣護宮攝影組長黃國平提供）

（四）拜天公

　　當晚，廟埕事先已備妥拜天公儀式香案桌，中央案桌玉皇上帝、左右各一桌分別敬拜三官大帝、五斗星君及另一桌敬拜上界諸真列聖眾神尊，案桌前並供奉牲禮、紅龜、大麵、麻米粩、粽子、甜粿、發粿、天公金等拜品，並敬奉山珍海味（薑、鹽、糖、豆）、鮮花、清茶、菓品、薦盒等，三案桌前並綁著兩根紅甘蔗，蔗尾交叉形成拱門狀。子時（23時）起拜天公，由高功陳聰敏道長引領眾會首、廟方執事在廟前朝外向東跪拜，高功道長先恭讀「庚子科五朝謝恩祈安清醮意悃」，向上蒼說明此次設醮目的，並一一唱名總董及各會首執事們姓名，最後並將本次設醮眾會首所有牒文交付建醮總董領受，各會首牒文內容如下：

> 靈寶祈安醮壇　　牒據
>
> 中華民國　臺灣臺南市永康區大灣路二八六號　仝就　　奉
>
> 道設醮謝恩祈安保境植福。
>
> 斗司君主照　（總董或會首姓名）　叨居盛世忝備人倫荷。
>
> 化育之恩日洽慮否泰之運時遷敬伸福蔭以祈安
>
> 須仗眾誠而請福涓取今月吉旦仗道修建。
>
> 祈安保社芳醮五朝俾合境以均安冀全家而迪吉
>
> 禎祥並集福祿增崇以今醮事完週於中給出功勳
>
> 牒文一道付照者。
>
> 右伏以
>
> 處修清醮事完成　南斗丹書標姓名
>
> 列聖諸真同降鑑　增延福壽獲康寧
>
> 故判

右給付 （總董或會首姓名） 收執百年佩奉者

天運庚子年十一月十六日給

天師門下籙士　陳　存心

給總董或會首靈寶祈安醮壇牒文。

　　最後高功道長再率領總董、眾會首、委員執事們虔心敬拜上蒼，感謝皇恩浩
蕩，祈求醮科圓滿、境內平安降禎祥，再行三跪九叩禮，至此拜天公儀式完成。

（五）普度法會

　　12 月 30 日（農曆 11 月 16 日）進行普度法會，普度場設在永大路二段西灣滯
洪池西側重劃區空地，主要為永大路二段、文化路、永華路與公園路圍成之區域為
主，另包括部分由永華路往西沿伸至永善三街之間空地，總計場地面積逾 10 餘甲。

普度場景（一）。

普度場景（二）。

普度場景（三）。

　　普度通常為醮祭科儀的最後階段，亦與遶境同為戶民參與最熱烈的活動。由於
民間深信普度係普施於孤魂野鬼，唯恐其未能飽食而作祟，尤其擔任會首者，無不
卯足全力，一般戶民亦不敢有所怠慢，交陪境廟宇亦會視交誼深淺，予以各種程度
的「贊普」。廣護宮歷次普度之規模皆為鄰近庄頭之最，由於用地多為已重劃分割之
地主所有，因之數月前即開始協調，至普度數日前並需先整地、搭設普度用棚架、
牌樓排頭等。普度當日各會首間為了能吸引眾人目光，擺設的「看牲」、「看碗」早
已備置在會場。戶民普度品有者自備、有者買斷、有者租用，亦進場擺設，另各界

寄付給廟方的普度豬、羊、米車、油鹽車亦陸續進場。另有為幼小孤魂設置的「囡仔普」，擺設有琳瑯滿目小朋友的各式各樣玩具，整個普度場所有供品在下午 1 時 15 分正式「開香」前大致擺設就緒。

普度看碗、看牲（一）。

普度看碗、看牲（二）。

普度看碗、看牲（三）。

普度看碗、看牲（四）。

囡仔普。

下午 7 時「巡孤筵」，高功道長陳聰敏引領眾會首焚香稟報「普度公」開香後，高功道長即引領眾會首前往各會首普度牌樓排頭前行「巡孤筵」儀式，行簡單敬拜後，即在各會首前落香。接著，依序在每位會首排頭前行同樣儀式，最後，道士團再回到普度場道壇上進行「登座說法」科儀。科儀進行中，高功道長不時會將糖果、餅乾、零錢等拋向下方人群，也吸引不少民眾前來撿拾，咸認能帶來好運保平安。儀式完也接近普度尾聲，眾會首們令人目不暇給的普度看牲，讓各方前來的民眾流連忘返於其中，驚呼連連，10 時 30 分左右，法會結束，各會首前長串鞭炮聲此起彼落，加上各式煙火，照亮普度場更形璀璨，普度才正式收場。

（六）遶境

2021 年 1 月 1 日（農曆 11 月 18 日），清晨 5 時點燃起馬炮後，隊伍由大灣廣護宮廟前出發遶境。一大清早宋江陣、獅陣即前往各路口迎接鄰近各交陪境大廟、文武陣頭，進行「接禮」（兩天皆參加者如祀典大天后宮、安定蘇厝第一代天府真護宮及西勢廣興宮，僅參加第 2 日者如永康二王廟、永康保生宮、龍壇天壇、永康區開天宮、太子廟明直宮等）。遶境分成 2 日進行，第一天遶境大灣里、北灣里、北興里、西灣里，行經地點及路線如下遶境路關圖 1 所示；第二天遶境東灣里、南灣里、崑山里，行經地點及路線如下遶境路關圖 2 所示。轎番順序如下：

先鋒官　大灣廣護宮謝府元帥聖駕 — 前導車、路關旗、中壇元帥四駕一頂、謝府元帥四駕一頂、王馬三匹（建醮王令三座：大灣廣護宮五朝謝恩祈安清醮令、代天巡狩令、廣惠聖王令）、翰林院四駕一頂、歸仁檳榔園翰林院草鞋公、御前清客、謝厝蜈蚣陣、中壇元帥大旗、謝府元帥大旗、謝府元帥聖駕大轎。

外一　全臺祀典大天后宮 — 開路鼓、天上聖母大旗、府城慶玄社鼓吹、天上聖母四駕一頂、千里眼、順風耳大神將、涼傘、天上聖母聖駕大轎。

外二　安定蘇厝第一代天府真護宮 -- 前導車、五府千歲大旗、臺南青樂軒鼓吹、臺南武術醒獅戰鼓團、涼傘、五府千歲聖駕大轎、代天巡狩動力王船車。

外三　西勢廣興宮 — 路關頭布旗、路關旗、謝府元帥大旗、四駕、臺南德興社龍獅隊、宮牌車、臺南北和軒鼓吹、南豐表演藝術團、范謝將軍、神將團、家將團、涼傘、岳府元帥聖駕大轎、涼傘、謝府元帥聖駕大轎。

外五　永康二王廟（僅參加第二天）— 前導車、黑令旗、四駕一頂、鄭府千歲大

旗、宮牌車、清風藝術團素蘭跳鼓、府城鎮樂社落地吹、敬和堂八家將、小法團、涼傘、鄭府二千歲聖駕大轎。

外六　永康保生宮（僅參加第二天）—前導車、路關頭布旗、九龍太子陣、涼傘、朱府元帥聖駕大轎、府城鎮樂社落地吹、保生大帝大旗、府城池靈會神將團（謝將軍、范將軍、劍將軍、印將軍、辛元帥、岳元帥）、涼傘、保生大帝聖駕大轎。

外七　龍潭天壇（僅參加第二天）—路關頭布旗、玉皇四殿下吳府三千歲聖駕大旗、四駕二頂、舞獅隊、慶順境轎前鼓、開路鼓、月港寶聖宮神將團（陳欽差、輔順將軍、輔顯將軍、輔義將軍、輔信將軍）、涼傘、吳府三千歲聖駕大轎、涼傘、玉皇四殿下聖駕大轎。

外八　永康區開天宮（僅參加第二天）—前導車三輛、路關頭布旗、開天宮宋江陣、天上聖母大旗、北管陽春社、聖佛藝術團轎前鼓、涼傘、天上聖母聖駕大轎、神農大帝大旗、涼傘、神農大帝聖駕大轎。

外九　太子廟明直宮（僅參加第二天）—路關旗、四駕一頂、宮牌車、轎前鼓、中壇元帥大旗、涼傘、中壇元帥聖駕大轎、牌班、保生大帝大旗、涼傘、保生大帝聖駕大轎。

01　大灣廣德堂（大灣）—前導車、四駕一頂、汪厝廣德堂神獅陣、鍾馗收妖、跳鼓陣、涼傘、三媽觀音佛祖聖駕大轎。

02　大灣國聖宮（北灣）—四駕一頂、國聖宮姓鄭仔金獅陣、電哪吒戰鼓團、涼傘、鄭壇法主、謝府千歲聖駕大轎、涼傘、開臺聖王聖駕大轎。

03　大灣聖池宮（南灣）—開路鼓、旗隊、宮燈隊、四駕二頂（李府王爺先鋒四駕、代天巡狩御品總巡王池府千歲四駕）、轎前鼓、涼傘、李府王爺天上聖母陳青天千歲聖駕大轎、代天巡狩御品總巡王池府千歲聖駕大轎。

05　大灣聖巡北極殿（南灣）—臺南慶福軒開路鼓、四駕一頂、玄天上帝、代天巡狩大旗、大邑五龍殿駕前范、謝二將軍、家將團、涼傘、劉部靈公聖駕大轎、涼傘、朱府千歲、玄天上帝聖駕大轎。

06　瑤池代天府（崑山）—前導車、瑤池代天府許王爺大旗、四駕一頂、臺南玄廣社開路鼓、駕前周前爺、石前爺二大神將、家將團、涼傘、許王爺聖駕大轎。

07　大灣城隍宮（南灣）—開路鼓、四駕一頂、關廟飛鷹跳鼓陣、范謝二大神

將、涼傘、城隍爺聖駕大轎。

08　凌霄寶殿武龍宮（崑山）—前導車、宮牌車、伍玄上帝大旗、鍾馗收妖、臺南穎川關公高蹺陣、賜御清音（天子門生）、四駕一頂、涼傘、玄武上帝聖駕大轎。

09　大灣玉虛寺（大灣）—路關旗、開路鼓車、四駕一頂、電音三太子、涼傘、玄德聖帝聖駕大轎。

10　大灣觀音廟（北灣）—開路鼓車、四駕一頂、思薇特舞團、跳鼓隊、涼傘、觀音二媽聖駕大轎。

11　大灣清水宮（北興）—原二保金獅陣、開路鼓車、清水祖師大旗、電音三太子、四駕一頂、涼傘、清水祖師聖駕大轎。

12　忠順聖王宮（東灣）—東灣里宋江陣、[12] 大鼓、四駕一頂（先鋒元帥）、涼傘、忠順聖王聖駕大轎。

13　大灣聖巡代天府（東灣）—開路鼓、路關旗、牌班、四駕一頂、涼傘、天上聖母聖駕大轎、涼傘、五府千歲聖駕大轎（武轎）、涼傘、五府千歲聖駕大轎（文轎）。

15　大灣慈雲玄聖宮（南灣）—四駕一頂、轎前鼓、涼傘、北極玄天開基三上帝聖駕大轎。

16　大灣護尊堂（南灣）—五八開路鼓、四駕一頂、黑令旗、護尊堂十三金釵、涼傘、楊府尊王聖駕大轎。

17　大灣慶安宮（西灣）—開路鼓、四駕一頂、戰鼓隊、祥獅獻瑞、涼傘、聖駕大轎。

18　大灣南帝宮（聖賢堂）（崑山）—前導車、四駕一頂、宮牌車、南天文衡聖帝大旗、歌舞車、青龍偃月刀大旗、涼傘、敬錄軒北管鼓吹、南天文衡聖帝聖駕大轎。

12　原東灣里宋江陣為陳厝宋江陣及聖巡代天府（後壁李）宋江陣合陣，前一科丙戌科後壁李宋江陣尚有出陣，陳厝宋江陣即未再出陣，本科為大廟常務董事東灣里里長李明堂特聘屏東潮州職業宋江陣前來助陣，為忠順聖王宮與聖巡代天府共陣，因聘請開支費用龐大並由大廟出資 20 萬元補貼。

19 大灣開基觀音寺（東灣）—四駕一頂、涼傘、觀音佛祖聖駕大轎二頂。

20 大灣玄二壇（南灣）—四駕一頂、宮牌車、玄天二上帝大旗、臺南慶供軒鼓吹、傳承將爺團康元帥、趙元帥大神將、涼傘、玄天二上帝聖駕大轎。

21 大灣范王府（西灣）—路關頭布旗、前導車、路關旗、四駕一頂、府城慶玄社轎前鼓、范將軍、謝將軍大神將、家將團、涼傘、范府千歲聖駕大轎、黑令旗、小法團。

22 評周公廟（西灣）—西灣里宋江陣、開路鼓、四駕一頂、宋江獅 20 人陣、涼傘、評周元帥聖駕大轎。

23 大灣天后宮（南灣）—四駕一頂、宮牌車、劉府尊王大駕、正和軒車鼓吹、旗隊、涼傘、劉府尊王聖駕大轎、舞獅隊、舞龍隊、宮牌車、天上聖母大旗、臺南迎安團旗隊、鼓吹、玄中社范將軍、謝將軍大神將、千里眼、順風耳大神將、涼傘、天上聖母聖駕大轎。

25 大灣伍風宮（西灣）—開路鼓、四駕一頂、婆姐陣、跳鼓陣、涼傘、玄天上帝聖駕大轎。

26 山西清玄府（東灣）—前導車、開路鼓、關聖帝君大旗、涼傘、關聖帝君聖駕大轎。

27 大灣玄武宮（崑山）—前導車、玄天上帝大旗、四駕一頂、涼傘、玄天上帝聖駕大轎。

28 大灣慈勝宮（西灣）—前導車、涼傘、中壇元帥聖駕大轎。

29 淨法寺（大灣）—前導車、舞團、迎安團鼓吹、涼傘、濟公活佛聖駕大轎。

30 新峰寺（北灣）—前導車、宮牌車、大旗、電音三太子、四駕一頂、涼傘、聖駕大轎、觀音佛祖聖駕大轎。

31 大灣南巡宮（南灣）—前導車二部、宮牌車、小獅童、四駕一頂、吉慶堂家將團、涼傘、五府千歲聖駕大轎。

32 玉所行館（西灣）（僅參加第二天）—四駕一頂、涼傘、第一代天師聖駕大轎。

副帥 大灣廣護宮天上聖母聖駕—天上聖母大旗、涼傘、天上聖母聖駕大轎。

主帥 大灣廣護宮廣惠聖王聖駕—廣惠聖王大旗、涼傘、廣惠聖王聖駕大轎。

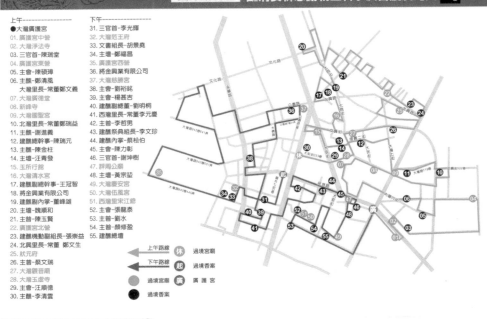

第一天遶境路線及路關。

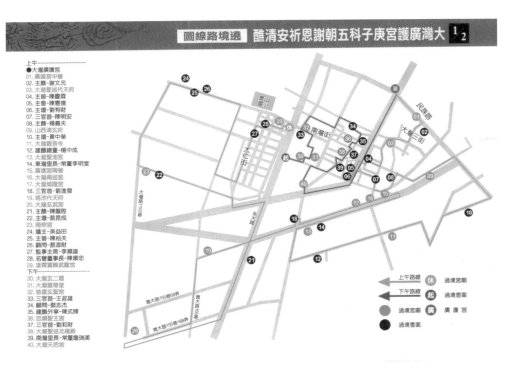

第二天遶境路線及路關。

遶境亦是醮祭活動中的重頭戲，因醮域廣大，以往各科多以三天進行，此次規劃在二天之內遶境完畢，遶境路線已經事先規劃，主要串連爐主、建醮主會首、總董及廟方執事、境內各宮廟壇堂、五營寨等。

遶境2天並規劃中午用餐地點在永大路二段上，供陣頭人員、各地遊客、香客前來享用，謂之「拍中午」或「中午擔」，2天各分別準備了1,200桌（第1天）與1,300桌（第2天），形成長達1、2公里的長龍，動員人力之多可以想見。

遶境隊伍中有宋江陣及金獅陣等武陣，多為境內各角頭或宮廟自行組成，另有一聘請外地宋江陣如東灣里36人宋江陣（大灣忠順聖王宮、大灣聖巡代天府共陣，由東灣李明堂里長聘請）、評周公廟聘請宋江獅20人陣等。境外交陪廟除出轎外，也各邀聘各式藝術表演陣頭，各宮廟專屬的特色陣頭，如安定蘇厝真護宮代天巡狩動力王船車、二王廟敬和堂八家將、開天宮北管陽春社也皆出陣贊助光彩，境內交陪廟一般除主祀神聖駕大轎出轎外，許多也皆邀聘各式藝術表演陣頭助陣。廣護宮本身除先鋒官謝府元帥聖駕、副帥天上聖母聖駕、主帥廣惠聖王聖駕外，歸仁檳榔園翰林院草鞋公、御前清客、謝厝蜈蚣陣等，皆是非常特別的陣頭。

遶境陣頭—御前清客。

遶境陣頭—歸仁檳榔園翰林院草鞋公。

遶境陣頭—謝厝蜈蚣陣。

遶境陣頭—友宮涼傘、聖駕。

其中最吸睛之焦點陣頭即是謝厝蜈蚣陣，由 42 位小朋友裝扮組成歷史人物，在隊伍前頭穿梭大街小巷，最吸引眾人目光。另外，廣護宮每次科醮，都會請草鞋公陣「帶隊」，作為遶境入廟的頭陣，這是流傳下來的習俗，迄今草鞋公陣也成為廣護宮醮典最受注目的傳統陣頭之一。

遊境隊伍在境內大街小巷穿梭前進，並步行至各主會首、總董、廟方執事及境內各宮廟壇堂時，陣頭及神轎會向擺設香案之主家、宮廟壇堂及燈篙行禮，主家或宮廟壇堂主事人員亦皆焚香接禮，並焚金鳴炮，餽贈香煙、禮金或紅綢布等作為回禮。此次 2 天逾 300 陣頭參與遶境，讓大灣地區比大過年時還要熱鬧，可謂是醮典中最高潮。

（七）入廟

在遶境結束後，陣頭返回設醮廟方恭迎神尊進入廟內安座之活動，稱之「入廟」，第二日午後，繼續依原先規劃路線遊境，下午約 2 點，大灣路上各宮廟陣頭、大轎已從廣護宮往南依序排成長長人龍，準備「入廟」。約 3 點，所有在地武陣已聚集大廟廟埕上，此時，廟埕外圍已陸續圍著一層層的圍觀民眾，共同想見證入廟歷史時刻，並藉由各武陣人員及器械圈圍現場大批民眾，廣德堂四駕、神獅陣同時亦在廟前等候，準備入廟時刻一到護駕神尊入廟安座。

另外，廟埕擺設七星陣爐火，戲棚上並設一香案，戲臺上扮演鍾馗及二位黑、白小鬼，戲班分別向神案前神尊行禮致意，飾鍾馗者並先持一白毛雞、後持一黑鴨分別於臺上東南西北各方位致意，再雙手持掃帚、草龍向各方位拍掃，意謂掃除各方魑魅魍魎，之後步下戲臺，飾鍾馗者手持太極八卦傘由廟前緩緩一步一步走向廟門，在大門前比劃敕符，大廟中壇元帥、謝府元帥四駕亦分別在廟埕待命，待 3 點 25 分入廟吉時一到，即進行「開廟門」、「入廟」儀式，只見鍾馗將廟門用力一推開，頓時廟內鞭炮聲四起，包含大廟四周、廟埕所有鞭炮同步引燃，隆隆鼓聲、鞭炮聲，震聲作響，此起彼落，達到入廟時刻的最高潮，爐主捧著神尊入廟進行安座，大廟中壇元帥、謝府元帥四駕亦入廟內，隨後依原規劃廣德堂神獅陣、國聖宮金獅陣、兩廟四駕入廟，隨後各陣頭依事前即已訂定之入廟順序表至廟埕參拜。

首先由歸仁檳榔園翰林院草鞋公入廟，以鬧廳方式為入廟儀式作廟內部分的結尾，再次為御前清客及謝厝蜈蚣陣，當蜈蚣陣前進到廟前，小朋友紛紛由座位上拋撒餅乾、糖果，在廟埕的民眾無不爭先撿拾，咸認餅乾、糖果皆受過神明加持，食

用可保平安，因此也吸引更多人前來廟前觀賞入廟後各項陣頭表演。

　　接下來依原訂遶境順序編號，由各宮廟與所屬陣頭依序進行參拜，整個入廟順序約略是依：大廟先鋒陣路關旗、王馬、草鞋公、御前清客、謝厝蜈蚣陣、謝府元帥聖駕、大灣里廣德堂神獅陣、北灣里國聖宮金獅陣、南灣里聖巡北極殿宋江陣等三陣武陣、外境友廟、境內各角頭宮廟私壇之陣容行入廟之禮。

　　入廟參拜時，各廟方陣頭、神轎、執事人員依序進行各式各樣的陣頭表演及參拜禮，共同慶祝廟方建醮盛事，廣護宮也由爐主、總董率領眾會首、委員接禮、回禮；廟埕擠滿民眾共同見證此一盛會，由於各交陪宮廟參拜的陣頭、神轎眾多，參觀民眾也能感受到廟會文化的洗禮。全部陣頭、神轎完成整個入廟參拜儀式結束，已逾晚上 11 點。

入廟─大灣里廣德堂神獅陣。

入廟─爐主、建醮總董、各主會首，著長袍馬掛於廟前接禮。

入廟─境外友宮安定蘇厝第一代天府真護宮。

入廟—境外友宮龍潭天壇。

入廟—境外友宮永康區開天宮。

入廟—參與陣頭轎前鼓。

（八）犒賞三軍

在整個醮祭結束後，廟方為達謝醮祭期間辛勞的天兵神將，多會擇一日「犒賞」兵將，由廟宇附近住戶備熟菜飯共同祭拜，有些且由小法仔行「過限」儀式，以為人解運或替小兒收驚。廣護宮依事先擇定 2021 年 1 月日 3 於午前在廟埕及大灣路邊準備祭品，[13] 備辦犒賞天兵天將儀式，午時並由大灣在地紅頭法師徐明洲進行相關「犒賞」科儀，以答謝此次醮祭期間辛勞的天兵神將。

犒賞天兵天將。（本張攝影由大灣廣護宮攝影組長黃國平提供）

13　通常皆由廟宇附近住戶備熟菜飯共同祭拜，此次為求省事方便，由委外廠商統一拜品祭祀。

（九）謝燈篙（浮燈篙）

最後，相對於豎燈篙儀式，於醮典最後亦需行「謝燈篙」（浮燈篙）儀式，即代表醮典活動的落幕，通常於醮典前即已擇定良日吉辰，屆時亦置香案桌，以鮮花一付、茶心三杯、水果四項、紅圓六粒、小發粿六粒等備禮加以祭拜，[14] 後將醮燈降下，再將燈篙竹傾斜放下，於燈篙孔內填入象徵添丁發財的鐵釘、穀子、古銅錢、圓豆、木炭等號為「五寶」之物，以象徵進丁招財之意，最後焚金鳴炮，祭拜結束最後再浮紅圓全家食之以祈平安大吉。同時廟前天壇、主會總壇及各主會首香案桌也一併撤下，醮典活動至此告一段落。

（十）滿月醮（醮尾）

1月24日（農曆12月12日）滿月醮事科儀仍由陳聰敏道長主持，事前先於廟大門前置壇日光明街壇，朝廟內擺置，上掛元始天尊畫像掛軸，壇前案桌擺放香爐、燭臺、鮮花各一對、四菓、山珍海味計十二項、清茶三杯、米酒三杯、米飯三碗、饌品十二道，廟內大爿分置靈寶天尊、青華大帝畫像掛軸、小爿為道德天尊、貞明大帝畫像掛軸，壇前案桌擺放同元始天尊畫像掛軸前案桌，神明桌案前則擺放五牲、紅龜、大麵、發粿、山珍海味計十二項等，下午1點30分，道長陳聰敏引領本科建醮總董及眾會首們頌經答謝眾神設彌月醮事科儀，恭祝本科醮典圓滿達成，歷程約一小時。

是晚，由建醮總董、副總董及35位主會首共同宴請本次醮科廟內建醮工作人員、董監事、顧問、福首、緣首、普度場地主、相關交誼境裏贊本次醮科大典的委員、公家單位協助的工作人員…等，席設位於民族路大安街口大廟所有空地及大安街上至大灣三街之間路段，共計302桌。

在整個滿月醮儀式進行及建醮滿月福宴的辦理圓滿結束，至此，庚子科五朝謝恩祈安清醮至此正式告一段落。

14　較簡者僅置湯圓數碗於其旁。

滿月醮事科儀。

建醮滿月福宴席開 302 桌。

五 結語

　　大灣廣護宮在臺南地區算是非常有歷史、具知名度的大廟，鄭氏時期以降就陸續有閩南先民入墾，雖然在地人士對宮廟及醮科事務皆非常熱衷與關心，不過由於早年留意相關記載與紀綠皆極少見，百年來歷科醮事僅只斷簡殘篇，筆者先祖世居於此，前一科丙戌年醮科略做鄉土踏查，亦不揣翦陋，野人獻曝一番，整理〈大灣廣護宮歷科醮事史及丙戌年五朝慶成祈安清醮略記〉，有幸蒙獲刊登於縣市合併前的《南瀛文獻》新第 7 輯（2008），時隔 13 年，為能再進一步記錄此次醮科，期能讓更多人更加關心自身所處之地，關懷鄉土，進而熱愛鄉土，續予利用零散時間再予田調與整理，未能完整細膩呈現的部分，再請海涵。

大灣廣護宮建醮的傳統陣頭

● 前言

　　大灣地區在鄭氏時期（1662-1683）屬長興里，清領時期（1683-1895）屬長興上里，日治時期（1895-1945）稱大灣庄，戰後國民政府時期屬臺南縣永康鄉，分大灣、北灣、西灣、東灣、南灣等五村；1982 年從南灣村析出崑山村；1993 年 5 月永康鄉因人口超過 15 萬人，升格改稱臺南縣永康市，村改為里；2010 年 12 月 25 日臺南縣市合併為直轄市，永康市改稱永康區；2017 年北灣里因人口較多，析出北興里。2020 年 12 月廣護宮庚子科醮典開始舉行時，大灣七個里人口數合計近 4 萬人。[1] 大灣地名從鄭氏時期漳州移民來此開墾，甚至在此之前已開始使用。名稱由來，應與其地原屬平埔原住民臺窩灣社領地有關，臺窩灣亦作大員、大灣、臺灣等，移民來此向原住民租地耕種，或日久買賣置換土地，成為定居聚落，為了與「臺灣」作區別，遂稱此地為大灣。[2]

　　大灣地區在明清之際已形成一大聚落，其中又因移民先後、家族聚居繁衍等因素而分成幾個大小不等的角頭性聚落，例如汪厝、南北謝、東西王、廟北陳厝、廟南陳厝、劉厝、頭前李、後壁李、巷口、姓鄭仔、潭墘、姓黃仔等，聚居型態多為同姓之宗族。這些大小聚落之所以能聚合而成一個具有共同體、自我認同的大灣，關鍵因素在於歷史悠久的共同信仰中心廣護宮。大灣廣護宮為大灣地區之境主廟（俗稱「大廟」），創立於鄭氏時期（陳文達，清康熙《臺灣縣志》:「王公廟，偽時建」），主祀廣惠聖王謝安（當地俗稱王公爺、王公祖、境主公）。因為廣護宮的廣惠聖王信仰，凝聚大灣成為一個單一性的祭祀圈，王公爺管轄的「香境」，完全覆蓋整個大灣地區。

---

* 　中央研究院臺灣史研究所研究員、中央研究院近代史研究所合聘研究員
1 　臺南市永康區戶政事務所人口統計，下載日期：2021 年 8 月 20 日，https://yungkang-house.tainan.gov.tw/News_Population.aspx?n=17911&sms=18329。
2 　參考石萬壽，《永康鄉志》（臺南：永康鄉公所，1988），頁 44。

大灣可考之首科醮事於 1924 年（日大正 13 年）舉辦，[3] 為新廟落成祈安三朝清醮，此後每隔一段時間，不定期舉辦醮典，多為慶成醮或祈安清醮，2020 年 11 月 19 日至 2021 年 1 月 4 日（農曆 10 初 5 至 11 月 21 日）間舉行「大灣廣護宮庚子科五朝謝恩祈安清醮」，為第 10 次建醮。廣護宮香境內過去因建醮曾組織的傳統陣頭（庄頭陣），包括：西灣里頭前李曾組牛犁歌陣、北管、宋江陣、女子宋江陣；東灣里廟南陳厝忠順聖王宮戰後組宋江陣（後與東灣後壁李宋江陣合併），陳厝另有牛犁歌陣；後壁李與東爿楊合組宋江陣、八音團；大灣里汪姓廣德堂組神獅陣，謝姓組蜈蚣陣、鼓花陣；崩溪仔垵、廟前庄組南管；北灣里姓鄭仔、王厝各自組金獅陣；南灣里劉厝有宋江陣、北管、八家將；[4] 崑山里天公廟武龍宮 1987 年一度組金獅陣，[5] 參加過 1992 年壬申科。

換句話說，大灣曾有過文陣 8 陣、宋江、金獅武陣 9 陣，合計 17 個庄頭陣的輝煌歲月。但隨著農業社會向工商業生活形態改變，大灣雖然沒有人口減少、外移的問題，傳統社會的庄頭陣仍不斷消失，2007 年丙戌科文陣只剩西灣牛犁歌與大灣蜈蚣陣（分類屬藝閣類），2020 跨 2021 年庚子科文陣中，僅剩藝閣類的蜈蚣陣獨撐場面；[6] 武陣方面，廟南陳厝宋江先併入東灣（後壁李）宋江陣，丙戌科時東灣、崑山的武陣都無法成軍，只能外聘職業陣；庚子科東灣繼續聘職業宋江陣，穿上印有「東灣宋江陣」的上衣，應付一下場面，武龍宮則連職業陣也不聘了。雖然庄頭陣，尤其是武陣，組陣十分困難，但庚子科大灣仍有兩陣傳統宋江、三隊金獅陣繼續組織訓練出陣，以廣護宮間隔 14 年才建醮，為了建醮組陣，實屬難能可貴。

目前臺灣各地尚存的庄頭自組蜈蚣陣屈指可數，大灣的武陣創立甚早，多屬百年老陣頭，其歷史與現存儀式、表演形式具有地方特色，值得稍加探究。

3　李水草編，《大灣廣護宮史誌》，頁 6。本書係大灣廣護宮印行，無版權頁，根據作者「緣起」的說明，本書最早編寫於 1970 年，重印於於癸酉年丙辰月，應為 1993 年春夏之間。

4　鄭老嬰，《大灣廣護宮史記》（手稿本，感謝蔡松伯先生提供影印件），頁 22。

5　陳奮雄，〈南灣村宋江陣沿革〉，收在劉石吉、陳奮雄編，《大灣聖巡北極殿史志》（臺南：聖巡北極殿董監事會，1987 年），頁 106。

6　雖然聖巡北極殿八家將仍然出陣參加一天邊境，但並無陣法演示，庄頭陣的存在感不足。

◯二 大灣蜈蚣陣

　　大灣蜈蚣陣最早由廟南謝厝家族成員組成，謝厝與汪厝比鄰，也是大灣里的兩大核心宗族。1924 年廣護宮首次辦理甲子科建醮，謝厝與汪厝合組金獅陣，1935 年乙亥科建醮，謝氏家族謝芋、謝水瀨（謝水藍的父親）叔姪等人，倡議組蜈蚣陣作為代表謝厝之陣頭（獅陣改由汪厝負責），成為永康地區唯一的庄頭自組蜈蚣陣，後來常隨廣護宮境主廣惠聖王參加鄰近地區交陪廟的廟會活動。廟南舊謝厝角頭聚落是大灣學校、市場所在地，外來人口愈來愈多，參加蜈蚣陣的小孩，早已不限謝厝成員，因此改稱「大灣蜈蚣陣」。[7]

　　現有蜈蚣陣的蜈蚣枰（棚）共 18 節 36 個座位，裝輪子人力推動前進，依然由謝厝家族後人負責籌組，最近兩科醮設施裝備外包施作，所以 2007 年蜈蚣陣的頭尾是蜈蚣造形，2020 年變成龍頭鳳尾。18 節座位分三段情節，各有主題：第一段三節 6 位—王爺庇佑眾生；第二段五節 10 位—春滿人間；第三段十節 20 位—唐太宗跨海征東。36 位小朋友化妝扮演的角色如下：

> **王爺庇佑眾生**
>
> 1 隨駕將軍，2 謝靈運，3 謝琰，4 謝玄，5 謝石，6 謝府王爺
>
> **春滿人間**
>
> 7 財神官，8 送財官，9 喜福官，10 報春官，11 仙女，12 仙女，13 喜童，14 財童，15 春神，16 觀世音
>
> **唐太宗跨海征東**
>
> 17 探子，18 五虎將，19 五虎將，20 五虎將，21 五虎將，22 五虎將，23 程咬金，24 程鐵牛，25 徐圓朗，26 高士達，27 孟海公，28 薛應龍，29 陳金定，30 薛仁貴，31 尉遲恭，32 徐茂工，33 魏徵，34 皇室總管，35 皇后，36 唐太宗[8]

---

7 〈廣護宮大灣里蜈蚣陣由來與沿革〉，書寫成一看板，2007 年丙戌科時掛在蜈蚣陣前頭作為解說牌，2021 年時仍保存在廣護宮旁民族路上謝氏家族的一棟房子屋簷下。

8 感謝負責籌組庚子科蜈蚣陣的謝輝憲先生提供資料。

2007 年丙戌科蜈蚣陣造形。

2021 年庚子科蜈蚣陣遶境。

蜈蚣陣成員的戲班服飾。

　　臺灣的蜈蚣陣，源於閩南地區的檯閣，原來是廟會舉行時的一種化妝遊行，檯閣有時以個別的形式存在，1980 年代在曾文溪流域還可看到以鐵牛車改裝的藝閣車原型（學甲更有牛車藝閣），後來發展為固定展出式的藝閣（藝術閣或詩意閣），更晚近則出現類似花車遊行的大型藝閣車。檯閣若以閣枰（棚）形式，條狀木板如搭橋狀首尾相接，無論肩扛或裝輪推行，都像多足蜈蚣行走，蜈蚣枰（棚）、蜈蚣陣的名稱因此產生。20 世紀初，李禧《紫燕金魚室筆記》中有關於廈門地區廟會蜈蚣棚的描述：「太平媽宮迎天妃香，……別有蜈蚣棚數架。蜈蚣棚者，搭木條如橋狀，木條相接處鑿圓孔，中貫以軸，木條能轉折自如，軸長數尺，以壯夫撐于肩上，棚長一二丈不等，棚上以童男女扮故事，龍頭鳳尾，遊行道上，活動如蜈蚣，故俗以

是名之。」[9] 九龍江出海口的海滄、錦宅一帶蜈蚣陣一向著名，[10] 這一區域也是臺南早期移民的主要原鄉，對蜈蚣陣並不陌生，學甲慈濟宮的蜈蚣陣，至今維持龍頭造形，並以人力肩扛，保持閩南原鄉色彩最濃厚。

關廟山西宮、歸仁保西代天府、大灣廣護宮等廟都有 36 人乘坐的蜈蚣陣，也都比較接近藝閣性質，不過廣護宮蜈蚣陣稍微增添一些宗教色彩，出陣前設立蜈蚣壇，供奉蜈蚣旗，正式出發遶境前一天晚上依例應進行簡單請旗儀式，不過庚子科的蜈蚣頭，徹夜趕工製作，在清晨遶境隊伍準備出發時，才勉強完成安裝上閣枰（棚），請旗儀式實際上來不及進行。相較而言，曾文溪流域的蜈蚣陣，已經神格化為百足真人，儀式相當講究，宗教儀式性質也濃厚得多。

⊜ 宋江陣

依據《永康鄉志》在 1980 年代中期調查，永康地區共有 17 隊宋江陣，其中廟南陳厝、後壁李、劉厝、頭前李等四陣在大灣，目前則只剩代表南灣里的劉厝（聖巡北極殿）與西灣里頭前李兩陣宋江還能出陣。

（一）南灣宋江陣

南灣劉厝宋江可能是永康地區最早成立的宋江陣，劉厝宋江早期成員涵蓋劉厝、潭墘楊姓、廟南陳厝居民，但因劉厝聚落較大，人口較多，劉姓宗祠主導地方事務，故習慣稱「劉厝宋江陣」。到日治結束前，大灣僅有劉厝一隊宋江陣，所以對外也稱「大灣宋江陣（團）」。戰後廟南陳厝自行另組宋江陣，劉厝宋江也逐漸轉由南灣角頭公廟聖巡北極殿主導，故其旗號已改為「聖巡北極殿宋江陣」。

劉厝宋江有何過人之處？根據當地傳說，清乾隆年間（1736-1795）劉厝就有宋江陣，[11] 由長興上里第六保的劉厝、陳厝居民共同組成，1843 年（清道光 23 年）保大西里大人廟（今歸仁區大廟里）過港仔武生郭光侯，及長興上里大灣庄劉取，

9　李禧，《紫燕金魚室筆記》（廈門：北京廣播學院出版社，1995），頁 65。

10　錦宅的蜈蚣陣，名列漳州市非物質文化遺產；海滄東嶼的蜈蚣陣，是中國國家級非物質文化遺產。

11　臺南地區是臺灣武陣最發達的地區，目前仍保存有數量最多、技藝最精良、儀式最完整的金獅陣與宋江陣，其中宋江陣發展傳承的重要起源之一，為佳里區番仔寮宋江陣，番仔寮的主要居民，於鄭氏及清初自漳州府海澄縣新垵、霞陽附近遷移來臺，其宋江陣據說從嘉慶年間開始傳承；劉厝先祖也來自海澄，劉厝宋江號稱「乾隆朝」就有，也只是傳說。

帶頭抗議臺灣縣糧吏收取田糧價格不公事件發生時，劉厝宋江陣（或武館）由劉取帶領，曾出面聲援郭光侯前往縣衙門抗爭。[12] 郭光侯抗官事件後來演變為郭光侯上京呈控，劉取則被通緝，[13] 是臺灣史上一宗著名社會治安事件，不過宋江陣跟此事件的關連細節並不可考，只知道臺灣縣衙門要求郭光侯到案說明，甚至「稟經道府，會營調兵出城駐紮，虛張聲勢，稱欲捕拏；郭光侯恃有鄉民庇護，始終抗拒不出」，[14]「恃有鄉民庇護」可能與倚恃宋江陣武力有關；劉取則是南灣武術與宋江陣的傳奇性人物，事後避走高雄荖濃山區，至日治時期後代才返回劉厝認親，其隨身武器「雙合劍」迄今劍刃仍然鋒利，經子孫傳承收藏至今。

　　劉厝宋江在歷史舞臺出名，源於 1923 年日本「皇太子殿下臺灣行啟」時受邀出陣表演。1923 年 4 月臺灣總督田健治郎安排了一次皇太子裕仁攝政親王（也就是後來的日皇昭和）來臺灣訪視行程，期間 4 月 20 日中午至 21 日中午在臺南停留 24 小時。為了迎接裕仁親王，臺南地方人士特別安排具有地方文化特色的臺灣傳統民俗技藝，4 月 20 日當天下午及晚上在臺南州知事官邸進行演出。[15] 裕仁在臺巡視期間，臺北、臺中、臺南、高雄各地都安排了代表臺灣地方特色的民俗活動，其中只有臺南規劃了大型武陣宋江陣的表演。

1923 年劉厝宋江在臺南州知事官邸演出。（郭双富先生／提供圖檔，照片著色處理）

12　劉石吉、陳奮雄編，《大灣聖巡北極殿史志》，頁 105。

13　詳細過程參見臺灣銀行經濟研究室編，《臺案彙錄甲集》（臺北：臺灣銀行經濟研究室，1959 年），頁 144-159。中研院臺史所臺灣文獻叢刊資料庫，http://tcss.ith.sinica.edu.tw/cgibin/gs32/gsweb.cgi/ccd=z4EInR/record?r1=26&h1=1

14　臺灣銀行經濟研究室編，《臺案彙錄甲集》，頁 150。

15　臺南州知事官邸為 1900 年興建的原臺南縣知事官邸，現為臺南市市定古蹟，地址為臺南市東區衛民街 1 號。

大灣劉厝宋江陣（當時名義上稱「大灣宋江團」）於當天下午 3 點到達臺南州廳集合，4 點 20 分步行抵達州知事官邸，4 點半開始演練武術技藝，臺灣總督田健治郎陪同裕仁親王站在臺南州知事官邸二樓走廊看表演，裕仁對 37 位宋江陣隊員配合鑼鼓聲節奏做各式隊形變換及表現武術的演出，顯然極感興趣，不過表演時間被限定在 20 分鐘內結束，[16] 田總督當天日記記曰：「**於宿泊所，臺覽舊式武技名宋江陣者，所謂梁山泊的武技，其舉動頗活潑，然遂屬兒戲耳。**」[17]

　　日治時期，臺南地區即使只是府城周邊村庄，宋江陣與金獅陣為數已經不少，劉厝宋江陣能獲邀演出，應該當時是在陣法與技藝表現上受到認可。宋江陣因為同時具有武術技藝與巫覡儀式性質，通常完整演出需費一小時半左右，田健治郎總督只看片段表演而得出「兒戲」觀感並不意外。不過對組陣的廟方與宋江陣人員來說，這可是一件無比榮耀的事，在從州廳步行前往知事官邸途中，行經府城隍廟參拜後，曾合照留影，因此很難得的保存了早期的宋江陣影像，照片下方文字：「皇太子殿下大正十二年四月二十日行啟際賜台覽大灣宋江陣紀念」。

1923 年大灣宋江陣在府城隍廟合影（王子碩先生提供圖檔）

16　下村充郎，《臺灣行啟記錄》（臺灣總督府官房文書課，發行年不詳，非正式出版品），第 28 冊，第 4 編，第 9 章，第 14 節，御泊所內的御模樣。

17　吳文星等主編，《臺灣總督田健治郎日記》（臺北：中央研究院臺灣史研究所，2009）下，頁 382。

這次皇太子在臺南停留期間，各民間社團獻藝表演者不少，目前所知因此獲主辦單位頒贈紀念旗紀念其事並保存至今者，一為大灣宋江陣，一為臺南以和社（演奏雅樂十三音）。大灣這面紀念旗目前下落不明，僅存圖片，庚子科宋江出陣，仿製了一面新旗；以和社當晚表演大受皇太子欣賞，得到 120 圓賞金，[18] 所以紀念旗上特別標示「皇太子殿下行啟御下賜金紀念」字樣，該旗目前隨著以和社附屬於天壇而存藏於臺南首廟天壇。[19]

大灣宋江陣演出紀念旗。

以和社演出紀念旗。

　　臺灣總督府官房文書課編輯的《臺灣行啓記錄》，留有劉厝宋江出陣成員的相關資料，除了「卅六官將」外，加上表演丈二槌、鑼鼓手、執旗手、挑槺籃、負淨爐人手，以及預備隊員十餘名，合計 60 人。劉厝宋江陣的人物角色源自水滸傳，水滸傳不僅是文學，其中尤富含宗教（道教）思維，108 條好漢比附天罡地煞星轉世，排練陣法猶如道士法師行科演法，民間認為有降妖伏魔之能，這是宋江陣能執行巫覡儀式的邏輯。

　　宋江陣因師承淵源不同，加上出陣人數各有差異（20、24、36、72 人不等），每陣角色所選擇對應的水滸人物也不盡一致。臺灣的拍面（化妝式）宋江陣迄今出陣時，因需依人物角色開面畫臉，故仍維持與水滸人物的相對應關係，[20] 一般非化妝式的勁裝宋江陣，只知頭旗宋江及雙斧手李逵與水滸故事有關，其他人物角色已不講究，可能也無人知曉。《臺灣行啓記錄》中，記錄了大灣宋江陣完整出陣人員姓

18　〈赤崁特訊 臺南樂局光榮〉，《臺灣日日新報》，第 8236 號，大正 12 年 4 月 28 日，第 6 版。

19　黃翠梅編著，《臺灣首廟天壇藏珍 - 繡藝百品》（臺南：財團法人臺灣省臺南市臺灣首廟天壇，2021 年 1 月），頁 3。該書認為這面繡旗「應是裕仁皇太子南下臺南孔廟參與祭典時自日本攜來贈予以和社之物」，應屬錯誤推測，該旗源於「賜金紀念」，是得到賞金事後製作以資紀念的旗幟，因用料工藝都相當精美講究，有可能是在日本訂製。

20　參見謝國興，〈南關線的拍面宋江陣初探〉，《臺南文獻》，第 14 輯（臺南市政府文化局，2018 年 11 月），頁 120-145。

名、水滸人物角色對應、工作分配等資料，從中可見原始宋江陣無論是拍面化妝或勁裝便服出陣，都與神靈化的水滸傳說故事密切相關。

宋江陣出陣作隊形、陣式變換操演時，以 36 或 37 人陣最常見，36 或 37 的差異在頭旗宋江的角色，有的計入 36 官將之中一起行陣，有些則頭旗只負責「拍（拋）箍」領軍，另外 36 人表演陣式及武術技法。根據筆者 2007 年的現場觀察，南灣宋江陣與近百年前相同，仍為 37 人陣，在進行拜大禮儀式時，頭旗居中，另 36 人分成兩列，由雙斧與頭耙居左右首位，動作相當繁複講究。

1923 年的《臺灣行啓記錄》資料顯示，劉厝宋江陣借用了水滸傳中的 47 個角色，比較重要的是前 36 位，其中 26 位選自天罡星，10 位取自地煞星，不過資料把李逵的兵器雙斧，誤植為柴耙，柴耙即頭耙，另有其人，對照下表 1 中 1984 年及 2007 年的資料可以證明。

【表 1】大灣南灣宋江陣成員角色與兵器對照

		1923 年		1984 年		2007／2020 年
排序	水滸人物	兵器	宋江跤	兵器	宋江跤	兵器
1	宋江	令旗	王炎	頭旗	謝天送 劉諸庸	頭旗
2	李逵	柴耙 [21]	陳概	雙斧	王明通 王德春	雙斧
3	張橫	牌（牌刀）	方大叢	頭耙	劉國棟 劉明興	頭耙
4	劉唐	大鏈	陳曡	牌刀	劉明山	牌刀
5	孫二娘	雙刀	陳香	大鏈刀	王國口	大鏈刀
6	楊志	單刀	王永	雙刀	王永福	雙刀
7	索超	牌	劉雄	單刀	劉武男	單刀（官刀）
8	石秀	鏈仔	劉昌	牌刀	黃益壽	牌刀
9	扈三娘	雙刀	李水編	鐵叉	劉和財	鐵叉
10	張順	單刀	王春長	齊眉棍	劉炳宏	齊眉棍
11	王英	牌	楊大川	齊眉棍	謝天恩	齊眉棍
12	朱同	鉤鐮槍	劉縛	牌刀	陳萬壽	牌刀

21　應為雙斧。

【表 1】大灣南灣宋江陣成員角色與兵器對照

		1923 年		1984 年		2007／2020 年
13	彭玘	鏈仔	謝連	鈎鐮槍	楊合力	鈎鐮槍
14	燕青	鏈仔	劉輪	雙鐧	陳明坤	雙鐧
15	孫立	牌	王振記	齊眉棍	劉世華	齊眉棍
16	解珍	鐵叉	劉鞍	牌刀	陳慧煌	牌刀
17	楊雄	齊眉	劉壯	大刀	劉文章	大刀
18	秦明	齊眉	張坵	齊眉棍	劉國田	齊眉棍
19	阮小二	牌	陳欽	耙	楊國欽	耙
20	解寶	鐵叉	陳栳	牌刀	黃國川	牌刀
21	武松	齊眉	王順	鏈仔	劉國引	鏈仔
22	魯智深	齊眉	王發	雙刀	柯全錄	雙刀
23	阮小五	牌	劉牛嘴	單刀	余武松	單刀
24	關勝	大刀	劉收	牌刀	楊合廷	牌刀
25	盧俊義	雙鐧	陳闊嘴	鐵叉	楊明雄	鐵叉
26	雷橫	齊眉	謝友	鏈仔	劉振義	鏈仔
27	阮小七	牌	陳石虎	鏈仔	劉大正	鏈仔
28	林沖	鈎鐮槍	陳水瀨	牌刀	楊水成	牌刀
29	張清	柴耙	李皆	鈎鐮槍	林明賜	鈎鐮槍
30	史進	齊眉	李愁	齊眉棍	謝福清	齊眉棍
31	朱五	牌	吳東	齊眉棍	黃福壽	齊眉棍
32	朱貴	鏈仔	吳可	牌刀	黃國安	牌刀
33	施恩	齊眉	李水藍	鏈仔	林福來	鏈仔
34	呼延灼	雙鐧	王大潭	雙鐧	陳祈雲	雙鐧
35	黃信	牌	劉邊	齊眉棍	沈俊雄	齊眉棍
36	楊林	鏈仔	陳祥	（牌刀）	？	牌刀

		1923 年		1984 年		2007 ／ 2020 年
37	徐寧	丈二槌	劉賀	小鏈	劉國棟	小鏈
38	李雲	丈二槌	陳再	—	—	—
39	時遷	打鉢[22]	李水閣	—	—	—
40	焦挺	負淨爐	李洞	—	—	—
41	孫新	負鼓	劉獲	—	—	—
42	王定六	挑籠	徐丁豫	—	—	—
43	單廷珪	打鑼	劉雁	—	—	—
44	魏定國	打鑼	許天宋	—	—	—
45	韓滔	擔頭旗	劉波	—	—	—
46	呂方	擔頭旗（預備）	楊煥	什役	莊日進 劉明海 楊基祥	—
47	石勇	打鼓	劉墊	鼓手	劉大幅、劉玉印	—

資料來源：1923 年資料根據《臺灣行啓記錄》，第七編，第五章，「催物」整理而成；1984 年資料根據劉石吉、陳奮雄，《大灣聖巡北極殿史志》，頁 108-109 整理；2007/2020 年資料為筆者於大灣廣護宮建醮時的現場田野記錄。

　　1923 年出陣時在府城隍廟前的大合照中，第二排站立者左起第 10 與 11 人中間明顯有一對雙板斧。1923 年資料的兵器中牌（盾牌與短刀一組，通常稱牌刀）有 9 面，根據《大灣聖巡北極殿史志》一書中，收錄一張 1970 年南灣村宋江陣參與大灣廣護宮建醮出陣的合照，也是 9 面盾牌，[23] 迄今歷次出陣都維持 9 面盾牌，這在宋江陣和金獅陣中極為少見，一般 36 人陣都是 8 面牌，[24] 便於排列八卦陣式。

　　1984 年的資料只有八組牌刀，應該是漏列，比較 1984 與 2007 兩年的兵器種

23　劉石吉、陳奮雄，《大灣聖巡北極殿史志》，頁 111。
24　盾牌的數目以 8 面最常見，但永康及歸仁地區獅陣通常半數人員持盾牌短刀。

類與排序，除了少一面牌之外，其餘完全相同。若比較 1923 與 1984 兩年的兵器，1923 年加上雙斧之後，也完全相同，只是兵器排陣時的次序位置，有較大差異。[25] 丈二槌在宋江陣、金獅陣中是基本配備，不過一般不出場參與拍箍（遶圈）與陣式變換演練，[26] 而是作為整場武技表演的收尾（收煞）項目，演示者通常要有較強的臂力與耐力，2020 至 2021 年庚子科聖巡北極殿宋江出陣，通常由教練師傅楊基祥表演丈二收尾。

　　1923 年南灣宋江陣組團出陣的靈魂人物，是保正劉振與壯丁團團長楊煥，楊煥是南灣著名武術師傅，他的兒子楊春風繼承家學，同時擔任戰後第一至六屆南灣村村長（1946-1961），[27] 目前南灣宋江陣的教練楊基祥，則是楊春風的孫子、楊煥的曾孫，四代傳承地方重要民俗文化。為了配合庚子年廣護宮建醮出陣的需要，2020 年 8 月 22 日聖巡北極殿宋江陣的臉書，開始登廣告招生，廣告詞是這樣寫的：

> 人人有功練又來了！
>
> 南灣里宋江陣
>
> 慶贊境主大灣廣護宮　庚子年五朝祈安清醮遶境大典！
>
> 開館日期：109 年 10 月 18 日（農曆 09 月 02 日）
>
> 團練時間：開館後每日晚上 8 點 -10 點

　　除了相關報名聯絡資訊外，還註明：「參與南灣宋江陣團練的福利是非常優渥，專車接送、三節獎金、勞健保及起薪 5 萬 8 等等，以上都不可能；但贈送您一套團練運動制服及運動鞋，每晚團練時間還有總鋪師提供精美點心饗宴」。[28]

　　曾文溪流域的宋江陣與金獅陣入館開始，同時設立宋江館或獅館，奉請祖師爺或保護神坐鎮，大灣地區的宋江陣，則以豎立一支燈杙與香筒代表請神降臨，意義等同設立宋江館，燈杙設立後每晚需點燈、早晚上香，香筒另一作用是每天開始訓練前，「宋江跤」先上香祭拜宋江爺（也有說是祭拜好兄弟）後插香用。

26　南灣宋江陣兵器計有 12 種：雙斧 1、木耙 2、大鍊刀 1、雙刀 2、單刀 2、鍊仔刀 5、鉤鐮槍 2、鐵叉 2、雙鐧 2、齊眉棍 7、大刀 1，外加丈二槌。

26　在泉州與漳州的獅陣表演中，倒是看過丈二槌也下場跑陣。

27　石萬壽，《永康鄉志》，頁 97、101。

28　南灣聖巡北極殿 - 宋江陣臉書，2020 年 8 月 22 日，下載日期：2021 年 8 月 20 日，https://www.facebook.com/groups/1580218688763771。

宋江陣招生海報。　　　　　　　宋江陣開館後在廟埕豎立燈杄與香筒。　　北極殿宋江陣祀神田都元帥。

　　在「西港仔刈香」的香境內，武陣「開館」指訓練完成可以正式出陣，大灣地區開館指的是陣頭招人開始入館練習，訓練完成到廣護宮進行表演接受王公爺檢閱，宋江陣稱「開斧」，金獅陣稱「開刀」。開斧、開刀之後才能正式出陣拜會首壇、參加遶境，乃至參加其他交陪境廟的活動，所有活動結束後擇日謝館。

　　根據宋江陣楊基祥教練的筆記，[29] 南灣宋江的演出陣式名稱及隊形變化如下：

　　1. 大花：由頭旗帶隊，圈成圓形後，於天爐處插兩出角，再插兩入角後成圓到定位，演打槌頭、槌尾、[30] 長短兵器跳出跳入，以一整圈到定位完成。

　　2. 兩人連環：頭旗帶圓（拍箍、遶圈）後，在外向處插兩入角後，起大耙插直角，等尾支小蹕（鐽）插角時，頭旗以捲起收之。到定點後長短兵器兩人對打，先由長兵器落刀，再由短兵器落刀後完成。

　　3. 黃蜂出巢（岫）接四人連環：旗在天爐處插立馬角後，以 1/2 圈處，慢慢轉入中心，以黃蜂出巢（岫）之勢展開，到定位處以反前對，四人對打，都由長兵器落刀、跳完成。

29　楊基祥，《南灣宋江陣排列及演練綱要》，手稿筆記本，2008。
30　「槌」指齊眉棍。

4. 連枝接：頭旗在外向處插立馬角後，帶圓在 1/4 定位處，以旗、叉、二手耙、二手叉、四角頭開始接打（註：於轉圈時，二手叉與二手圇仔[31] 要對換位置，而頭旗只接打一次）。

5. 大連環：頭旗在天爐處插兩出角後，帶圓到定位，長兵器在內圈，短兵器在外圈，槌頭、槌尾對打後由長兵器落刀，短兵器跳起，開始轉圈連打一環完成。

6. 古錢窗：頭旗在 1/4 斜角處插十字角到定位後，以演練二人五花完成。（現今改演練二人連環。）

古錢窗頭旗插斜十字角，要注意角度

7. 排八城：頭旗在左青龍大爿處插立馬角後，再轉到右白虎小爿處插立馬角，在帶圓到定位前，要追過四位隊員才定位。八城陣人員定位後，由頭旗拜城後入城，做巡城完成後（點鼓反後對）以演練四人五花。

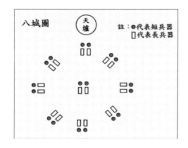

頭旗在拜城、巡城時，中間二對兵器要隨頭旗入城巡城而轉方向。

8. 蜈蚣陣接雙連對：頭旗在外處插兩出角後，旗再起大北帶入兩行，長短兵器分兩行先做二人五花演練，二次起大北帶入，長短兵器槌頭槌尾互打，三次起大北兩行帶入，以蜈蚣走路之式走出。（在外向處分長短兵器，一對、一對入圈內演練雙連對、對打。）

9. 八卦：頭旗在外向處插入角，然後以十字交插待轉圓後頭旗點下信號，再由二手叉帶內圈配合成兩圈後，到定點頭旗下指令全體散開成八卦形，演練兩人連環。（演練時要放鞭炮。）

10. 開斧及單套表演：頭旗帶圓定位，由雙斧開斧後，到丈二長槌收尾（開斧時要放鞭炮）。

---

31 「圇仔」指鈎鐮槍。

南灣宋江拜大禮的程序相當繁複，值得描述一下：隊伍成兩縱隊進入廟埕，面對廟門或香案，頭旗單獨站立在中間，左一排長兵器 18 人，柴耙（頭耙）居首；右一排短兵器（穿插三支齊眉棍）18 人，雙斧手李逵站排頭。

1 頭旗

3 頭耙　　2 雙斧

5 大鏈刀　　4 牌刀

7 單刀 [32]　　6 雙刀

9 鐵叉 [33]　　8 牌刀

11 齊眉棍　　10 齊眉棍

13 鉤鐮槍　　12 牌刀

15 齊眉棍　　14 雙鐧

17 大刀　　16 牌刀

19 木耙　　18 齊眉棍

21 鏈刀　　20 牌刀

23 單刀　　22 雙刀

25 鐵叉　　24 牌刀

27 鏈刀　　26 鏈刀

29 鉤鐮槍　　28 牌刀

31 齊眉棍　　30 齊眉棍

33 鏈刀　　32 牌刀

35 齊眉棍　　34 雙鐧

37 鏈刀　　36 牌刀

隊伍站定位，在鑼鼓聲的節奏指揮下，頭旗手高舉宋江旗，旗尖向上，迅速晃動幾下，放下，平舉於腰際，旗尖向右，接著緩緩平舉至胸前高度，兩腳相互微交叉向前行進三步，每行進一步，頭旗同時以反時鐘方向環遶頭部搖旗一圈，立定，

32　大灣地區所稱單刀為「長刀」，在曾文溪流欲通常稱「官刀」、「斬馬刀」。

33　亦作「鐵鑡」、「鑡鈀」，簡稱「叉」。

平舉頭旗與胸同高，行進、搖旗這一組動作連續三次，站定；接下來以交叉步後退，一次三步，頭旗以順時鐘方式搖動，後退動作一樣連做三次，站定；這部分屬於頭旗手的單獨行禮，同時間其他隊員則排列整齊，平舉兵器肅立原地。

頭旗手三進三退回到原地，接著高舉頭旗以右上左下方位迅速揮舞搖動，同時回頭望向左後方隊伍，以眼光招呼大家準備全體行禮，然後回頭擺正，凝視前方，平舉頭旗，一樣旗尖向右，退後一步，頭旗隨著緩舉胸前，以交叉步向前行進三步，行進時頭旗以 45 度角向左上、右上方向各搖動一次，站定；迅即將頭旗向右刺出，再以以劃圈方式向左右方快速搖動三次，劃圈搖動時，頭旗手雙腳同時騰空跳躍三次，其他隊員也跟著節奏碎步前進，並左右舞動手中兵器，同步吶喊：吼！這是第一次拜中門。接著隊伍不變隊形橫步右移，全體對著左側門（龍爿內側殿神明）行禮，結束向左移到右側門口，同樣全體向虎爿右側殿神明行禮。之後回到中門，重複一次從一開始的先拜中門再拜左右門，全程約兩分半鐘。

開斧表演的主要內容，除了前述陣型、陣法變換之外，還包括個人兵器表演（行家私）、空手拳演練，最後以丈二表演收尾。丈二槌不在 36 官將所持兵器中，通常由後備專人扛舉，可能由古代兵器「殳」（長一丈二尺，無刃）演變而來。

廣護宮廟埕開斧演出。

排八城。

行家私。

主會壇參拜。

廣護宮醮典結束後，南灣宋江陣並未馬上謝館，為了回味一下歷史記憶，在臺南市文化資產管理處協助下，於 2021 年 1 月 24 日回到臺南州知事官邸重新「復刻」1923 年表演場景，國興衛視特地前來錄製特別節目，見證延續與傳承超過百年的宋江陣歷史民俗與文化；南灣宋江陣隨後於 2021 年 1 月 30 日謝館。

2021 年 1 月 24 日臺南州知事官邸八卦陣演出復刻版。

1923 年 4 月 22 日南灣宋江排八卦。

謝館祭拜，晚上宴請廟裡執事人員及宋江跤眾兄弟。

祭拜後去除符令紙，移除燈杙，完成謝館。

　　此次建醮，南灣宋江陣獲得的贊助捐款，根據北極殿廟方張貼的紅榜單，包括廣護宮補助 65 萬元，北極殿補助 10 萬元，北極殿管理委員會各委員個人捐款，一般民眾及公司行號捐款從幾百元到一、兩萬不等，加上拜主會壇及遶境紅包收入等共約 160 萬元，支出大約 120 萬元，剩餘 40 萬元轉入宋江陣基金。[34]

34　根據捐款公告約略統計及宋江陣教練楊基祥先生見告。

（二）西灣宋江陣

　　西灣宋江陣於戰後以「頭前李」聚落子弟為主幹組成，由於頭前李或西灣里一直沒有發展出角頭型的公廟，因此西灣宋江陣變成歷任里長需負責組陣並擔任當然領隊。因時代環境變化，西灣里的宋江陣成員，已不限於西灣里里民。這一次組陣的成員，包括領隊李元慶里長、宋江館館長一人、館東4人（其中一位似乎從頭到尾未出現過）、分執各項家私（兵器）的宋江跤45人、未分配兵器的3人、鑼鼓手7人，合計61人，其中李姓25人最多，陳姓9人次之，林姓4人，劉、鄭各3人，蔡、葉、薛各2人，其他11個姓氏各一人。[35]頭旗手4人、雙斧手3人，頭耙3人，輪流替換上場。

　　2020年10月6日西灣宋江陣「安館」，宋江館設於大灣五街93巷96號伍風宮旁空地，安館當天瑤池代天府的許府王爺，到場協助宋江爺令牌安座。瑤池代天府的宮主李順忠，原為頭前李宗族，瑤池代天府許府王爺發跡於西灣，已如前面角頭小廟介紹所述。10月7日起開始利用晚上練陣、練拳，原則上每星期一至星期三晚上練習，總計10月份練了13天，11月份14天，12月份17天，[36]實際訓練時間44天，2021年1月1至2日兩天參加遶境。

　　西灣宋江陣與南灣宋江陣一樣同屬37人陣、九面盾牌，兵器種類也類似，南灣有大刀，西灣沒有，西灣的鏈刀分大、小型，大鏈刀造形接近關刀，而且鏈刀手作個人家私表演時，部分招式動作近似關刀；此次出陣，西灣宋江兵器中沒有一般宋江陣幾乎必備的丈二長矛，兵器的配備位置也稍有差異，其排列順序如下：

35　根據西灣里宋江館張貼的人員名冊統計。
36　西灣宋江陣人員從教練、館東到隊員，每次練習都需簽到，根據簽到表記錄最後發給全勤者額外獎勵。

1 頭旗

3 頭耙	2 雙斧
5 大鏈刀	4 牌刀
7 單刀	6 雙刀
9 鏈刀	8 牌刀
11 齊眉棍	10 雙鐧
13 鐵叉	12 牌刀
15 齊眉棍	14 齊眉棍
17 鉤鐮槍	16 牌刀
19 木耙	18 齊眉棍
21 鏈刀	20 牌刀
23 單刀	22 雙刀
25 鏈刀	24 牌刀
27 齊眉棍	26 雙鐧
29 鐵叉	28 牌刀
31 齊眉棍	30 齊眉棍
33 單刀	32 牌刀
35 鏈刀	34 鏈刀
37 鉤鐮槍	36 牌刀

2020 年 12 月 16 日晚上西灣宋江陣到廣護宮廟埕進行正式表演，程序如下：

1. 以插角方式跳入場地，先拋箍（遶圈），圍出表演空間，然後正對廟門分成四排進場，頭旗帶動指揮，行拜壇禮，廣護宮也派人在香案前持香答禮。陣頭拜廟、拜壇、拜燈篙時，廟方派人出面持香答禮的祭儀，是永康、歸仁一帶的特殊地方民俗，其他地方少見。

2. 大廟門口拜壇結束，接著前往拜燈篙、中營；拜中營是建醮期間所有陣頭來大灣廣護宮拜禮必到之處，可算是大灣特色。拜完中營回轉廟埕，並不立即進行表演，而是隊伍排成兩排，先向廟埕右側的歌仔戲臺行禮，戲班會派人即時出現臺上答禮。歌仔戲、布袋戲戲班通常奉田都元帥為保護神，宋江陣、獅陣的祖師爺，大部分也是田都元帥，而且早期的慣例，戲班常在後臺供奉祖師爺神位，陣頭對戲棚行禮其實是在拜戲臺上的神明。一般常見的方式是陣頭表演結束，離去之前才禮貌性拜戲棚上的祖師爺。

3. 拜過戲棚，才開始正式拋（拍）箍插角，進行陣式演練，包括插外角、插內角、大花、拍箍插角、二人連環、插外角、拍箍插角、內外圈連環打、插內角、拍箍插角、排八城、燒金、內外圈連環打、拆八城（以上四段合為八卦）、拍箍插角、踏七星、黃蜂出巢（岫）、四人連環、開斧，接著是個人兵器演練、個人空手拳，然後頭旗開旗，再接著又是空手拳、拍箍遶圈、拜壇，結束。[37]

西灣宋江陣最初組陣時，請南灣師傅來教，因此就陣法而言，與南灣宋江陣相似度甚高。2021 年 1 月 11 日西灣宋江陣謝館後，因頭前李聚落與西灣里均無角頭公廟，所以平時宋江爺神位常寄奉在里長家中，庚子科清醮結束後，李元慶里長將令牌移到同屬西灣區域內的角頭小廟評周公廟寄祀。

謝館前，宋江館內貼了一紙宋江陣紅包收支經費告示：

1、2020 年 12 月 16 日～ 12 月 28 日 拜主會與仕紳收入	250,400 元
2、2021 年 1 月 1 日 遶境收入	166,800 元
3、2021 年 1 月 2 日 遶境收入	56,010 元
合計收入	473,200 元
2021 年 1 月 10 日 發隊員紅包與出席全勤獎獎金	503,000 元
合計支出	503,000 元
共計：-29,800 元 由基金支應	

37　根據開斧現場的觀察記錄。

上述收入，指宋江陣前往各會首壇或建醮執事人員壇發彩表演，以及遶境兩天參拜各宮廟、住家香案時的紅包收入。其實，宋江陣的收入不止此數，一般民眾給予宋江館的捐款贊助、廣護宮補助款，在這份收支表上未見顯示，整體收支也不清楚，不過應有數十萬剩餘可存入基金。廣護宮這次針對各里自練宋江、金獅武陣一律補助 65 萬元；東灣里請職業宋江陣，則補助 20 萬元。[38]

西灣宋江館。

西灣宋江跤燈杙前夜練。

西灣宋江陣開斧。

老師傅身手依然不凡。

㈣ 金獅陣

永康地區過去傳統是宋江陣十分普遍，獅陣不多，除埔姜頭保生宮一陣青獅外，大灣地區則有三陣，均為紅面獅，都有相當歷史；崑山里非角頭公廟武龍宮靈霄寶殿曾組過獅陣（關廟過坑仔玄武壇所傳授），只參加了一科廣護宮醮典後中斷。

---

38 廣護宮楊中成董事長見告。

（一）國聖宮金獅陣

國聖宮金獅陣何時成立不可考，依陣中耆老估算，傳承至少五代，應有百年以上歷史。國聖宮建廟甚晚，金獅陣最初組立出陣時，角頭尚無公廟，故當地人稱「姓鄭仔獅陣」，何時改稱金獅陣也無法確認。該陣中流傳有兩冊獅陣陣式（陣法）手寫稿本，[39] 第一本以素箋白宣紙書寫，從其文字用詞可以看出是 1946 年前後，寫作者使用日文語法混和著臺語漢字，以及不太熟練的中文所書寫；另一冊稍晚，用每頁12 行紅格線的筆記冊書寫，撰寫者顯然與前一冊作者同一人，中文已稍微進化，但基本上仍以臺語語法行文。第一冊（簡稱「陣式圖說 A」）手稿封面有「姓鄭仔獅陣北大灣原第一保」字樣，第二冊（簡稱「陣式圖說 B」）手稿則無名稱，兩冊都以舞獅圖案作為封面，內頁均繪有陣式圖案及解說，詳略稍有不同，兩冊稿本均為線裝形式。

國聖宮獅陣出陣演練陣法時，下場人員包括鑼鼓手三名、獅頭、獅尾各一人、獅旦一人（小男孩擔任，站立在一位成年人肩膀上）、獅跤（腳）36 人（18 人持長兵器，另 18 人左手持盾牌，[40] 右手拿短刀，通稱「牌刀手」），獅旦及舞獅者僅在入場行拜禮、第一圈拍箍（遶行成圓圈隊形）、表演結束行禮三個時段出現，此外無表演可言。相較之下，曾文溪流域的獅陣，「齣頭」比較多，開始拍箍時獅頭帶頭作「清箍」動作，另有專項獅套、剾獅表演，有時還帶領排八卦陣。

出陣開刀表演前四駕加持兵器。

獅旦與獅頭。

39　國聖宮收藏，《姓鄭仔獅陣　北大灣原第一保》（陣式及圖說），手稿本，兩種。
40　曾文溪流域的 36 人獅陣與宋江陣相同，只有 8 面盾牌。

069

36 個人所持兵器在拍箍（遶圈）時，次序如下：

國聖宮金獅陣陣式圖說手稿。

資料來源：國聖宮金獅陣陣式圖說 B。

　　上圖中的「扒」為木耙，鹽水溪、許縣溪流域的獅陣演練陣式時，通常由耙領
軍，稱「頭耙」；「排」為盾牌，指牌刀；「叉」為鐵叉，亦稱三叉；臺語「圇」發音
khau 與閩南語「鉤子」的音 kau-á 接近，應為鉤鐮槍；「棰」即齊眉棍，「鏈」為鏈
刀，[41] 這些都是宋江陣與金獅陣常見的兵器。上圖圓圈之外有三處燈火柱，與宋江陣
館豎立的燈杜相似，大灣、歸仁一帶的通例，是宋江陣只立一根燈杜，金獅陣則立
三柱，每柱燈杜各代表不同神明，燈杜上有油燈及插香設施，陣頭安館之後，每晚
上香點燈，直到任務結束謝館為止。

　　上圖中國聖宮的第一支燈杜，位於廟門口右側（虎爿），代表奉請大灣境主公廣
惠聖王及獅陣的祖師爺九天風火院田都元帥在此鎮守；第二支位於廟埕前方馬路的

41　常見寫成「躂刀」，躂意為跌倒，「躂刀」語意不通。

正對面，平常已設立中營於該處，這時候再立一支燈杹，祭祀好兄弟，也有說是奉祀四大將；[42]第三支燈杹位於廟口左前側（龍爿），奉祀觀音佛祖與天上聖母。一般會把代表境主的燈杹，豎立在廟宇左前方的龍爿，左龍右虎，龍爿稱大爿，國聖宮燈杹立法與慣例不同。金獅陣平常晚上開始訓練前、訓練結束後，以及出陣前、返廟後都需拜燈杹，先拜第一支境主公與祖師爺，接著拜第三支佛祖與媽祖，最後拜第二支四大將與好兄弟。

國聖宮燈杹／境主與田都元帥。

第二支與第三支燈杹處。

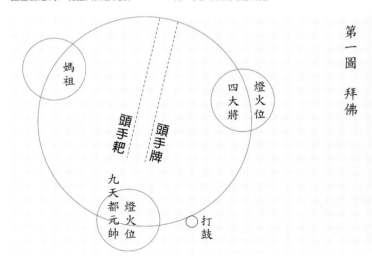

資料來源：本文根據國聖宮金獅陣陣式圖說 A 重繪。

燈杹由燈火與燃香組成。

42　大灣地區稱扛四駕的 4 個人為「四大將」，不知是否借用自八家將中的四大將概念。

上圖為金獅陣進行拜禮的兩列隊形，36 位獅跤依所持兵器之排序如下：

獅子　獅旦

1 頭耙　牌刀

2 單刀　牌刀

3 鐵叉　牌刀

4 鉤鐮槍　牌刀

5 鏈刀　牌刀

6 齊眉棍　牌刀

7 柴耙　牌刀

8 單刀　牌刀

9 鐵叉　牌刀

10 鉤鐮槍　牌刀

11 鏈刀　牌刀

12 齊眉棍　牌刀

13 柴耙　牌刀

14 單刀　牌刀

15 鐵叉　牌刀

16 鉤鐮槍　牌刀

17 鏈刀　牌刀

18 齊眉棍　牌刀

2020 年 12 月 16 日晚上國聖宮金獅陣，前往廣護宮進行「開刀」正式操練，演練陣式歷程大致如下：到達廣護宮後，先拜壇、拜燈篙、拜中營，之後由四駕領軍進場，獅陣以插角方式進入廟埕，隨即開始拍箍，第一個陣式是插角（插外角遶兩次半圓），第二式是蹈七星（或稱踏七星、草花蛇泅、蛇泅），以類似游蛇前進的方式變換隊形，每一處轉角做一次跳躍插角動作，跳起時同呼喝一聲。

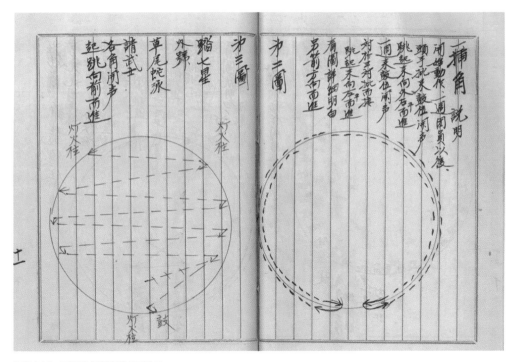

資料來源：國聖宮金獅陣陣式圖說 B。

在每一個陣式結束後，都要重新進行拍箍，遶圈過程中，每位獅跤會在廣護宮廟埕左側金爐位置附近，做一次插角動作。

第三式稱為「青龍纏柱」，先成一列縱隊由外向內進入，第一位頭耙到定點（擺放槓籃香爐處）後向右跳起插角，隨即做轉身遶過槓籃，待第二位牌刀手插角向前，第三位單刀手尚未插角前，頭耙迅速向左前方跳入，形成交叉，後來者依序作同樣動作，猶如層層纏繞龍柱。

資料來源：國聖宮金獅陣陣式圖說 B。

青龍纏柱。

第四式「田雞微」，在大灣地區通常稱「田雞覕」（tshân-ke/kue-bi），[43] 田雞即青蛙，「覕」類比躡手躡腳行走移步捉雞；36 人依分組對頭順序並行排成兩排，以半蹲方式悄悄前進，表現一種偷襲戰陣。

國聖宮金獅陣陣式圖說 B。

田雞覕（田蛙微）。

「田雞覕」兩兩走到盡頭，長兵器敲擊對手牌面，雙雙躍起插角，往左右方向遠行形成拍籤，接著依序由頭對（頭耙、牌刀）開始進入場中進行第五式對打演練，一般稱「摃對」，國聖宮金獅陣陣式圖說 B 稱「點兵比武」，現在則稱「拍排套」或「摃對頭」，18 對依序一一進場對打。

摃對頭。

點兵比武。

43 「田雞覕」，〈國聖宮金獅陣陣式圖說〉寫「田蛙微」；「覕」字亦有寫成米（bí）、未（bī）、微（bî）、覕（bih）、避（pī）等；也有主張應為「眯」，惟「眯」字並無躲藏之義。。

第六式「巡城」，現在也稱「雙龍絞水」，圍成圓形，兩兩一組相向，長兵器先點打盾牌，接著牌刀點打長兵器下緣、牌刀再作勢砍對方雙腳，內圈長兵器者做一跳躍動作；如此長兵器與牌刀對點、交互躍跳，每一下動作同時發出吆喝聲，內圈執長兵器者反時鐘方向前進，外圈持牌刀者順時鐘前進，18對都交互點打之後回到原位。宋江陣也有相同的招式，稱「大花」或「打五花」，有時在排八卦陣時出現。

國聖宮金獅陣陣式圖說 A。　　　　巡城（打五花）。

　　第七式在國聖宮金獅陣陣式圖說 B 中稱「田蛙未」，近似「田雞觎」，差異在於不採半蹲，而是直立行走，長兵器與盾牌相互交叉架高進場，九對一組，進場後兩組四排，進行第八式單變（遍）連環，兩組人員站定位置後，轉身相向。兵器對打，交叉換位，重來一次，回到原位，拆隊回復拍箍遶圈隊形，如下圖。此一陣式動作類似宋江陣中的蜈蚣陣式（或龍門陣）的一部分。

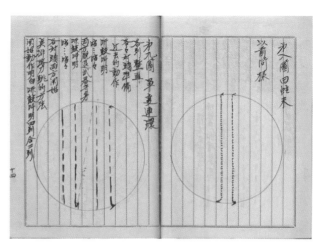

單變（遍）連環圖說。

單變連環之後，陣式圖 B 稱第九式為黃蜂出巢（siū，正字「岫」），前後需演練三分鐘左右，若加前頭準備動作與結束後拆隊回覆拍箍（遶圈），則超過五分鐘，是表演時間最長的一套陣式，現在則稱黃蜂結巢（岫）與黃蜂出巢（岫）。國聖宮金獅陣陣式圖說 B 把黃蜂出巢（岫）拆繪成 9 幅圖：

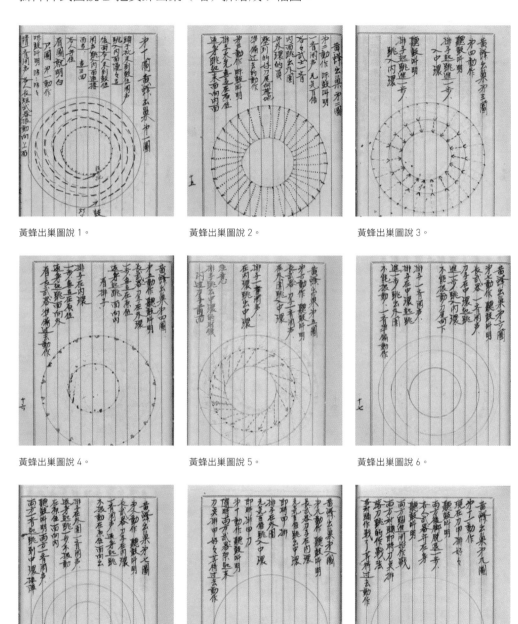

黃蜂出巢圖說 1。　　黃蜂出巢圖說 2。　　黃蜂出巢圖說 3。

黃蜂出巢圖說 4。　　黃蜂出巢圖說 5。　　黃蜂出巢圖說 6。

黃蜂出巢圖說 7。　　黃蜂出巢圖說 8。　　黃蜂出巢圖說 9。

黃蜂出巢圖例之一。

黃蜂出巢圖例之二。

黃蜂出巢圖例之三。

黃蜂出巢圖例之四。

　　黃蜂出巢（岫）之後，第十式是跟第八式完全相同的「田蛙未」（田雞覘），其實只是一個過場的橋段，接著第十一式跟前面第九式單變連環類似，稱為「雙變（遍）連環」，也就是套路動作更複雜一些，一樣是分成兩組進場，排成四列，做轉身、換位、牌刀、兵器對點等隊形變化，可細分為七段套路。

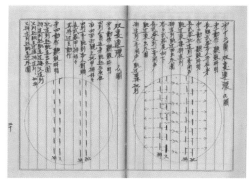

雙變（遍）連環圖說 1。

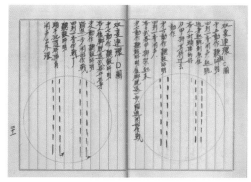

雙變（遍）連環圖說 2。

雙變（遍）連環圖例。

　　國聖宮金獅陣目前演練的「插三角」（或稱「搭三角」）如果插入舊陣式，應該算第十二式，為上述金獅陣陣式圖說 A、B 所無。當雙變連環結束之後，依例回復遶圈隊形拍箍、插角，兩圈之後，領軍的頭耙，到達鼓位附近，左轉身做完插角動作之後，向圈內圓心點蹲步前進（田雞覘步伐），同一時間排序在第 7 與第 13 位的另兩支木耙，也同步轉身、插角、向圓心點蹲步前進，三人接近圓心處時，同步跳起插角，180 度轉身，以來時的相反方向，仍舊蹲步移動前進，至原出發點起身，插角，回復拍箍遶圈。「插三角」每一列各 12 人，每人均依序前進、圓心點同時插角轉身、蹲步前進，回復原隊形。

插三角時，三支木耙同時插角。　　　　　　　　　「田雞覘」半蹲步伐前進後插三角。

第十三式與第四式同為「田蛙未」（田雞覘），但第四式是由鼓位的對面，也就是由外而內蹲步進來，第十三式則相反，以鼓位為基點，由內而外出去，然後頭耙、牌刀左右分班前進遶圈，回到鼓位處，開始第十四式「刣輸贏」，由第一對頭耙與牌刀入場對打比武，牌刀敗走，第二對單刀立即跳入場與頭耙對打，頭耙退，第二對牌刀入場戰單刀，如是接續不斷，18 對 36 人先後下場對打。這一式常見於曾文溪流域宋江陣過往表演中，稱「家私連環」，幾乎是標準套路，不過其形式與損對頭近似，為節省時間，曾文溪流域武陣近來多不演練，改增加拳術套路表演。

第十五式仍稱「田蛙未」（田雞覘），其實只是過場；接著第十六式稱「走馬打」（走馬拍），兩列縱隊由外向內（鼓位）小跑步前進，長兵器與牌刀邊走邊相互輕點對打，到鼓位後左右分班遶行，回到原點再次走馬打，連續三回，結束後成兩路進入，盾牌高舉過頭，長兵器架在盾牌上，到達定點，兵器向推舉三次，同聲呼喝，然後金獅、獅旦帶領隊員進場對玉皇壇行拜禮，開刀表演結束。

「抬敗勝」即「刣輸贏」。

「走馬打」圖說。

陣式表演結束，拳術上場。

上述傳統十六式對照庚子科國聖宮金獅陣開刀表演的完整陣式，現今第 1 至第 6 式與傳統相同，舊第七式「田蛙未」（田雞覘）與第八式「單變連環」合併，變成第 7 式「單變連環」；第 8 式為「黃蜂結巢（岫）」，原來的第十式「田蛙未」（田雞覘）、十一式「雙變連環」合併，成為第 9 式「雙變連環」，第 10 式為新增「搭三

角」，原來的第十三式「田蛙未」（田雞峴）、第十四式「刣敗勝」合併成現今第 11 式「刣輸贏」，原第十六式仍在，即現存第 12 式「走馬打」（走馬拍）。

國聖宮金獅陣陣式圖說 B 的最後一圖（第十七圖）是個大圓圈，圖說文字是：「完結，請眾武士各打群（拳）頭」。可見早期金獅陣除了表演隊形陣式變化之外，每個人同時也要演練拳術，展現一身硬功夫；庚子科國聖宮金獅陣開刀表演，則未見任何拳術套路演練。正式表演結束，獅陣離去前，先整隊向歌仔戲棚行拜禮，接著拜燈篙、中營營頭，然後返回國聖宮拜三柱燈杙，開刀全程結束。

開刀之後，代表金獅陣經廣惠聖王檢閱合格，才能正式出陣，所以國聖宮金獅陣隔天 12 月 17 日開始安排到總董、副總董、爐主及 35 位會首的家宅拜壇，平常日利用晚間，假日則全天，前後 8 天才完成，這是大灣五隊武陣除了開刀（開斧）、遶境之外，最重要的出陣行程。大灣地區武陣並無類似西港刈香武陣互相探館、答謝（前往主要捐助者家宅發彩表演）的習俗。

國聖宮金獅陣從 2020 年 10 月 4 日開館（安館）組訓，原則上每週一、二、四、五操練四天，多數人員仍為大灣當地居民。庚子科金獅陣除招募的獅跤外，負責組織運作的主要是國聖宮董事長、總召集人兼總教練一人、召集人兼館東兩人、館東三人。經費主要來自捐款，據國聖宮張貼公布的資料，共有 117 人捐款，捐款總數 115 萬 8600 元，捐款最少 1,000 元，捐 2,000 元最多（25 人），3,000 元次之（21人），捐一萬元以上的有 28 人（共 88 萬 1000 元），捐款人中鄭姓鄉親 21 人。若加上廣護宮補助款、拜會首壇及遶境紅包收入，估計總收入應該在 220 萬元左右，作為陣頭的開銷應該有剩餘，所以大灣傳統陣頭組織訓練，應該不缺經費，擔心的是招人困難。

（二）廣德堂神獅陣

汪厝廣德堂獅陣稱「神獅陣」，有別於國聖宮與清水宮稱「金獅陣」，一般認為大灣三隊獅陣以廣德堂組陣最早，大概與汪厝在清初就出了一個武舉人汪玉潤有關。由於廣護宮的主要決策層常務董事，由各里里長組成，因此里長通常是各里組織武

陣時的領隊，汪厝神獅陣是大灣里唯一武陣，里長自然是當然領隊。又因為廣護宮位於大灣中心的大灣里，最早香火主要是由位於大灣里的謝厝、汪厝兩聚落護持，後來才逐漸發展為整個大灣的公廟。武陣是廟宇進行較大規模祭典時必要的護駕、開路陣頭，因此汪厝神獅陣除了是廣德堂直屬之外，感覺上與廣護宮的關係，也比其他各里武陣更親近，所負擔的責任也較重。

例如，神獅陣除了與其他各里武陣相同皆需參加送火王、放水燈、參拜會首壇、遶境之外，進區插燭那七天，每天晚上廣德堂四駕、神獅陣都需要出陣，代表廣護宮迎、送香境內外各宮廟前來插燭祭祀的隊伍；起鼓入醮關廟門，由神獅陣在場鎮壓；遶境當天活動結束時，神獅陣與國聖宮金獅陣是護持開廟門儀式的兩隊武陣，感覺上神獅陣是主角；遶境結束後三天適值廣護宮廣惠聖王聖誕日（2021 年 1 月 5 日，農曆 11 月 23 日），聖誕祭典舉行時，神獅陣最後一次出陣前來祝壽「鬥鬧熱」，再過五天，1 月 10 日才謝館。

為了籌組神獅陣，廣德堂製作招募隊員簡章，貼在廟前公告欄：

大灣里廣德堂神獅陣招募隊員簡章

主旨：為配合境內主廟廣護宮，將於歲次庚子年十一月十八、十九日舉行建醮事宜，特成立神獅陣。

事項：

一、男性青少年，對運動健身有興趣者，皆可報名參加。

二、本堂神獅陣擇於國曆一零九年十月二日晚上八點開館成立神獅陣，操演時間為週一至週五晚上八點至九點半，每晚收操後均提供點心宵夜供食用。

三、每一隊員發給制服二套、夾克一件、名牌運動鞋一雙，任務完成，待財務結餘後，配給每位隊員酬勞獎金。

四、因本堂管轄區，人員稀少，急需對外招募隊員，歡迎有興趣之青少年踴躍結伴參加，額滿為止。

五、報名地址：大灣廣德堂（臺南市永康區大安街318巷25號），電話：（06）
2717750。

聯絡人：汪亮明（手機電話，略）

里長：鄭文義（手機電話，略）

　2020年8月23日廣德堂臉書粉書頁，也貼出招募「獅跤」廣告：

好消息　好消息！機會難逢

大灣廣德堂「神獅陣」

欣逢大灣廣護宮農曆庚子年十一月十八、十九兩日建醮盛事

為地方盛事添加風采、熱鬧氣氛

開始招募神獅陣隊隊員，期望青少年朋友踴躍參加

第一：可以訓練身體

第二：為眾神服務增加智慧

也對地方盛事添一點力量，使其圓滿成功更能庇護大家平安、美滿發大財。

謝謝。

聯絡地點：大灣廣德堂　電話06-2717750　即日起可至廟方接洽登記

並祝大家平安順心

大灣廣德堂神獅陣　啟[44]

44　廣德堂獅陣（三媽廟）臉書，2020年8月23日，下載日期：2021年08月25日，https://www.facebook.com/1516239005351576/posts/2362229367419198/。

神獅陣夜練。

「最小隻」的獅跤操練中。

每晚幫忙獅陣煮點心的志工媽媽們。[45]

　　2020 年 10 月 2 日廣德堂神獅陣安館，開始操練，12 月 15 日到廣護宮開刀，正式取得出陣資格，12 月 18 日至 24 日（農曆 11 月 4-10 日）晚上往廣護宮迎送前來進區插燭的宮廟神轎與人員，接著是一連串行程，到 1 月 10 日謝館結束。

神獅陣燈杙點燈插香一柱解決。　　燈杙上貼平安符。　　小獅旦拜燈杙。

45　引自廣德堂獅陣臉書。

廣德堂神獅陣除獅旦、獅頭獅尾，為 36 人陣，演練時兵器順序如下：

1 頭耙	牌刀
2 單刀	牌刀
3 鈎鐮槍	牌刀
4 鐵叉	牌刀
5 鏈刀	牌刀
6 齊眉棍	牌刀
7 柴耙	牌刀
8 單刀	牌刀
9 鈎鐮槍	牌刀
10 鐵叉	牌刀
11 鏈刀	牌刀
12 鏈刀	牌刀
13 柴耙	牌刀
14 單刀	牌刀
15 鈎鐮槍	牌刀
16 鐵叉	牌刀
17 鏈刀	牌刀
18 齊眉棍	牌刀

若與國聖宮金獅陣比較，六種兵器種類完全相同（柴耙、單刀、鈎鐮槍、鐵叉、鏈刀、齊眉棍）；排列次序方面，國聖宮鐵叉在前，鈎鐮槍在後，廣德堂則是鈎鐮槍在前，鐵叉隨後。表演陣式與國聖宮金獅陣基本相同，名稱說詞則稍異，以下為貼於廣德堂廟前公佈欄的陣法名稱：

1. 插右角、插左角（插角）

2. 青龍燈（纏）柱

3. 踏七星

4. 田街咪（後面來〔由後向前〕）、損對頭

5. 巡城 → 插三角

6. 田街咪（後面來）、單遍連環

7. 黃蜂出巢

8. 田街咪（後面來）、雙遍連環

9. 田街咪（前面去〔由前向後〕）、刣輸贏

10. 田街咪（後面來）、走馬拍

　　開刀表演時，陣式走完一遍，接著派出頭耙、單刀、鏈刀、牌刀各一人作個人兵器操演。全部演練結束行拜禮，採拜大禮方式，全體獅跤手掩長兵器鋒刃，牌刀手將短刀藏在盾牌內，獅頭獅尾一膝半跪，三進三退行禮。行禮完畢，獅陣兵器先在一旁佇放，所有廣德堂執事、獅陣領隊、教練、館東、獅兄弟們，在廣護宮董事長、常務董事等陪同下，一起舉香敬拜廣惠聖王及眾神明，並誦讀疏文，祈求保祐廣德堂神獅陣眾人平安順事，醮典順利圓滿。

會首壇參拜表演。

參拜會首壇領紅包。

獅旦。

黃蜂出巢（岫）。

廣德堂神獅陣「田雞覕」陣式。

封刃藏刀拜大禮。

　　廣德堂所立三支燈杙，廟口左前方靠五營總營頭處那支，代表境主廣惠聖王，左前方廟埕稍遠處所立者，代表廣德堂主神觀音佛祖（三媽佛祖），廟門口右側靠近汪姓宗祠處那支者，代表土地公與好兄弟。每次練陣、出陣前後，都需依序向境主、佛祖、土地公（及好兄弟）行禮。謝館時三支燈杙前各擺放供桌供品（好兄弟那一桌最豐盛），獅陣領隊、教練、獅兄弟及廟方人員依序祭拜三支燈杙；完成後在廣德堂四駕首席輦手（乩身）指揮下，拔除燈杙，完成謝館，任務圓滿達成。

虔誠祭拜謝神（三媽佛祖燈杙）。

拔除燈杙。

（三）清水宮金獅陣

　　北灣原來有國聖宮與清水宮兩陣獅，後來清水宮位址劃入北興里，現在大灣七里除了東灣、崑山之外，其他五里各有一武陣。清水宮金獅陣的舊稱是「大灣原二保金獅陣」，日治時期大灣派出所轄下包括大灣地區 7 保、西勢 3 保，大灣第 1、2 保為後來的北灣村，姓鄭仔（國聖宮獅陣）在第 1 保，王厝（清水宮獅陣）在第 2 保，可見最遲日治時期已組成獅陣。

清水宮在 2020 年 8 月 23 日及 9 月 19 日先後兩次發出「招募令」，可見招人組陣並不容易。第一次廣告詞：

> 少年肌（家）
>
> 麥擱（莫閣）宅在家凸（黜，thuh）手機
>
> 走出來練功夫
>
> 流點汗　保健鍛鍊身體
>
> 來參與大灣原二保金獅陣團練功夫
>
> 還有贈送您一套團練運動制服及運動鞋
>
> 每晚團練時間還有總鋪師提供精美點心饗宴
>
> 歡迎少年肌（家）踴躍報名加入我們的行列

　　第二次招募令對酬勞的說明更具體：「每一隊員發給制服二套，夾克一件，名牌運動鞋一雙」，結束後還有酬勞獎金。

清水宮金獅陣的招募廣告。[46]

46　大灣清水宮網站，2021 年 7 月 20 日下載，https://www.localprayers.com/XX/Unknown/495542037184125/%E5%A4%A7%E7%81%A3%E6%B8%85%E6%B0%B4%E5%AE%AE。

清水宮與廣德堂、國聖宮應該師出同源，陣式套路差異不大，其 36 人兵器種類與排列順序跟廣德堂完全相同，不過完整陣式則稍有差異，根據其張貼在廟方公佈欄的資料如下：

1. 插右角 → 插左角（一般說法是插外角、插內角）

2. 踏七星 → 插右角 → 插左角

3. 青龍蛟（絞）水（青龍纏柱）→ 插右角 → 插左角

4. 巡城

5. 田接咪（田雞覕）（從鼓咪〔覕〕出）、損對頭

6. 田接咪（向鼓咪出）、單變連環

7. 插三支鈸（耙，插三角）（有田接咪）

8. 黃蜂出巢 → 插右角 → 插左角

9. 田接咪（向鼓咪出）、雙變連環

10. 田接咪（從鼓咪出）、刮（刣）輸贏

11. 田接咪（向鼓咪出）、走馬拍

PS　附帶：打四角　打四對

　　清水宮金獅陣於 2020 年 12 月 17 日前往廣護宮開刀表演，隊伍先直接進入廟埕拜禮，接著拜燈篙、拜中營，然後返回廣護宮，並不直接進行演練，先架好兵器，全體金獅陣人員、清水宮廟方人員、廣護宮董事長等執事人員，一同向廣惠聖王及眾神明上香行跪拜禮，並由清水宮主任委員自任禮生，向神明唸了很長一段祈求祝禱語詞，結束後才開始正式開刀表演。就大灣三隊獅陣的開刀演練來看，清水宮獅

清水宮獅陣的燈杙。

開刀演練前先虔誠祭拜，求眾神明護祐。

開刀表演。

清水宮獅旦。

巡城。

田雞覷、插三角耙。

陣的動作步伐最為緩慢，精神、氣勢也較弱，可能與訓練期較短有關。上述陣式中的最後兩節刨輸贏、走馬拍直接省略，打四角、打四對也未操演。

　　完整宋江陣與金獅陣的演練，應該包括隊形、陣式、個人兵器操練、兵器對打、個人空手拳、空手拳對練等，大灣地區武陣目前仍能維持 36 人出陣，隊形、陣式也大致還能維持，但精神氣勢明顯弱化，兵器操練、對打、拳術演練已大部分流失或技藝生疏；無論宋江或獅陣，兵器中原來都有丈二長槌，出陣演練最後由丈二收尾，目前僅剩南灣聖巡北極殿還能表演丈二收煞，其他四陣莫說表演，連出陣時也未見丈二槌。

南灣宋江陣教練楊基祥演練丈二長槌。

五　結語

　　陣頭是廟會遶境的要角，庚子科廣護宮建醮第一天遶境，各宮廟外聘職業性陣頭約有 30 陣（不包括神將、開路鼓、前導車、落地吹等等），外境來的準庄頭陣，有歸仁檳榔園翰林院所屬草鞋公、永康開天宮與協福堂武館合作的宋江陣，第二天增加外境聘請的 9 個職業陣頭。兩天遶境真正的庄頭陣，就是大灣蜈蚣陣，西灣、南灣兩陣宋江，北灣、北興、大灣三隊金獅陣。聖巡北極殿八家將在第二天遶境以玄天上帝隨扈角色出陣，並無個別的儀式性演出，幾乎未引起任何注意（第二天遶境共有五陣八家將，包括二王廟所屬四組八家將，均無陣式演練可言）。

　　以大灣廣護宮隔十餘年才建醮一次，各角頭自己的公廟建醮時，則幾乎不出宋江或金獅武陣的傳統來說，為了庚子科建醮各聚落仍能籌組訓練出五隊武陣，已屬難能可貴。然而就武陣傳統文化技藝的保存維護來說，大灣的武陣文化，仍有提升空間。目前武陣安館（立館）、開刀、開斧、謝館儀式仍然維持著，但似有所簡化；陣式基本仍能演練，但精神、氣勢則尚可加強；拳術類似馬步，是武陣表演的基礎，目前各陣基本上都不太重視「練拳頭」，僅有少數資深者可以表演，傳承危機十分明顯；又如丈二長矛僅剩南灣宋江還保留，其他四陣均已不見蹤影。宋江、金獅系統傳統武陣要維持正常出陣，一方面需經費、人力，另一方面也需要定期舉行的廟會提供舞臺，大灣地區間隔十餘年才有一次建醮大型廟會，也因為不常出陣，技藝傳承、陣頭文化、精神氣勢難免不盡如人意。

　　武術技藝要維繫一定的水準，很重要的方法是相互探館表演，才能彼此觀摩，相互刺激潛能成長，目前曾文溪流域、高雄內門尚保存此傳統，形成「輸人毋輸陣」的競爭性陣頭文化，這需要主辦醮典的廣護宮進行規劃安排。陣頭參拜會首壇本來具有類似探館的作用，若能選擇適當的場地空間，事先協調安排，並進行宣傳，讓各陣頭除了在廣護宮前開刀、開斧之外，多幾場完整表演的機會，一方面讓居民（包括學校師生）有機會認識陣頭文化，另一方面表演者也獲得支持鼓勵。不過因缺

乏認知與共識，拜會首壇通常僅作簡單表演，行禮如儀而已。

　　現今地方宮廟舉辦大型廟會時，多半會配合辦理地方文化季活動，未來應鼓勵傳統陣頭組陣，包括文陣，並規劃將其表演納入文化季，成為重要活動項目。2020年北灣國聖宮金獅陣向臺南市政府文化局提報申請登錄為無形文化資產，無論結果如何，代表地方宮廟仍有心傳承傳統民俗文化；南灣宋江陣曾有輝煌的歷史榮光，也應該鼓勵他們思考如何維繫與精進地方陣頭文化。

曦光永承——全臺白龍庵如性慈敬堂八家將 *

楊家祈 **

摘要

府城全臺白龍庵堪稱臺灣五福大帝信仰的開基與南部家將文化的源頭，至日治初期五部駕前家將皆已組陣完備。因「迎五部」活動，日明治 37 年（1904）由老古石人號召、成立「如性慈敬堂八家將」，以老古石人為核心，傳衍五代至今。雖走過編制縮小與遷館的艱辛時期，但家將文化卻完整的傳承下來，是府城內為數不多傳承脈絡清楚之家將團。本文透過文獻、口述與田野調查，爬梳、釐清「如性慈敬堂」之發展脈絡與現況，期待透過文字的書寫，使大眾更了解慈敬堂八家將文化的特色與內涵。

關鍵詞：如性慈敬堂、八家將、白龍庵、家將

一 家將文化濫觴：全臺白龍庵與家將

（一）全臺白龍庵簡史

五福大帝也稱「五靈公」，為掌管瘟疫之神，後逐漸被奉為逐疫、城隍神格，亦是中國福州人的鄉土神，分別為顯靈公張元伯、應靈公鍾士秀、宣靈公劉元達、揚靈公史文業、振靈公趙公明。明清二代時常被視為淫祀，常受官員禁止。[1] 全臺白龍庵是臺灣五福大帝信仰的發源地，信仰源自於清領時期（1683-1895）福州班兵信仰。根據文獻記載，其信仰起源有拾獲香爐說[2]與攜香火袋說[3]等二種版本。再據近代的研究與文獻推測白龍庵的創建年代，有乾隆初年建立說、[4]道光年間建立說、[5]同治元年

---

* 感謝如性慈敬堂全體成員的協助，才有此文的誕生；另同謝本文之 2 位匿名審查委員給予指點。

** 國立成功大學歷史學系博士候選人

1 胡建偉，《澎湖紀略》（臺文叢第 109 種，1961），頁 36-37。

2 王凱泰，〈續詠十二首〉，《臺灣雜詠合刻》（臺文叢第 28 種，1958），頁 50。唐贊袞，《臺陽見聞錄》（臺文叢第 30 種，1958），頁 132-133。

3 蔡英彬，〈白龍庵五福大帝的傳來〉（《臺灣總督府國語學校校友會誌》第 25 號，臺北：臺灣總督府國語學校出版，1909），頁 112-114。

4 黃璿瑋，〈臺灣什家將之研究 以臺南白龍庵如意增壽堂為例〉（國立臺北大學民俗藝術研究所碩士論文，2012），頁 59。

5 石萬壽，〈家將團 天人合一的巡補組織〉（《史聯雜誌》第 4 期，1984），頁 1-9。

全臺白龍庵五靈公。

（1862）前建立說[6]等三種說法。不管白龍庵建廟起源為何或建立年代何時，皆未受到臺灣官員的禁止，致能傳承至今。其於農曆6月底主辦的「迎五部（迎老爺）」，[7]並造船、開堂、打醮、驅瘟，以作代天巡狩，[8]舉城若狂，是清領末期至日大正年間（日明治年間曾中斷數年），臺南府城的重要信仰風俗之一。

　　因建廟臺灣鎮署於之右，[9]進入日治時期後，建物70坪、用地150坪的白龍庵遭到占用作為陸軍工兵廠、守備工兵第三中隊軍官集會所與宿舍，[10]神像則由信眾分祀至府城各廟「寄佛」。張部分祀至大銃街元和宮，鍾部迎至北勢街金華府，劉部分至南廠保安宮，史部請至中和境大上帝廟，趙部則來到水仔尾開基天后宮；[11]另外張部駕前孫、斌將軍則寄祀市仔頭福隆宮。之後才將4尊神共同合祀元和宮至今日。

6　王見川，〈余清芳事件前的白龍庵與西來庵—兼談「正心社」〉《臺南文獻》第8輯，2015），頁146-158。

7　從清代至日治時期文獻多稱為送船、送五毒桶、迎神、迎王、迎五靈公、迎老爺、迎五福大帝神等。迎五部應是在戰後才出現，亦有可能是流傳已久的民間稱法，特此說明。不著撰人，《安平縣雜記》（臺文叢第52種，1959），頁15。〈迎神鎮說來稿〉，《臺灣日日新報》日刊版3，1898/09/13。〈驅瘟循例〉，《臺灣日日新報》日刊版4，1899/04/19。〈臺南大賽神會〉，《臺灣日日新報》日刊版5，1906/08/15。〈赤崁鯉信／循例迎神〉，《臺灣日日新報》日刊版5，1907/07/25。〈天南雁音／迎王雜觀〉，《臺灣日日新報》日刊版4，1908/07/30。

8　片岡巖，《臺灣風俗誌》（臺北：臺灣日日新報社，1921），頁1048-1049。

9　連橫，《臺灣通史》（臺文叢第128種，1962），頁571、588。洪敏麟，《臺南市市區史蹟調查報告書》（臺中：臺灣省文獻委員會，1977），頁162。

10　溫國良編譯，《臺灣總督府公文類纂宗教史料彙編（明治28年10月至明治35年4月）》（南投：國史館臺灣文獻館，1999），頁403、225、228。

11　〈鎮南媽祖遶境／燦行各廟大準備〉，《臺南新報》第11236號，版12，1933/04/24。

（二）家將文化源流

　　家將源流眾說紛流，其形成傳說，至少有九種說法，有傳說附會、有推理、有神示等等。[12] 白龍庵的家將文化，應是從白龍庵迎五部民俗活動衍生而成，並最遲在日明治 39 年（1906）白龍庵五靈公各部堂之下，便都有自身專屬的家將團，[13] 分別是（張部）如意增壽堂、（鍾部）如善范司堂、（劉部）如良應興堂、（史部）如順協興堂、（趙部）如性慈敬堂等；只要其主公有出門，其下家將團便要出陣，以作前導。其中以如意增壽堂為現今已知家將團中歷史最古老者，雖不能確立成立年份，但至少於清領末期便已成軍，顯示五陣家將團並非同時成立，而是逐漸成軍。如意增壽堂保留許多家將文物與榮光，最知名的為日明治 36 年（1903）老照片；其前教練陳欽明（1944-2021）曾獲教育部頒發薪傳獎，並赴外國演藝，但因社會與宗教活動的變質，如意增壽堂封箱十餘年，遲至 2015 年才重新組陣練習。[14] 歷經時代的變遷而存續至今者，僅剩如意增壽堂、如良應興堂（2019 年復軍）及如性慈敬堂等。

如意增壽堂。

12　9 種說法的整理，可參照黃璿瑋，〈臺灣什家將之研究 —— 以臺南白龍庵如意增壽堂為例〉，頁 63-66。

13　〈臺南大賽神會〉，《臺灣日日新報》日刊版 5，1906/08/15。

14　王捷，〈重組白龍庵什家將／老教練允收徒〉，《自由時報》，2015/11/17。

【表 1】白龍庵五部與駕前家將

主神	堂號	聖誕	執掌	象徵色	家將堂號	類型	陣容	存續
張部顯靈公	福壽堂	07/10	主宰	黃	如意增壽堂	十將二差	甘柳爺、大二爺 四季神、文武判	2015 年重組
鍾部應靈公	福善堂	04/10	檢察	綠	如善范司堂	四將二差	甘柳爺、大二爺	不存
劉部宣靈公	福良堂	03/03	進表	紅	如良應興堂	八將二差	甘柳爺 2 對 大二爺 2 對	2019 年重組
史部揚靈公	福眾堂	09/01	糧草	藍	如順協興堂	六將二差	捉縛二將 甘柳爺、大二爺	不存
趙部振靈公	福安堂	03/15	刑事	白	如性慈敬堂	八將二差	甘柳爺、大二爺 四季大神	存

參考資料：
1. 鄭小將，《府城將學（二）白龍庵家將精選集》（高雄：鄭文凱，2021）。
2. 本研究田野調查。

　　白龍庵五福大帝也因受到臺南人的篤信，分衍至城內「亭仔腳街」，建立西來庵，而再衍伸出另一組家將文化，[15] 在日明治 39 年的迎神記錄中，已有四陣家將作為駕前；[16] 至今則留傳有五陣家將堂號（吉愿堂、吉龍堂、吉聖堂、吉虎堂、吉春堂）。白、西二庵時常被認為是臺灣家將文化的源頭，以嘉義以南為主要的傳衍範圍；不過，依照各陣的傳承脈絡來看，臺灣的家將文化應是多元並立，並各自形成獨特的家將文化，產生眾多「家將窟」。

15　王見川，〈余清芳事件前的白龍庵與西來庵—兼談「正心社」〉，頁 146-158。
16　〈臺南大賽神會〉，《臺灣日日新報》日刊版 5，1906/08/15。

二 如性慈敬堂創立與信仰

（一）沿革與發展

　　根據如性慈敬堂（以下簡稱「慈敬堂」）第四代館主柯天降所留下的資料[17]顯示，慈敬堂於日明治37年（1904）成立，由硓𥑮石人謝保壽[18]發起，號召硓𥑮石街人響應，並恭塑家將爺金身朝拜，第一代設館位置便在硓𥑮石街上（今中西區信義街61號），亦由謝氏擔任第一代館主。[19]

　　慈敬堂最早的出陣紀錄，為日明治39年的白龍庵迎五部。[20]從成立時間來看，應該是為了要參與日明治39年的迎五部活動而組織練習。為何硓𥑮石街人會應允白龍庵組織家將呢？可能從元和宮清道光30年（1850）〈重修元和宮碑記〉記有「老古石街公捐銀三拾大員」，[21]顯示有部分硓𥑮石街人早已信仰於元和宮，有人群上的往來，後白龍庵張部移祀元和宮，或許受到所託而組陣。

　　白龍庵因廟被佔用後，迎五部中斷五年，至於日明治32年（1899）恢復，[22]後又中斷，至日明治39年復辦，根據報導可略知該次的規模盛大，[23]此民俗一直延續至大正初期中斷。日大正4年（1915）發生「噍吧哖事件」，事件從西來庵延燒出來，遍及南臺，迫使白龍庵停止相關活動，連同每年例事「迎五部」皆停辦，[24]之後白、西二庵信仰趨於式微，旗下各堂家將團也轉向低調。

　　迎五部中斷後，相繼而起的全城規模之民俗活動，則為臺南大天后宮的「迎鎮南媽」。白龍庵五部信仰受「噍吧哖事件」的牽連，已無法自行主辦迎神賽會，此後皆寄迎媽祖之籬下，如日大正10年（1921）4月附大天后宮聖母遊境，並重粧中軍府；[25]同年9月再趁著舉辦衛生展覽會之契機，大天后宮做一臨時迎媽祖活動，五部與家將皆出。[26]日昭和年間依舊可見白龍庵與其家將參與迎媽祖。如日昭和2年

17　柯天降口述、柯煜杰整理，〈全臺白龍庵如性慈敬堂沿革〉，2004。

18　謝保壽（生卒年不詳）：硓𥑮石人，第一代如性慈敬堂館主。楊家祈，〈如性慈敬堂柯錫斌（1955年生）、柯煜杰（1982年生）採訪〉，2020/12/31。

19　柯天降口述、柯煜杰整理，〈全臺白龍庵如性慈敬堂沿革〉，2004。

20　〈臺南大賽神會〉，《臺灣日日新報》日刊版5，1906/08/15。

21　黃典權，《臺灣南部碑文集成》（臺文叢第218種，1958），頁656-660。

22　〈驅瘟循例〉，《臺灣日日新報》日刊版4，1899/04/19。

23　〈臺南大賽神會〉，《臺灣日日新報》日刊版5，1906/08/15。

24　〈神亦有盛衰耶〉，《臺灣日日新報》日刊版6，1915/08/08。黃璿瑋，〈臺灣什家將之研究——以臺南白龍庵如意增壽堂為例〉，頁76。

25　〈赤崁特訊／神亦附神〉，《臺灣日日新報》日刊版6，1921/04/05。

26　〈衛生展覽會開〉，《臺南新報》第7013號，版6，1921/09/16。〈白龍庵王爺〉，《臺南新報》第7015號，版6，1921/09/18。〈迎神月旦〉，《臺南新報》第7017號，版6，1921/09/20。

（1927）臺南大天后宮媽祖大祭遶境之路關表，可見如性慈敬堂排於第 21 番；日昭和 8 年（1933）迎鎮南媽，白龍庵五部皆出動，[27] 如性慈敬堂亦應有出陣。日昭和 9 年（1934）則開始不見白龍庵五部參與，[28] 推測因依附他廟，無法獨立舉辦迎神賽會，信仰因而衰退；並因長時間停止活動，使得五組駕前家將團無法完全傳承下來。

　　繼任的第二代館主為謝有明，[29] 據說教授家將腳步手路時，十分嚴格；與第一代成員將慈敬堂傳承到戰後。[30] 1946 年影響日後慈敬堂傳承的「閭山法教醒心壇」於硓𥑮石街成立，形成硓𥑮石境內有家將團、小法團等不同社團。謝有明之後，由謝真賜接任第三代館主，[31] 謝真賜無意於家將，僅維持家將館的營運與祭祀，因此該時期家將活動較少。1964 至 1965 年間，元和宮以「慶祝中華民國 54 年開國紀念」之名義，舉行「甲辰年慶成祈安建醮」，此次「送天師」的回鑾遶境，慈敬堂出陣擔任振靈公趙部堂駕前；此時已有醒心壇小法成員參與扮將。[32]

1934 年臺南迎媽祖行列中的家將。[33]

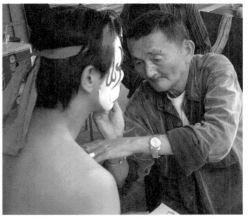
第四代館主柯天降為家將「拍面」。（如性慈敬堂／提供）

27　〈臺南大天后宮媽祖大祭遶境路關表〉，1927。〈鎮南媽祖遶境／燦行各廟大準備〉，《臺南新報》第 11236 號，版 12，1933/04/24。〈臺南迎媽祖／五福大帝決燦行／商團準備廣告的意匠〉，《臺南新報》第 11232 號，版 8，1933/04/20。〈臺南／參加遶境〉，《臺灣日日新報》第 11874 號，日刊版 04，1933/04/28。〈燦行各隊順序〉，《臺南新報》第 11242 號，版 8，1933/04/30。

28　〈臺南聖母遶境／各處準備略完／爭奇鬥巧之日已到／五六日一大熱鬧〉，《臺南新報》第 11607 號，版 8，1934/05/03。

29　謝有明（1903- ？）：謝保壽之長子。楊家祈，〈如性慈敬堂柯錫斌、柯煜杰採訪〉，2020/12/31。

30　楊家祈，〈如性慈敬堂柯錫斌採訪〉，2021/05/10。

31　謝真賜（1930- ？）：謝有明之長子，外號「茂松」，與柯天降之小學同學。楊家祈，〈如性慈敬堂柯錫斌、柯煜杰採訪〉，2020/12/31。

32　此活動的路關表，雖僅標示如意增壽堂有出陣，但根據柯錫斌回憶，此次如性慈敬堂亦有出陣。楊家祈，〈如性慈敬堂柯錫斌採訪〉，2021/01/11。

33　資料來源：〈臺南迎媽祖／燦行諸扮裝並觀眾雲集之光景〉，《臺南新報》第 11610 號，版 12，1934/05/06。

約在 1975 年，柯天降[34] 受到謝真賜之託，接任第四代館主；[35] 柯氏身兼醒心壇與慈敬堂之館主外，同時也是集福宮委員、總幹事與廟祝，在多重身分之下，慈敬堂也成為集福宮其下編制之一。柯氏雖不會家將之腳步手路，除了主持館務之外，也身兼面師，目前家將臉譜便是承襲自柯氏。[36] 不過歷史發展總有跌宕，慈敬堂成員因忙於生計、人力調度等綜合性問題，曾約於 1980 至 2010 年代，僅組織六將[37] 便出陣，此時期可說是慈敬堂較為式微的時期；重新組訓一段時間後，由老腳帶新人，於 2019 年重新恢復八將。[38]

因慈敬堂在硓𥑮石深耕已久，且成員皆為硓𥑮石人，亦開始為硓𥑮石境主集福宮玄天上帝所用，堂名前冠上「集福宮」，並為集福宮有地緣或交陪祠廟出陣，如 1980 年硓𥑮石集福宮玄天上帝北巡平安遶境、1993 年硓𥑮石境福興堂薛府千歲入火安座平安遶境，以及與集福宮為大交陪的四安境神興宮的宗教活動等等；[39] 1999 年前活動，主要集中於集福宮、神興宮、元和宮等三廟。白龍庵各部家將在每年主公聖誕千秋之時，旗下各陣家將皆會組陣前往「拜壽」，慈敬堂亦不例外，但 1976 年向振靈公趙部祝壽時，因沒受到元和宮廟方的重視，柯天降乃決議中斷拜壽。

在柯氏擔任館主期間，慈敬堂成員開始與醒心壇成員大量重疊，[40] 為這個時期成員身分的最大特色。1998 至 1999 年元和宮神農殿舉行慶成醮典，慈敬堂出陣擔任趙部駕前；之後因硓𥑮石地方人事問題，柯天降將慈敬堂與醒心壇遷出硓𥑮石集福宮，安置於安南區海尾寮朝皇宮廟後（安南區海中街 121 巷）；四年後（2003）慈敬堂遷入安南區海環街 146 巷。2013 年柯天降逝世，由其次子柯錫斌（1955-）[41] 接任第五代館主；2016 年醒心壇部分小法成員獨立成立「閭山廣心壇」，柯錫斌將該

---

34 柯天降（1930-2013）：硓𥑮石後樓仔角人，法號「靈祥」，人稱「阿降師」，14 歲便開始參與集福宮事務。除了是如性慈敬堂第 4 代館主之外，也是府城小法閭山法教醒心壇壇主；曾任老古石集福宮委員、總幹事與廟祝。其小法由金安宮法脈王火樹（1912-1971）傳授硓𥑮石境內弟子，當時 16 歲的柯天降也是其中一員，後於 1946 年創立閭山法教醒心壇（主祀許遜真君）。醒心壇屬烏頭小法，後傳承北港聖德堂悟心壇（目前無小法組織，壇名已被原小法後代遷出使用）、三重明心壇（不存）、臺中烏日正心壇（不存）、四安境沙淘宮能心壇、下南河南沙宮顯心壇（不存）、六興境開山宮養心壇（轉型茶會）、海尾寮嘉天堂性心壇（已無小法組織）、板橋修心壇、臺南威靈壇善心壇、閭山廣心壇、大上帝盛心壇（無小法組織）等。楊家祈，〈如性慈敬堂柯煜杰採訪〉，2021/05/03。楊家祈，〈如性慈敬堂柯錫斌、柯煜杰採訪〉，2020/12/31。戴瑋志、周宗楊、邱致嘉、洪瑩發，〈臺南傳統法派及其儀式〉（臺南市政府文化局，2013），頁 67、70。（該書稱柯天降曾跟隨戴連發學習家將，應有誤）不著撰人，〈閭山法教醒心壇沿革〉，2010。王釗雯，〈臺南市宮廟小法團之研究〉（國立臺南大學臺灣文化研究所碩士論文，2005），頁 100、109-111。（該書稱柯天降曾跟隨戴連發學習小法）臺南縣市寺廟大觀編刊委員會，《臺灣省臺南縣市寺廟大觀》（高雄：興台文化出版社，1963），頁 103。

35 楊家祈，〈如性慈敬堂柯錫斌採訪〉，2021/05/10。

36 楊家祈，〈如性慈敬堂柯錫斌、柯煜杰採訪〉，2020/12/31。楊家祈，〈如性慈敬堂柯煜杰採訪〉，2021/05/06。

37 六將編制為刑具爺、文武差、枷鎖、甘柳爺、大二爺。

38 楊家祈，〈如性慈敬堂柯錫斌採訪〉，2021/05/10。楊家祈，〈如性慈敬堂柯煜杰採訪〉，2021/05/17。

39 楊家祈，〈如性慈敬堂柯錫斌、柯煜杰採訪〉，2020/12/31。

40 楊家祈，〈如性慈敬堂柯錫斌採訪〉，2021/05/10。

41 柯錫斌（1955 年生）：柯天降子，14 歲跟隨父親學習小法，20 出頭歲學習家將，現任如性慈敬堂第 5 代館主。

壇與慈敬堂遷出至現址（安南區府安路五段162巷）。2020年慈敬堂重新恢復拜壽活動，並獲得元和宮致贈館匾。今日的慈敬堂成員身分開始趨向多元，雖大部分成員仍有硓砧石人，但因館址已脫離硓砧石街，成員便不再只局限於府城人。

1976年拜壽如性慈敬堂於開基天后宮參拜。
（如性慈敬堂／提供）

1976年如性慈敬堂於大銃街元和宮拜壽。
（如性慈敬堂／提供）

1980年參與集福宮玄天上帝北巡平安遶境。
（如性慈敬堂／提供）

1999年參與大銃街元和宮神農殿戊寅年慶成醮恭送天師。
（如性慈敬堂／提供）

2020年全臺白龍庵趙部拜壽大典贈館匾。（如性慈敬堂／提供）

（二）慈敬堂信仰

慈敬堂主為白龍庵趙部振靈公，而每一館家將皆會祀奉「家將神」，慈敬堂亦同，慈敬堂家將神分別有枷大神、鎖大神、甘大神、柳大神（甘柳另有一組小神像）、范大神、謝大神、差爺以及一尊不知名神明，[42] 共 10 尊。慈敬堂還在硓砧石街時，以范大神作為主神，其聖誕日農曆 8 月 8 日為一年一度的堂慶，因范大神常降駕，調解信徒問題與公事，且有收契子習慣，每逢堂慶更有「乞龜」之俗。[43]

從慈敬堂所保存的二塊緣籤印板—「劉柳二將軍聖誕」、「范大神千秋」，上亦有「○街弟子求去○斤」、「先生／女士求去○龜○斤」之字樣，印證過去乞龜之俗；而二塊緣籤所記之神明不同，推測可能時代轉換，主神有替換。醒心壇與慈敬堂遷到安南區後，家將神留祀於醒心壇，慈敬堂則合於廣心壇，並於 2016 年另恭塑趙部振靈公作為慈敬堂坐鎮之神。[44] 2021 年 9 月 12 日午時，由閭山廣心壇小法為慈敬堂家將神明漆開光，以供祭祀之用。

如性慈敬堂家將神。（如性慈敬堂／提供）

如性慈敬堂趙部振靈公。

42　至柯天降時期便不清楚該神來歷，推測可能為趙部駕前劉柳二將軍其中之一。

43　楊家祈，〈如性慈敬堂柯煜杰採訪〉，2021/05/06。

44　楊家祈，〈如性慈敬堂柯煜杰採訪〉，2021/05/06。

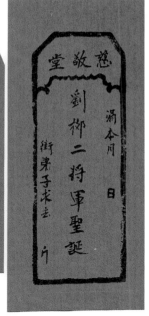

如性慈敬堂家將神明漆。　　　　　　　　　　　　　如性慈敬堂緣籤。（如性慈敬堂／提供）

⊜ 如性慈敬堂家將角色、妝飾與刑具

（一）家將角色編制與由來

　　慈敬堂的裝扮角色，分別為刑具爺、文差、武差、甘爺、柳爺、大爺、二爺、春大神、夏大神、秋大神、冬大神等共 11 位。在統計上，會排除刑具爺與文、武差（不屬於將），故稱「八家將」。一般而言，各家將團角色之名諱差異頗大，言人人殊。慈敬堂家將腳色由來，以王火樹所傳版本為準則，且認為家將為上界十大洞天真君下凡轉世。[45]

45　王火樹，〈如性慈敬堂家將團緣起〉，1929。慈敬堂對於家將名諱知識承自王火樹之手稿，而原稿已蛀，目前流傳為 1950 年重抄本。為何慈敬堂家將名諱異於他陣，已不可知。

1. 刑具爺：也稱「刑具」，因身揹刑具而得名，是整個家將的前導角色，也是行進中發號司令者，為家將中的靈魂人物。[46]據黃璿瑋研究，刑具爺角色由來應從福州傳入。[47]

2. 文差、武差：也稱「小差」、「差爺」，為傳遞主神指令者。據黃璿瑋研究，認為文、武差從清代縣署衙門編制中的「門子」所轉化。[48]文差姓林諱世祥，福清縣人，聖誕日為 6 月 6 日；武差姓黃諱英，閩縣人，聖誕日為 9 月 12 日。[49]慈敬堂文、武差皆由小孩裝扮，若遇小孩無法出陣時，則會暫改大人替代。

3. 甘爺、柳爺：二神亦稱「頭排甘大神」及「頭排柳大神」，因手持板批（pán-pue），也常稱甘、柳爺為「板批」。甘爺姓甘諱鵬飛，聖誕日為 7 月 12 日，柳爺姓柳諱鈺，聖誕日為 5 月 13 日，二神同為永福縣人。[50]學術研究認為從清代縣署衙門編制中的「皂隸」轉化而成。[51]

4. 大爺、二爺：也稱「謝大神」、「范大神」。大爺姓謝諱洪，羅源縣人，聖誕日為 6 月 14 日；二爺姓范諱達，長樂縣人，聖誕日為 8 月 8 日。[52]學術研究認為由捕快演化而成。[53]甘、柳、謝、范會合稱為「四將」，相對於「四季大神」的四季。

5. 四季大神：分別為春、夏、秋、冬大神。春大神姓秦諱細妹，屏南縣人，聖誕日為 2 月 1 日；夏大神姓周諱文奇，古田縣人，聖誕日為 5 月 1 日；秋大神姓狄諱世忠，長樂縣人，聖誕日為 8 月 1 日；冬大神姓佟諱福俤，福州府城人，聖誕日為 11 月 1 日。[54]學界研究認為其職為審問犯人及護衛主神。[55]

（二）家將妝飾與刑具

慈敬堂家將角色之臉譜、妝飾皆有固定編制，也是該陣之特徵；其手持之刑具

---

46 呂江銘，《家將》（臺北：綠色旅行文教基金會，2002），頁 64。

47 黃璿瑋，〈臺灣什家將之研究 —— 以臺南白龍庵如意增壽堂為例〉，頁 86。

48 黃璿瑋，〈臺灣什家將之研究 —— 以臺南白龍庵如意增壽堂為例〉，頁 87-88。

49 王火樹，〈如性慈敬堂家將團緣起〉，1929。慈敬堂文、武差姓氏與西來庵吉聖堂同，名諱不同，而佳里吉和堂、三五甲吉興堂皆為陳、劉大神。

50 王火樹，〈如性慈敬堂家將團緣起〉，1929。慈敬堂甘、柳爺名諱與佳里吉和堂、西來庵吉聖堂相同，而如意增壽堂並無特別指出其名諱。

51 石萬壽，〈家將團 —— 天人合一的巡補組織〉，頁 3。黃璿瑋，〈臺灣什家將之研究 —— 以臺南白龍庵如意增壽堂為例〉，頁 89-90。

52 王火樹，〈如性慈敬堂家將團緣起〉，1929。一般謝、范將軍分別名為謝必安、范無救，如嘉義振裕堂、佳里吉和堂、三五甲吉興堂等等。而西來庵吉聖堂為謝洪、范達，並認為謝必安、范無救為昇天名。

53 石萬壽，〈家將團 —— 天人合一的巡補組織〉，頁 3-4。

54 王火樹，〈如性慈敬堂家將團緣起〉，1929。四季大神姓氏名氏各陣差異頗大，以下略舉：嘉義振裕堂（黃、洪、鵬、金）、嘉義吉勝堂（劉、洪、鵬、金）、佳里吉和堂（方、楊、何、孫）、三五甲吉興堂（何、張、方、孫）、臺南如意增壽堂（何、張、徐、曹）等。而西來庵吉聖堂四季大神姓氏與慈敬堂相同，名諱有所差異。

55 石萬壽，〈家將團 —— 天人合一的巡補組織〉，頁 4。

統稱為「手提」（tshiú-thê）。

1. 刑具爺：無畫臉譜，身穿一般上衣，著紅褲、穿包仔鞋，身揹（擔）刑具者。慈敬堂刑具爺所揹（擔）之刑具種類繁多，並無特別規定要哪些刑具，僅需要兩邊數量相同即可。[56]

2. 文差：臉譜為白底，雙眼眼窩塗黑，以黑、紅色線條裝飾；亦可以粉面呈現，僅施以眉毛、口紅等。內手持令牌、外手持扇。

3. 武差：臉譜與文差類似，僅黑、紅色線條裝飾花樣不同。內手持令旗、外手持扇。文武差皆身穿虎皮衫（hóo-phuê-sann），外覆肚縮（tóo-kuānn），著紅褲、穿包仔鞋，戴差爺眉（tshe-iâ-bâi），再配戴香火袋。

4. 甘爺：臉譜為紅、黑底各半，並以白色線條裝飾，俗稱「陰陽面」；內外手分持板批及扇。

5. 柳爺：臉譜與文武差類似，白底，雙眼眼窩塗黑，以黑、紅色線條裝飾臉譜，俗稱「三角仔」；內外手分持扇及板批。甘、柳爺皆身穿露出半胛，外覆肚縮，著紅褲、穿包仔鞋，頭戴板桶（pán-tháng），並配戴香火袋。

6. 大爺：臉譜為白底，雙眼眼窩塗黑，以黑、紅色線條裝飾。外手持扇、內手持魚枷（hî-kê）；身穿白色衣物露出半胛，外覆肚縮，著紅褲、穿包仔鞋，並身配香火袋，頭戴白色長紙帽（tsuá-bō，也稱「竹仔桶」），上書慈敬堂館名。

7. 二爺：臉譜為黑底，以白色線條勾勒輪廓，眉毛繪以紅色。外手持扇、內手持虎牌（hóo-pâi）。身穿紺色（khóng-sik，深藍色）衣服露出半胛，外覆肚縮，著紅褲、穿包仔鞋，並身配香火袋，頭戴紺色短紙帽，上書慈敬堂館名。

8. 春大神：臉譜以為青色為基底，白色線條勾勒輪廓，特色為額頭至鼻頭畫有一紅色倒葫蘆；內手持花籃，外手持扇。

9. 夏大神：臉譜以大紅色為基底，白色線條勾勒輪廓，特色為額頭畫有一白花；內手持手持火盆，外手持扇。

10. 秋大神：臉譜以黑色為基底，白色線條勾勒輪廓，額頭畫有一紅色鳥羽狀，嘴唇周邊畫一心型圖，象徵鳥嘴；內手持金瓜錘，外手持扇。

56　楊家祈，〈如性慈敬堂柯煜杰採訪〉，2021/04/22。

11.冬大神：臉譜以黃色為基底，繪一虎面。內手持鎖鏈蛇，外手持扇。四季大神衣飾特徵為肩披披肩（phi-king），著紅褲、穿包仔鞋，腰繫甲裙（kah-kûn），頭覆頭巾後戴四季眉（sù-kuì-bâi），並身配香火袋，僅有顏色上的區別。春夏秋冬大神衣飾顏色分別為青、紅、白、紺色。[57]

差爺至四季，腰間皆繫餅乾、家將符、銅鈴；餅乾、家將符可供信眾祈求，銅鈴則是家將行進間，能製造一些聲響。紅褲褲管下緣的如意紋，稱為「雞爪仔」（ke-jiáu-á），此為慈敬堂之特色紋飾。

刑具爺。

武差、文差。

甘、柳大神。

大爺、二爺。

春、夏大神。

秋、冬大神。

---

57 在賴亮郡〈家將「四季大神」初探〉的研究中，認為臺灣的四季大神臉譜與裝扮常有錯置之問題，在其研究中以如意增壽堂為案例，提出為破解四季大神與祠廟坐向五行相剋之說（《興大歷史學報》第 18 期，2007，頁 315-350）。柯煜杰則認為錯置問題應是為了避免煞到扮演者自身（楊家祈，〈如性慈敬堂柯煜杰採訪〉，2021/04/22）。本研究則認為廟宇方位並非一成不變，從白龍庵到元和宮不僅方向坐向不同，且現今五福大帝奉祀於元和宮大殿，如意增壽堂家將神則在側殿，祠廟坐向論點可能有再討論空間。

㊃ 出軍時機、陣法與儀式

（一）出軍時機與過程

從過去的史料及口述可以知道，慈敬堂是因全臺白龍庵趙部而創生，故逢遇趙部之聖誕或要出轎，皆要出軍。過去立館在硓𥑮石街時，皆以集福宮及其相關祠廟需求為主，近年來開始接受外聘出陣。

在出陣前需要進行「安館」（an-kuán，也稱「安行臺」），於出陣三日前進行。為擇一空間，備一長桌（或數張桌子拼湊），迎請家將神安座，後將每位家將的頭冠衣飾與「手提」分類放好，最後進行祭拜，即完成安館。館外會掛一書有「全臺白龍庵振靈公趙駕前如性慈敬堂八家將行臺」之「公館條」匾，以提醒此處為家將館。

安館。

行臺。

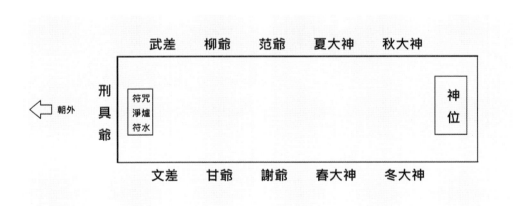

行臺家將位置。

出陣當日先進行「開面」（khui-bīn），由面師逐一為家將畫上臉譜，並由其他工作人員協助穿著衣飾；完成後家將各自安座於自己的位置上等待出陣。

出陣時刻到時，「做事的」（tsò-sū-ê，為此次發落全場之人）會先點香，至行臺外跪拜向主公趙部稟告即將出軍。後入內持「陰陽水」敕開光符入內，後稟「將爺開光」，逐一讓家將飲符水，並稟「將爺敬香」，端淨香爐讓將爺逐一聞過，此階段為「出凡入聖」的階段，裝扮者由一般人轉化成具有神格的家將。開光敬香過後，眾家將還安座於位子上，接著「做事的」會持文差王令於案前稟「將爺起位」，接著放回王令。

開面。

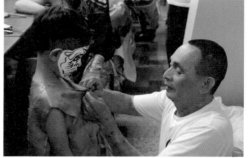
著裝。

稟告主公即將出軍。

將爺開光飲符水。

接續發號司令轉由刑具爺。刑具爺轉向其他將爺，單膝略跪拜請，先稟「將爺上馬」，再稟「將爺開步」，隊伍便開始緩緩向前。先參拜主家轎，並於轎前任其護衛（若無便省略）。出軍過程中，若遇要休息，刑具爺會稟「將爺下馬」，此時將爺會停步，由工作人員備好椅子，刑具爺再稟「將爺恭座」，家爺才能坐上椅子休息。

休息過後，刑具爺會依序稟「將爺起位」、「將爺上馬」、「將爺開步」，才繼續前行。而在行進過程，若遇沒有要參拜的祠廟，刑具爺會喊「掩扇」，眾家將會以羽扇遮面，以示尊重。待出軍結束，回至行臺原位後，刑具爺稟「將爺下馬」、「將爺恭座」，此時將爺坐下。接著主事者持文差王令，稟「振靈公趙有令，將爺歸位」，此時出軍圓滿結束，眾將爺會先以紙錢拭去部分臉譜，接著才開始卸除衣物，「脫聖歸凡」。出陣三日後，會進行「謝館」（siā-kuán），稟告主公任務完成，卸除裝備、收拾物品、化金，將迎神回家將館。不過現今安館、謝館時間可彈性調整，以因應工商社會，俾便工作調配。

將爺敬香。

稟「將爺起位、將爺上馬」。

刑具爺單膝略跪稟「將爺開步」。

稟「振靈公趙有令，將爺歸位」。

| ← | 刑具爺 | 武差 | 文差 | 柳爺 | 范爺 | 夏大神 | 秋大神 |
| | | | | 甘爺 | 謝爺 | 春大神 | 冬大神 |

家將行進隊形。

將爺行進間，偶而會遇信眾、友堂或交陪宮廟為禮敬將爺，提供酒、肉包給將爺享用，稱「敬酒」、「敬包」，是對於家將的最大禮數。交陪執事人員位於路旁或廟埕旁，置一桌子，擺放香爐、包子及酒，以待家將隊伍到來。家將隊伍來到時，執事人員會先進行「敬香」，為禮拜將爺之意。接著「敬包」，包子遞至家將面前，供將爺享用，與他陣不同，只聞不咬，為慈敬堂之特色。接著「敬酒」，由執事人員餵家將飲酒，若遇敬酒信眾太熱情，將爺可以後退姿態婉拒。最後進行「紅綢披駕」（âng-tiû-phi-kà）；對於家將是直接將紅綢由左披至右；對於刑具爺，紅綢則是綁在刑具上。

敬香。

敬酒。

敬包。

紅綢披駕。

（二）陣法與儀式

　　慈敬堂陣法共有八種，雖不複雜，卻有極高的自由度，最能彰顯其特色。出陣行進間，交互使用，呈現多樣陣勢，以下簡述。[58]

58　由如性慈敬堂柯錫斌、柯煜杰說明。楊家祈，〈如性慈敬堂柯錫斌、柯煜杰採訪〉，2020/12/31。楊家祈，〈如性慈敬堂柯煜杰採訪〉，2021/05/06

1. 一個開（tsit-ê-khui）：開馬步（丁字馬）參拜，常用於一般民宅香案桌參拜。

2. 一個落馬（tsit-ê-loh-bé）：開三個馬步，用於一般交情廟宇參拜。

3. 三個落馬（sann-ê-loh-bé）：開七個馬步，用於略有交情廟宇參拜。

4. 跳四角（thiàu-sì-kak）：也稱「開四門」（khui-sì-mng），由文差、四將、四季所會展演的陣法，為一口字形的行進步伐；用於有長期交陪廟宇。

5. 跳七星（thiàu-tshit-tshenn）：為刑具爺、武差之步伐，為一「之」字形的行進步伐；用於有長期交陪廟宇。

6. 跳八卦（thiàu-pat-kuà）：用於有長期交陪廟宇。為四將與四季會跳的陣法，為四人一組彼此相互配合。惟四將跳八卦前，會加入二爺「跳批」（thiàu-pue）的陣式，過程先由甘、柳爺「請批」（tshiánn-pue），[59] 二爺再「跳批」，[60] 接著「坐批」（tsē-pue），[61] 再大爺提示二爺 [62] 後，才接著進行跳八卦；這是四將八卦的精采橋段。

7. 絞龍（ká-lîng）：行進間的陣式，可用於開道或路祭。刑具爺回頭示意後，與差爺以「之」字形向前，後面的四將、四季以相互穿插隊形向前進。

8. 簡單坐批（kán-tan-tsē-pue）：一個簡單的陣式，可節省體力，通常後接跳四角或三個落馬；用於有交陪之廟。

家將行進間，參拜廟宇，由刑具爺先進行參拜，再兩兩一組進行參拜，最後以「切籤」（tshè-tshiam）完成參拜動作。若遇祠廟坐落在無尾巷內（如開基天后宮），將爺便會「開倒向」（khui-tó-hiòng），來暗示其隊伍的下一個行進方位。

坐批。

切籤。

開倒向。

59　請批：甘、柳爺會朝向將板批交叉，臉向後邀請二爺，再將臉朝前方，並將扇子持於臉旁。

60　跳批：接收到甘、柳爺的邀請後，二爺跳過板批。

61　坐批：甘、柳爺維持不動，二爺再挑一陣子後，半蹲坐於板批之上。

62　二爺坐批後，提示方法有二，若大爺跳至二爺後方則是微踢二爺屁股；若在大爺跳在前方，透過其魚枷敲擊二爺的虎牌，來提示進行下一個步伐，此部分十分自由，端看大爺如何跳。

在儀式方面，慈敬堂家將有三種常見的儀式與一種少見的儀式，下列依序陳述。[63] 常見儀式有三種：

1. 改運（kái-ūn）：慈敬堂家將改運方式為先請信眾趴跪於路面，家將手持羽扇輕撫過信眾，為信眾驅逐厄運。

2. 躘宅（liòng-theh）：為民宅清淨厝體之意。主家先鳴炮，家將再採行進隊形進入民宅，由文武差把守門口，家將進入民宅後，若為樓房，會從頂樓開始，若為平房則從最內部開始，逐一巡視每一間房間，並用「手提」輕敲門窗、大型家具等，以示清除晦氣。

3. 拜壽（pài-siū）：為慈敬堂針對主公趙部聖誕千秋時的祝壽儀式，是慈敬堂一年一度最重要的儀式。[64] 流程為先至開基天后宮參拜，[65] 陣法採開四門。隊伍緩緩進入元和宮牌樓後，先鳴放竹篙炮，[66] 提醒主家拜壽隊伍已到。接著家將緩緩進入元和宮廟埕，刑具爺以跳七星作為前導，接著文武差採用跳七星及跳四角之陣法，四將一組，四季一組，分別進行跳八卦。陣法各至展演後，排班等候。此時工作人員會將供品拿入廟中擺放，以「硬宴」呈現。家將先在殿外等候，接著由司儀[67] 先向趙部振靈公稟告今日來意，再逐一稟家將進殿作揖拜壽，其順序為文、武差→甘、柳爺→大、二爺→春、夏大神→秋、冬大神（以上拜壽科儀僅持羽扇於胸前作揖參拜，「手提」放置座椅上，不能帶入廟內）。參拜過後，司儀會再稟趙部靈公，並宣達將爺賜坐，刑具爺聽到後，再傳令給眾將爺，此時將爺可入座休息。接著由執事工作人員一同上香參拜振靈公。以上為慈敬堂辛丑年拜壽流程。

先至開基天后宮參拜。

司儀向趙部振靈公稟告。

63 由如性慈敬堂柯錫斌、柯煜杰說明。楊家祈，〈如性慈敬堂柯錫斌、柯煜杰採訪〉，2020/12/31。楊家祈，〈如性慈敬堂柯煜杰採訪〉，2021/05/06。

64 2021年拜壽隊伍行列由頭至尾為：如性慈敬堂執事人員 → 頭旗風帆 → 竹篙炮 → 供品（裝於榭內） → 八音 → 頭旗風帆 → 如性慈敬堂八家將（有工作人員撐傘） → 其他隨行工作人員。

65 因趙部曾寄祀於開基天后宮，感念此情，故先至此參拜。

66 竹篙炮：為將連鞭炮以螺旋狀纏於竹竿上故稱，是府城插燭拜壽的必需品，於隊伍進入主家廟前燃放，為提醒作用。

67 2020年依照拜壽古禮順序重新完成拜壽大典，新增司儀一名，讓拜壽流程更為流暢。

家將依序進殿持扇於胸前作揖參拜。

如性慈敬堂執事人員上香參拜。

家將入座休息。

謝館化金。

如性慈敬堂辛丑年拜壽香條
與海報。

　　另外較不常見者，如送王。

　　送王：府城祠廟若舉行王醮，在送王時，有時主辦廟會聘請家將參與。以慈敬堂參與過的案例，為 2012 年臺南花園仔和勝堂「王獻祈安恭送王船大典」。依照慈敬堂的習慣，在送王之際，家將參拜王船後，遶王船三圈返回，原習慣為回程時便要將家將臉譜擦除，而和勝堂李府三尊王有特別指示不用擦去臉譜，因其後還要繼續遶境。[68]

68　楊家祈，〈如性慈敬堂柯煜杰採訪〉，2021/05/06。

⑤ 承繼與外傳

（一）向內傳承：歷任老師與面師

慈敬堂第一代家將由誰所教已不可知，而第一代家將成員卻將家將文化往下傳承至今。

在慈敬堂，負責傳授者稱為「老師」（也稱「先生」），是傳授家將腳步手路的靈魂人物，不同的家將角色代代承襲之下，並非僅由一位老師全權教導，而是形成多位老師各司其職，指導其專職之家將動作。目前教學由柯錫斌負責，柯信良、柯煜杰協助，加強練習時再請老一輩出面協助指導。

家將臉譜除了扮演其神祇角色之外，也以驅逐凶惡為主要目的。而為其畫上臉譜者稱「面師」（bīn-sai）或「拍面師」（phah-bīn-sai）。據慈敬堂所流傳的第一位面師為人稱「阿土師」的盧塗（生卒年不詳），為一名職業面師，並非只為慈敬堂畫臉譜。[69] 其所繪臉譜傳於柯天降，後再傳柯元宏，[70] 並下傳柯煜杰，再承教給曾于縈、劉以柔等人。目前所畫之臉譜皆是依據柯天降所傳之手稿。

柯天降畫臉譜，被繪者為柯錫斌。（如性慈敬堂／提供）　　如性慈敬堂所傳臉譜。

（二）向外傳衍：開自散葉自成派別

慈敬堂傳承自今，嚴格自律，無間斷的傳承腳步手路與其文化，聲名遠播。慈敬堂前輩先賢亦對外授館傳承，分衍子團。最早為 1969 年成軍的「北港聖德堂如性八家將」，由柯天降帶領鄭南雄、郭復德（1933-2009）、吳永順及柯錫斌等前往教

69　盧塗（生卒年不詳）：為一名職業面師，傳為出身於祀典武廟周遭。楊家祈，〈如性慈敬堂柯煜杰採訪〉，2021/04/22、05/06。

70　柯元宏（1960-）：柯天明之子，為前醒心壇小法成員與如性慈敬堂成員。楊家祈，〈如性慈敬堂柯煜杰採訪〉，2021/05/17。

學傳授，後由蔡上元於 2000 年另組「笨港振玄堂如性八家將」。[71] 1979 年柯天降帶領鄭南雄、郭復德及柯錫斌等人前往教學，成立「沙美傳香顯心壇如性慈祥堂」，不幸 2015 年遭祝融，現已不存。1982 年郭復德至南廠天隆壇傳授，成立「如性慈濟堂」。後其成員約於 1986 年再傳於鹽埕廣真壇（今廣真宮），約至 1991 年正式成立「廣真壇慈威堂」，惟今不存。[72]「如性慈德堂」成員於 1992 年即至慈敬堂學習，後於 2002 年在板橋修心壇正式開館組陣。[73]

　　從 1960 年代末期開始，慈敬堂開始開枝散葉，輸出技藝與文化，已經形成一派別，從家將步伐、衣飾皆可看出端倪。最明顯特徵為堂號，若是慈敬堂所分衍之家將館，會冠有「如性」二字，或堂號以「慈」字為首，亦或二者兼具，以作識別。慈敬堂的傳承分布，遍及臺灣北中南，已形成一脈慈敬堂家將文化脈絡。而除了家將文化的外傳之外，也因柯天降小法之盛名，醒心壇小法科儀亦可見同步向外傳播；另外也可見神明的分靈，如醒心壇神祇、趙部等，這與其他家將館最大不同之處，其分衍情況可待後續深入研究。

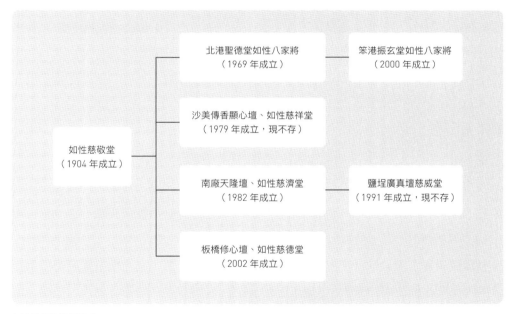

如性慈敬堂傳承譜系。

71　黃淑莉，〈八家將藝師獲薪傳獎／蔡上元致力傳承文化〉，《自由時報》，2016/10/29。
72　楊家祈，〈鹽埕廣真宮楊子晉採訪〉，2021/08/27。鹽埕廣真壇慈威堂家將成立時間為透過訪問推算而來。
73　各館傳承人物、脈絡資料若無親訪者，皆由如性慈敬堂協助提供。

郭復德與如性慈濟堂。(如性慈敬堂／提供)　　　　鹽埕廣真壇慈威堂公館條匾。

⑤ 結語

　　家將是宗教性格濃厚的陣頭,扮神驅邪,集信仰、舞蹈、藝術、傳說等不同面相於一身。卻因眾多錯誤報導層出不窮,導致社會大眾對於家將觀感不良,也出現「8+9」、「巴嘎囧」等帶有負面觀感的網路用語。從令人敬畏的神將,變成貶抑詞彙,可見民眾誤解之深。但另一面,又因家將強烈的民俗色彩,成為今日當代藝術創作者眼中深具臺灣色彩的元素,不斷汲取、融合,在電視劇、電影、廣告、街舞、現代舞、音樂、繪畫、公仔、彩妝等等都可見跨文化的作品。

以弟子團自持的慈敬堂，因迎五部創立，走過時代變遷與低谷時期，幽微的傳承自今。完整保存家將文化與相關文物，且脈絡清楚，持續、無間斷的傳習家將之腳步手路，也因名聲遠播，而有了向外的傳承。

隨著現今社會生活環境的變遷、信仰的改變，傳統文化及相關藝術逐漸和一般人的生活漸行漸遠；但不代表其功能與價值已消失，正因為有其功能與價值才能承續至今日。有了距離、不了解，進而引發許多人對於傳統藝術的誤解，故在現代社會中延續傳統藝術生命，是條艱辛之路。

如性慈敬堂亦如其他傳統藝術所面臨的多元困境（少子化、不易學習等等）一樣，更有遷移所帶來的問題，搬離原根著之地，削弱信仰能量。所幸老館員依舊支持著慈敬堂，讓傳承的曦光延續下來。另一面由年輕成員接掌執事，運用新媒體宣傳，同時接納、訓練青少年，危機成為另一項轉機。慈敬堂除了維持其基本宗教信仰功能（神祇駕前陣頭）之外，加強成員技藝的熟稔，還有對其信仰、文化之認同，以及積極培養民眾對於八家將文化的重新認識，應是未來之路。

如性慈敬堂八家將於元和宮合影。

年代	大事記
1904	如性慈敬堂成立,發起人謝保壽,兼第一代館主。
1906	全臺白龍庵迎五部。
1927	臺南大天后宮媽祖大祭遶境(路關表為第 21 番)。
1933	臺南鎮南媽祖遶境。
1964-1965	元和宮慶祝中華民國 54 年開國紀念暨歲次甲辰年慶成祈安建醮恭送天壇顯佑真君張回鑾遶境—全臺白龍庵振靈公趙部堂駕前。
1969	傳承北港聖德堂如性八家將。
1976	全臺白龍庵振靈公趙部祝壽(後因不受重視而中斷)。
1979	頂太子沙淘宮己未年入火安座平安遶境(如性慈祥堂成立並聯合出軍)。
1980	硓𥑮石集福宮玄天上帝北巡平安遶境。
1982	傳承南廠天隆壇如性慈濟堂。
1991	鹽埕廣真壇慈威堂成立。
1993	硓𥑮石境福興堂薛府千歲入火安座平安遶境。
1998-1999	大銃街元和宮全臺白龍庵大銃街神農殿慶成祈安五朝聯合建醮恭送天師回鑾遶境—全臺白龍庵振靈公趙部堂駕前。
1999	遷出硓𥑮石街,移入海尾寮(安南區海中街 121 巷)。
2002	板橋修心壇如性慈德堂成立。
2003	再遷至安南區海環街 146 巷。
2004	閭山法教醒心壇、如性慈敬堂參加甲申年臺南大天后宮天上聖母遶境。
2005	閭山法教醒心壇創館 60 週年慶典。
	臺南和勝堂乙酉年武當山進香。
2008	臺南和勝堂慶讚帆寮慈蔭亭戊子年慶成祈安五朝建醮送天師回鑾遶境。
2009	臺南和勝堂慶讚中和境北極殿己丑年慶成祈安五朝建醮送天師回鑾遶境。

【附錄】如性慈敬堂大事記

年代	大事記
2010	下營龍泰堂慶讚下營上帝廟庚寅年玄天上帝聖壽平安遶境。
	安平杭州殿慶讚安平開臺天后宮天上聖母上香山回鑾遶境。
	新化宣靈堂（後改福良殿）慶讚新化保生大帝廟庚寅年五朝清醮平安遶境。
2011	安平伍嶽宮慶讚安平三靈殿辛卯年慶成祈安三朝建醮恭送天師回鑾遶境。
	安平杭州殿慶讚安平興和宮辛卯年慶成祈安五朝建醮恭送天師回鑾遶境。
2012	臺南和勝堂壬辰年王獻祈安恭送王船大典。
2013	第四代館主柯天降逝世，交代歇陣三年。
2014	柯錫斌接任第五代館主，遷入現址，與閭山廣心壇同祀，並重新進行家將傳承培訓。
2020	大銃街元和宮全臺白龍庵趙部振靈公拜壽大典（贈館區）。
	旗山天后宮四年一科遶境（旗山五龍殿、羅漢門共心堂合聘）。
	大甲聖母宮金媽祖十週年遶境（佳里興共慶堂、高南中興堂、七股市場威聖壇合聘）。
2021	開基天后祖廟庚子年三朝慶成祈安醮典恭請大銃街元和宮全臺白龍庵趙部靈公鑑醮。
	臺南鹽埕廣真宮辛丑年松柏嶺受天宮進香。
	開基天后祖廟庚子年三朝慶成祈安醮典恭送大銃街元和宮全臺白龍庵趙部靈公安座。
	大銃街元和宮全臺白龍庵趙部振靈公拜壽大典。

【徵引文獻】（略）

臺南民建城隍廟的類型與信仰特色初探 *

謝貴文 **

摘要

自古以來，城隍常被外界視為官方信仰，城隍廟也被當作是官建廟宇；但事實上，城隍神同樣是民間信仰的對象，各地也有許多民建城隍廟，卻常為人所忽略。本文透過實地的調查及訪談，並運用相關的研究成果，就臺南地區 30 間民建城隍廟的類型與信仰特色進行初步討論，依其香火緣起、祀神來歷與稱號，區分為安溪城隍、石獅城隍、城隍境主、有應公轉化等四種類型，並與明清以來的官建城隍廟相比較，指出其在原鄉分香、轄境範圍、神像數、封爵稱號、成神者、神格形象、聖誕日、配祀神明、儀式活動、交陪網絡等特色。這些有來自整體城隍信仰民間化與地方化的演變，亦有受本地特有環境及宗教習慣之影響，不論就類型與信仰形式來看，都與中國各地有所不同。

關鍵字：城隍信仰、民建城隍廟、境主、有應公、民間信仰

● 前言

「城隍」原指城牆與護城河，屬於自然物崇拜，因治所之地才建有城池，而使該信仰在形成之初即具有明顯的官方色彩。早在中國南北朝即有將領與皇室祭祀城隍之舉。唐代官員祭祀城隍已甚普遍，該神也逐漸人格化，與地方官形成陰陽相贊、幽明共理的關係。宋朝賜封的城隍廟達數十座之多，該神也納入國家祀典，成為皇帝郊祀前遣官「告禮」的對象之一。[1] 明代則將此一信仰制度化，太祖大封天下城隍，令都、府、州、縣皆在治所依官署形式建廟，官員上任宿廟、朔望謁廟，一年三次迎請城隍祭厲，該神成為與各級地方官員對應的冥界行政官，其廟亦作為教化

---

* 本文係科技部專題研究計畫「官民之間：臺灣與閩南地區的城隍廟研究」（MOST 109-2410-H-992-045-MY2）的成果之一，並承蒙本期刊兩位匿名審查人提供寶貴意見，在此一併致謝。

** 國立高雄科技大學文化創意產業系教授

1 有關明朝之前城隍信仰的發展歷程，可參看濱島敦俊著，朱海濱譯，《明清江南農村社會與民間信仰》（廈門：廈門大學出版社，2008），頁 114-115。徐李穎，《佛道與陰陽：新加坡城隍廟與城隍信仰研究》（廈門：廈門大學出版社，2010），頁 36-45。

黎民、輔助施政的場所。清代延續明制，城隍的官方形象更加深入人心，各地皆有忠臣或循吏死後出任城隍之傳說，該神也被視為陰間司法審判官，廟堂猶如森嚴衙門，上演各種神判儀式。

在此一發展歷程下，城隍常被外界視為官方信仰，城隍廟也被當作是官建廟宇。但事實上，城隍神同樣是民間信仰的對象，不僅民眾會進入官廟祭拜、立誓、行善、招魂及議論公眾事務，[2] 在縣級以下的村鎮，也有許多民建的城隍廟。日本學者濱島敦俊即注意到江南地區，隨著 16 世紀中後期商品經濟的發展，一些村鎮的繁榮程度直逼縣城，需要尋求一種與地位相稱的象徵，而有仿上層地方治所對應的鎮城隍廟出現，其所祀大多為所在府、州、縣的城隍神。[3] 中國學者張傳勇則發現明清山東同樣有村鎮城隍廟，但並非出於經濟因素，而是與官員駐守與建築城牆有關；[4] 而在陝西村鎮城隍廟的建造，則與所在聚落建有堡寨有關，且其所祀城隍神並非府、縣的，而是所在聚落的；[5] 此外，他還注意到經由明清祭厲鄉屬，有可能在鄉間建起所謂的「城隍行宮」，此即是村鎮城隍廟。[6] 另在閩臺等東南地區，則是藉由分香實現城隍神向外地村鎮的擴展，如范正義探討安溪城隍信仰地方化的歷程，指出其突破中原城隍信仰中，有固定行政區域及作為城市之神的兩大限制。[7] 星國學者李焯然也考察安溪城隍分靈新加坡的歷程，指出該信仰雖經歷角色與功能的轉變，但並未與原有的特質及理念起衝突，且在時空層次上，凸顯其在中央與地方、中心與邊緣之間的轉換。[8]

臺灣在清領時期（1683-1895）也已出現不少民建城隍廟，日治時期（1895-1945）之後，不僅原來官建城隍廟多能保存下來，有些還成為地方的信仰中心，並且增加許多新的城隍廟，這些自然也都是民間所建。不過，受限於史料的缺乏，學界對民建城隍廟的關注程度遠不及官建者，大多依附在官建城隍廟之下討論，如凌淑菀研究清代臺灣的城隍信仰，曾論及幾間移民私祀的廟宇，雖然篇幅不多，但她提

2　參見巫仁恕，〈節慶、信仰與抗爭—明清城隍信仰與城市群眾的集體抗議行為〉，《中央研究院近代史研究所集刊》34（臺北：中央研究院近代史研究所，2000/12），頁 145-210。王健，〈官民共享空間的形成：明清江南的城隍廟與城市社會〉，《史學月刊》7（河南：河南大學、河南省歷史學會，2011），頁 57-66。

3　濱島敦俊著，朱海濱譯，《明清江南農村社會與民間信仰》，頁 208-224。

4　張傳勇，〈明清山東城隍廟「異例」考〉，《聊城大學學報（社會科學版）》6（山東：聊城大學，2004），頁 48-51。

5　張傳勇，〈明清陝西城隍考—堡寨與村鎮城隍廟的建置〉，《中國社會歷史評論》11（天津：南開大學中國社會史研究中心，2010），頁 62-83。

6　張傳勇，〈明清祭厲與城隍行宮的建置〉，《歷史教學》24（天津：歷史教學社，2020），頁 16-23。

7　范正義，〈從安溪城隍信仰的地方化看閩南文化的形成過程〉，劉家軍、沈金來主編，《城隍信仰研究—安溪城隍廟》（北京：中國社會科學出版社，2013），頁 166-169。

8　李焯然，〈社群流徙與信仰遷移：新加坡的安溪移民與城隍廟的分靈活動〉，《成大歷史學報》36（臺南：成功大學歷史學系，2009），頁 51-67。

到「欲探討臺灣地區私祀城隍的特點，僅只套用中國本土城隍信仰的研究模式，絕對無法了解透徹，還必須考量臺灣特殊的移墾社會和宗教環境才行。」[9] 這確實指出研究臺灣民建城隍廟的應有取向。另外，王耀賢研究臺南府城的城隍信仰，雖主要聚焦在 3 間官建城隍廟，但對 13 間民建城隍廟皆有調查，並指出其多為萬應公轉化的，[10] 仍具有參考的價值。林建利則對臺灣安溪城隍信仰有全面的研究，算是極少數聚焦在臺灣民建城隍廟的專論，[11] 可惜對主祀該神的廟宇，並未完整掌握，論述深度亦明顯不足。

　　事實上，臺灣民建城隍廟遠較官建者為多，且日治時期之後，官建已與民建者無異，皆屬民間信仰的廟宇，因此要掌握臺灣城隍信仰的現況與特色，實不能忽略這些民建廟宇。臺南地區為全臺城隍信仰的發源地，除官建的臺灣府、縣及安平鎮城隍廟外，尚有數十間民建城隍廟，香火類型與信仰形式各有差異，也展現與官建者不同的特色，[12] 可惜卻少有學者關注，實在是臺灣城隍信仰研究的一大缺口。本文即透過實地的調查及訪談，並運用相關的研究成果，就臺南民建城隍廟的類型與信仰特色進行初步討論，期能進一步掌握臺灣城隍信仰的樣貌與演變軌跡，並開啟城隍研究的在地取向與視角。

⊜ 安溪城隍

　　南唐保大 13 年（955）詹敦仁請於清源節度使留從效，獲准設置清溪縣，至北宋改為安溪縣。設縣翌年（956）官方即興建城隍廟，由於該神頗為靈驗，展現不少護衛地方、發奸擿伏的神蹟，發揮陰陽相贊的功能，而獲得歷來知縣的倚賴與崇拜。此外，安溪城隍同樣是民間信仰的對象，亦因靈驗而聲名遠播，信徒分取其香火至居住地奉祀，造成當地鄉村及鄰近的南安、晉江、同安、惠安等縣皆有分香廟，而有「八閩第一,五邑無雙」之美稱。後來又隨著安溪人移民海外，也將香火帶至臺灣及東南亞的新加坡、馬來西亞、印尼、汶萊等地華人社會，擁有眾多的廟宇及信徒。[13]

9　凌淑菀，《臺灣城隍信仰的建立與發展（1683-1945）》（嘉義：中正大學歷史系碩士論文，2012），頁 75。

10　王耀賢，《府城城隍信仰之研究》（臺南：臺南大學臺灣文化研究所碩士論文，2010 年）。

11　林建利，《臺灣安溪城隍信仰模式變遷之研究》（臺南：臺南大學臺灣文化研究所碩士論文，2010 年）。

12　臺灣官建與民間城隍廟之分僅存在於清代，日治時期之後即無官建城隍廟，但這兩種城隍廟在發展過程中，形成不同的信仰特色。

13　有關安溪城隍信仰的發展，可參看楊彥杰，〈從官方到民間：安溪城隍信仰的歷史考察〉，《東南學術》1（福州，東南學術編輯部，2015），頁 239-245。

臺灣為安溪城隍分爐最多之地，明清之際即有張、施兩姓先民自原鄉迎請香火來臺，在嘉義縣鹿草鄉創建中寮安溪城隍廟，再由此將信仰傳播至各地。現今全臺供奉安溪城隍約有兩百多處，但大多為自宅私壇，或是廟內的陪祀神，主祀該神的廟宇有 18 座，主要分布在嘉義及鄰近的雲林、臺南地區。由於安溪城隍為泉州五縣的守護神，故祖廟供奉 5 尊金身，稱之為「五舍公」。中寮安溪城隍廟最初僅有二、三城隍，後來亦沿襲此一作法，增祀大、四、五城隍。這種供奉 5 尊城隍或其中某尊的形式，乃安溪城隍系統的一大特徵。又安溪祖廟的城隍聖誕為農曆 5 月 28 日，各分香子廟亦多沿用之，此為該城隍系統的另一特徵。

臺灣的安溪城隍多於私壇供奉，從歷年中寮安溪城隍廟的進香名單來看，這些私壇有與廟宇一般稱為「宮」者，亦有稱為「壇」、「堂」、「會」等，甚至有的只稱姓氏及神名，如嘉義郭家城隍、高雄林家城隍、鹽水葉家三城隍、臺南曾家城隍、東勢寮何家四城隍、白水湖蕭家三城隍等等，私家的色彩特別明顯。私壇不同於公廟之處，在於其僅處理信徒私事，故幾乎都有問事服務，也因此會選擇供奉安溪城隍。在臺灣民間的觀念中，常將個人的疾病或家庭的不平安，歸因於陰魂作祟所致，而城隍乃掌管陰間之神，最能對治這些陰魂。尤其安溪城隍分香來臺後，已無官祀的包袱，又不受地域的限制，自然是最適合辦事的城隍神。[14]

臺南地區主祀安溪城隍的廟宇，為鹽水竹安宮、白河內角太城宮等。根據《鹽水鎮志》記載竹安宮沿革，謂清光緒年間的鹽水地區常有瘟疫，居民曾至中寮迎請安溪城隍前來平息瘟疫。從此每逢農曆 6 月 11 日，都會自中寮迎請安溪三城隍前來遶境，並搭壇供信眾祭拜。[15] 1968 年雙方因信徒奉獻金牌歸屬等問題發生嫌隙，中寮即不再讓城隍到鹽水駐駕，鹽水方面乃於 1976 年起改邀請嘉義市城隍廟來參與遶境，並於 1984 年興建竹安宮，主祀安溪三城隍，聖誕即定在 6 月 11 日，另同祀吳府三千歲，陪祀天上聖母、玉皇三公主、中壇元帥，配祀謝、范將軍及文武判官等。竹安宮自 1980 年起，多次赴安溪祖廟謁祖進香，並迎回五城隍神尊供奉。現今該廟正門上方即掛有安溪祖廟所贈「永庇台疆」匾額，並註明「本廟開基五舍公渡台永駐鹽水竹安宮」，以凸顯其直接分靈安溪祖廟的正統性。

---

14 有關安溪城隍信仰在臺的傳播與發展，可參看謝貴文，〈安溪城隍信仰的歷史發展與在臺傳播〉，《閩臺文化研究》2（漳州：閩南師範大學閩南文化研究院，2021），頁 48-50。

15 鹽水鎮編纂委員會編，《鹽水鎮志》（臺南：鹽水鎮公所，1998），頁 427。

鹽水竹安宮。

白河內角太城宮。

　　太城宮位在白河區內角里，祭祀圈為該里的一至六鄰及十二鄰，屬於魏姓的單姓聚落。據《白河鎮志》記載該廟的城隍神像，乃魏清吉之伯公於日治時期到六甲赤山巖遊歷時，從某戶人家拜請攜回的，每年聖誕都會到鹿草中寮安溪城隍廟刈火。[16] 不過，據廟內沿革碑文記載及信徒口述，早年當地災殃連年，適有烏山頭人攜城隍金身來此，神明指示說要留下，並自述為來自中寮的四城隍。居民乃於日明治30年（1897）為之建廟，並祀太子爺，命名為「太城宮」，從此地方平安，日益繁榮。1958年重建新廟，由居民捐獻土地，並捐工兩千餘人。2019年又耗資700多萬元進行重修。現今該廟主神增祀十殿閻羅的二殿楚江王，二樓則奉祀二郎神、托塔天王與張天師。早年附設有吉靖堂什家將，今已無運作，僅配祀其神像。目前以輦轎提供問事，曾有對治精神病的靈驗事蹟。農曆5月28日聖誕皆會遶境，但不再固定到中寮進香，也曾赴新竹市城隍廟進香。其並未加入全國城隍廟聯誼會，與其他城隍廟亦無互動往來。

　　另在北門區的二重港城隍宮，並無香火緣起的有關記載，但其聖誕日為農曆5月28日，且信徒尊稱主神為「城隍伯主」，與兩岸安溪城隍廟所稱「顯佑伯主」相似，再加上鄰近嘉義縣，推測其所祀亦當為安溪城隍。據廟方人員表示，日本治臺之初，當地因「走番仔反」頗不平靜，故奉祀城隍以求平安。1957年才正式建廟，規模較小，主要為附近住戶所祭拜。除主神城隍爺外，尚供奉城隍夫人及謝范將軍等。每年聖誕會前往南鯤鯓代天府進香，早年有乩身，今則以手轎問事。

16　張溪南等，《白河鎮志》（臺南：白河鎮公所，1998），頁170-171。

北門二重港城隍宮。　　　　　　　　　　　　　　　　北門三寮灣城隍宮。

　　北門區三寮灣中頭角亦有一城隍宮，據其沿革碑文記載，香火乃先民從原鄉晉江縣十都小坪社所攜來，[17] 由於該縣亦頗多安溪城隍的分香廟，故先將其列為此一類型，俟未來有更多資料再行考證。當地居民大多為曾姓（西爿曾），早年由爐主輪祀城隍，後來設天八救生壇濟世，神稱「城府千歲」，因頗為靈驗，信徒日增，乃於 1974 年在大廟東隆宮的左前方正式建廟，定名玉敕「城隍宮」。2012 年發起重建，2018 年落成安座，廟體空間寬敞明亮。該廟主神城隍爺有 6 尊，除開基大城隍外，尚有二至六城隍，廟方表示多是由有功廟務者死後轉任。另陪祀天上聖母，配祀牛馬將軍、謝范將軍及文武判官。城隍聖誕為農曆 8 月 2 日，乃依該廟落成安座日而定，前一日會到三寮灣東隆宮、南鯤鯓代天府進香，回來後再遶境全庄；當日則設辦七星延生平安橋儀式及平安宴。該廟曾到福建安溪城隍廟交流聯誼，但與臺灣其他城隍廟並無往來。

　　由此來看，早年竹安宮、太城宮與鹿草中寮安溪城隍廟的關係密切，但後來前者與之決裂，改與福建安溪城隍廟建立連結，凸顯自身直接分靈祖廟的正統性；後者則與之日益疏遠，雖然廟方不否認屬安溪城隍系統，有時也會回中寮進香，但廟內已看不見任何與「安溪城隍」有關的文字。二重港城隍宮則已失去香火緣起的記憶，但其聖誕日及神明尊稱仍透露出與安溪城隍的關係。三寮灣城隍宮則僅能從香火由晉江原鄉攜來，推測其與安溪城隍的關係，但聖誕日與神像數皆與此一系統有異，僅早年設壇濟世，與本地安溪城隍善於辦事的特徵相似。這些多少可看出早

17　根據道光《晉江縣志》記載，該縣十都確有「小坪坑」之鄉名。

年安溪城隍信仰在臺擴展，成為本地民建城隍廟主要的香火來源，中寮安溪城隍廟在其中扮演重要角色，但隨著整個城隍信仰的民間化與地方化，安溪城隍的網絡與認同感，已不再如以往強固。

⊜ 三 石獅城隍

　　石獅位於福建省東南沿海，唐初之前屬泉州南安縣，其後屬晉江縣，至 1987 年方將石獅、蚶江、永寧等鄉鎮從晉江析出，設置石獅市。石獅城隍廟的香火來自永寧城隍廟。明洪武年間，江夏侯周德興建永寧衛城，同時興建永寧城隍廟，主奉宋丞相文天祥，諡號「忠佑侯」。明嘉靖 41 年（1562）倭寇入侵，永寧城陷，城隍神暫移至石獅，至明隆慶 4 年（1570）永寧城隍廟修復，才將神像移回奉祀。清順治 18 年（1661）頒布遷界令，永寧城隍再次移駕石獅，直至清康熙 36 年（1697）才又迎回奉祀。在這段期間，石獅也於清康熙 6 年（1667）建城隍廟，供奉永寧城隍，後來該神迎回後，才再重塑神像供奉。[18]

　　不過，根據石獅當地的傳說，周德興於農曆 5 月 28 日奠基興建永寧衛城，後來興建城隍廟即以此日為神誕日，城隍神則是明初抗倭犧牲的晉江縣令。嘉靖年間倭寇入侵，永寧居民包括王、陳、商、田、朱、卞等姓氏，紛紛逃難至石獅，其中陳姓信士並將永寧城隍神像護送至此供奉，明萬曆 20 年（1592）始興建石獅城隍廟。因石獅城隍原籍永寧，故每年聖誕日都會到永寧謁祖進香。該神定居石獅後，香火日漸旺盛，常顯靈驅逐賊匪或偵破刑案，而聲名遠播。清末徐知縣以石獅城隍平定地方械鬥的神蹟上奏朝廷，而獲皇帝敕封為「忠佑侯」，並賜予「文武官香」。每次石獅城隍要謁祖進香或出巡時，文官都要來拈香，武官要協助維持秩序。[19]

　　這則傳說主要在凸顯永寧城隍在明代即已遷祀石獅，並興建石獅城隍廟；而該神香火興旺，且獲皇帝敕封，享有崇高的地位，亦皆在石獅發生。此雖有不符史實之處，但永寧城隍確實是因石獅城隍廟而香火遠播。由於石獅是福建省著名的僑

18　有關永寧城隍廟的歷史及其與石獅的淵源，可參看李天錫，〈試論永寧城隍原型及其有關問題〉，《學術問題研究（綜合版）》1（福建：仰恩大學，2016），頁 9-15。

19　洪大彬、王臺權、商基頭口述，〈敕封忠佑侯的傳說〉，原載《福建省石獅市寬仁鄉史資料第一輯》，1990 年忠澤堂人員手抄。

鄉，隨著當地人移居海外，也將城隍香火帶至菲律賓、馬來西亞、泰國、緬甸、臺灣、香港等地，其中尤以菲律賓最為興盛。[20]

臺灣主祀石獅城隍的廟宇有 3 間，最早興建的是鹿港城隍廟，據傳清乾隆年間（1736-1795），石獅移民即將城隍分身奉請至鹿港，因頗為靈驗，尤其協助商家偵破竊案，香火日盛，乃於清道光 19 年（1839）正式建廟。後因石獅城隍來自稱為「鰲城」的永寧衛城，該廟也正名為「鰲亭宮」。另約在日大正 8 年（1919）有張姓信徒自鹿港城隍廟分靈，在臺中市北區興建「北臺中城隍廟」，除供奉石獅城隍外，1980 年又從彰邑城隍廟分靈縣城隍，兩者一武一文，號稱是全臺唯一供奉文、武城隍的廟宇。

位在臺南府城米街的忠澤堂，雖然供奉石獅城隍的年代最晚，但與石獅祖廟的關係卻最為密切。根據該廟手寫沿革記載，清光緒 14 年（1888）石獅王家兄弟渡海來臺，在府城米街創設「王泉盈紙店」，交由弟經營，兄回石獅續營祖業。清光緒 21 年（1895）弟返石獅省親，恭奉鳳山寺廣澤尊王神像來臺奉祀。後來其子三人返回石獅設診所行醫，但因七七事變爆發，政府不容臺胞居留，乃恭奉石獅祖廟城隍神像（今尊稱「二主公」）返臺奉祀。二次大戰期間，因該神屢顯奇蹟，保佑信眾度過空襲危機，以致香火日盛，乃於戰後設壇濟世，取忠佑侯之「忠」與廣澤尊王之「澤」，命名為「忠澤堂」。後因壇務日有進展，又增祀清水祖師、保生大帝等神明。1947 年石獅祖廟王姓執事來臺訪視，同意恭送祖廟老城隍（今尊稱「鎮殿大王公」）至堂奉祀。1948 年開基玉皇宮重建落成，該堂城隍爺護駕回宮安座，受封玉敕特授天使，肩負總代巡重任，地位崇高。1951 年王家子孫共議獻產，籌組建廟委員會。1984 年建廟完成，並成立管理委員會。1990 年組團回石獅謁祖進香，迎請祖廟城隍神像回堂奉祀，並獲贈「福敷遐邇」匾額與石香爐。返臺後再舉行慶成祈安植福三朝建醮大典。

由此可知，忠澤堂的石獅城隍，最初由王家私祀，因在戰時展現神蹟，後來才設壇濟世，進而正式建廟。在此一過程中，該堂始終與石獅祖廟保持密切關係，堂內有 3 尊城隍神像皆自祖廟迎回，其中開基者為祖廟五城隍副尊，另在 1990 年

---

20 李天錫，〈試述城隍信仰在海外的傳播〉，《八桂僑史》4（南寧：廣西華僑歷史學會，1996），頁 43。

同時迎回城隍夫人神尊。據廟方人員表示，有許多王姓宗親仍居住在石獅市，與臺灣方面保持聯繫與互動，早年石獅祖廟整修，該堂曾贊助新臺幣100多萬元；2018年該堂重修，石獅祖廟亦贊助人民幣50萬元，顯示雙方深厚的情誼。

　　現今忠澤堂為兩層樓之建築，二樓正殿主祀石獅城隍、廣澤尊王與清水祖師，左右陪祀城隍夫人、李府代巡爺。如同石獅祖廟一般，正門上方掛有鄭板橋署名的「城隍廟」匾，另有祖廟及各交陪廟所贈匾額，包括石獅、永寧城隍廟所贈「福敷遐邇」、「同枝連榮」匾，及交陪廟所贈「石獅城隍」、「石獅傳香」等匾，凸顯其香火來自石獅的特徵。一樓為辦事空間，所祀神明更多，除3尊主神外，尚有保生大帝、觀音佛祖、武財神、文昌帝君、法主公及謝、范將軍等。

臺南米街忠澤堂二樓正殿。

　　忠澤堂因由私壇轉化而來，並無自己的轄境，但與府城各公廟的關係緊密，交陪廟多達21間，這從堂內上下掛滿各廟所贈匾額，即可窺知一二。每年農曆5月28日聖誕前，即會迎請城隍至各交陪境夜巡，聖誕當日再請小法團舉行法會。該堂附設有當地子弟所組成的什家將，每當各交陪廟有重要慶典，皆會出團助陣。其並未加入全國城隍廟聯誼會，與其他城隍廟亦少有往來，但在2014年因協辦兩岸城隍大會師活動，而促成臺灣3間奉祀忠佑侯的城隍廟，與石獅、永寧祖廟在府城相會的歷史場景。

㈣ 城隍境主

「境」指傳統聚落的區域範圍內，具有共同社會活動關係的人群，所組成的居住社區單元，包含三個必要條件：境廟、街區、社會組織及其活動。元代福建泉州城區已出現隅、圖、鋪、境的明確聚落區劃格局，其中「境」是「以共同信仰為特徵的基層組織」自發形成的空間區劃。[21] 每一境都有一定的地域範圍，境內居民共同建造廟宇，俗稱「境廟」，奉祀一個或若干個神明作為保護神，俗稱社公、社神、地主、大王、尊王、境主、擋境等，學界一般通稱為「境主神」。在福建東南部，境主神被視為一境之主，位階介於城隍神與各家土地神之間，以稽查孤魂野鬼、保境安民為主要職責，並主管境內的日常生活與生產事宜，舉凡生老病死、民眾糾紛、收益豐歉等都在其管轄之內，與民眾的關係最為密切。[22]

臺灣最晚在清領末期已有「境」的出現，如府城內設有 8 坊 82 境，[23] 嘉義縣城則分 16 境。[24] 臺南府城的「境」，是「段」以下的城市區劃層級，與段、街、巷等有形的構築界面，共同構成城市的空間級序。[25] 此外，「境」也是一種信仰與儀式的空間，通常以五營界定範圍，使居民對地方產生歸屬感與認同感。如同李豐楙所指出，臺灣絕大多數的村社，借由五營信仰而圈定村里的境域，又配合村廟、社祠或土地公廟，就可界定合村村民的地方歸屬感。不管安鎮五營頭的儀式，或信仰單一的中壇元帥、張聖君，都作為村社里域的信仰標誌，借由象徵護境動作的反覆舉行，強調一個村落共同體的形成。[26]

如以福建的模式來看，臺灣這些大大小小的境，其境內的公廟即是「境廟」，該廟的主神即是「境主」。換言之，境主並非指單一特定的神明，而是各地境內主神的總稱。不過，臺灣民間對境主似乎有不同的認知，金門的情形與福建相同，每個村落都會建廟供奉不同的護村主神，稱為「境主」，如沙美村廟為「萬安堂」，供奉保生大帝為境主；新頭村廟為「伍德宮」，供奉蘇王爺為境主。但在臺灣本島有些寺廟，除自身的主神外，尚會陪祀境主公或境主尊神，顯示境主是不同於主神

21 繆遠，〈「境」視角下福建傳統聚落空間形態研究〉，《東南學術》5（福州，東南學術編輯部，2017），頁 83-85。
22 陳金亮，〈試論境主神的職權—以福建東南部為考察中心〉，《閩臺文化交流》1（漳州：閩南師範大學閩南文化研究院，2007），頁 85-90。
23 姚瑩，《東溟奏稿》（臺北：臺灣銀行經濟研究室，1959），頁 86。
24 吳德功，《戴施兩案紀略》（臺北：臺灣銀行經濟研究室，1959），頁 84。
25 伊能嘉矩著，江慶琳等譯，《臺灣文化志》（臺中：臺灣省文獻會，1991），頁 99-100。
26 李豐楙，〈「中央　四方」空間模型：五營信仰的營衛與境域觀〉，《中正大學中文學術年刊》1（嘉義：中正大學中文系，2010），頁 34。

的神明。一般認為此一境主為廟宇祭祀圈範圍內的守護神，與主神不同處在於其屬行政官僚職位，界於城隍爺與土地公之間，[27] 猶如位在縣長與里長之間的鄉鎮長，任職者會有所更迭，並非某一特定神明；主神如媽祖、王爺、保生大帝等，則為固定單一神明，但其無所不在，僅分身來此境擔任守護神。

由於境主乃行政官僚職位，常會與相同性質的城隍相比附，或認為城隍管轄有城池的城市，境主管無城池的地區；或是城隍是行政村的神界管理者，境主則屬自然村。[28] 一般民眾甚至會將城隍視為境主，或當成地方聚落及族群的守護神，如艋舺青山王（惠安城隍）、大稻埕霞海城隍皆有此性格。[29] 另在新竹市有一建於清光緒 3 年（1877）的樹林頭境福宮，即主祀境主尊神，但其配祀境主夫人、文武判官、李董排爺、喜怒哀樂四位捕快、六將（大爺謝將軍、二爺范將軍、枷將軍、鎖將軍、牛將軍、馬將軍）等，亦皆與城隍廟相似。

在臺南民建城隍廟中，亦有 4 間主祀「城隍境主」者。七股頂潭寮永安宮所祀為「境主城隍」，但分為境主、城隍兩尊，信徒以「境主公」、「城隍爺」稱之，聖誕同為農曆 3 月 26 日，配祀有文武判官。頂潭寮原屬後港西唐安宮的祭祀圈，1960 年代因未參與該廟的重建工程，而退出祭祀圈，自行興建永安宮，主神境主、城隍相傳為兩兄弟，原為庄內陳姓所私祀，建廟後「落公」為公神。另尚與後港西、大潭寮輪祀池府千歲、池府二千歲、騰風元帥、鎮海伍元帥等四尊神明，[30] 每年主神聖誕前一日，前往府城東嶽殿進香，聖誕當日有祝壽儀式及演戲酬神；後一日還會舉行過七星橋解運儀式。早年境主、城隍各有一乩身，供信眾問事解難，今因年老已無此服務。

---

27 高賢治，〈城隍信仰的由來〉，收於增田福太郎著、古亭書屋編譯，《臺灣漢民族的司法神》（臺北：眾文圖書公司，1999），頁 120。

28 詳見林鍵璋，〈新竹市境福宮境主信仰初探〉，《古典文獻與民俗藝術集刊》3（臺北：臺北大學民俗藝術與文化資產研究所，2014），頁 143-165。

29 謝宗榮，《臺灣的廟會文化與信仰變遷》（臺北：博揚，2006），頁 300。

30 許献平編，《七股鄉志》（臺南：七股鄉公所，2010），頁 453-454。

七股頂潭寮永安宮。

　　位在佳里第十一角的四安宮，俗稱「蕭壠城隍廟」。據日昭和 8 年（1933）相良吉哉《臺南州祠廟名鑑》記載其廟名為城隍廟，緣起於清嘉慶 22 年（1817）大洪水過後，以漂流而來的大木，雕成城隍神像奉祀。清光緒 3 年（1877）由地方頭人蘇成發起募建，起初由其獨立維持經營，至其歿後才由當地居民共同維持。主祀神為「城隍爺」，聖誕為農曆 6 月 17 日，另同祀地藏爺。[31] 現今該廟的主神稱為「城隍境主」，轄境除所在的第十一角外，還包括十三、十五、十七角，共四個角頭，聖誕則改為農曆 5 月 11 日，丁酉科（2017）蕭壠香受封「掌陰陽令、辦理陰陽」，顯示其在佳里當地的重要地位。除鎮殿城隍境主外，尚有城隍大、二、三、四境主，另配祀文武判官與謝范將軍。2018 年重建新廟，預計 2022 年底完工落成，新廟將會結合木雕藝術，增祀城隍體系的二十四司。

　　位在將軍區嘉昌里的昌安宮，為「檳榔林」一地的庄廟。當地以吳、蔡兩姓居多，全庄近百戶，吳姓居庄西，多來自西港的「檳榔林」，故有此庄稱。1963 年

31　相良吉哉，《臺南州祠廟名鑑》（臺北：大通書局，2002），頁 108。

與蔡姓合建公厝「昌安宮」，[32]據該廟沿革記載，先民於兩百多年前渡海來臺，奉請東嶽大帝隨身庇佑，後代子孫於一百多年前移墾至此，在口寮（今將軍里）近海捕魚時拾獲境主公金身。1946年正式雕塑境主公神座，後再雕二元帥合併供奉。2018年初拆除舊廟，現正重建新廟中。今稱主神為「城隍境主」，農曆5月11日聖誕會到口寮請水，重溫在此拾獲神尊的歷史記憶。因當地吳姓居民來自西港，其大廟慶安宮最初即供奉境主公（城隍），聖誕亦為農曆5月11日，昌安宮的神稱與聖誕是否受其影響，有待來日進一步追查。

將軍檳榔林昌安宮臨時行宮。

　　西港慶安宮的城隍境主，乃當地最早奉祀的神明，據傳是鄭成功率軍來臺，軍中所供奉的3尊神像之一；但劉枝萬認為是朱一貴事件時，藍廷珍由此登陸設營之訛傳。[33]相良吉哉《臺南州祠廟名鑑》記載該神為「境主公」，[34]「城隍境主」之

32　黃文博，《倒風內海及其庄社》（臺南：臺南市政府文化局，2013），頁231。
33　劉枝萬，《臺灣民間信仰論集》（臺北：聯經出版公司，1990），頁300。
34　相良吉哉，《臺南州祠廟名鑑》，頁111。

名當為後來才形成。雖然慶安宮以媽祖為主神,但境主公亦頗為靈驗,而能將香火傳播至外地,如七股下義合保興宮於清光緒 20 年(1894)即分香之。[35] 1985 年乙丑科西港香首次舉行慶安宮「代天巡狩南巡暨境主公謁祖」,境主公到臺南府城隍廟謁祖進香,成為西港香的固定活動之一。[36] 雖然其境主公非自府城隍廟分香,但仍將此進香稱為「謁祖」,且其聖誕日亦與府城隍相同,似有意藉此提升「城隍境主」的地位與正統性。

臺南市北區的恩隍宮,則是從西港慶安宮分靈境主公,並以之為主神的城隍廟。根據該廟的沿革碑文記載,二次大戰結束後,住在府城北門外三分子中樓仔的居民,因感念西港慶安宮境主公及各尊神的庇佑,乃成立「城隍境主公會」,每逢農曆 5 月 6 日前往慶安宮奉請城隍老二境主公回來設壇,舉行祝壽慶典。後因往返費時不便,乃懇求老二境主公恩准分靈,以民宅創立「吳姓堂」奉祀,並設乩身濟世服務。1977 年信徒日增,乃購買民宅改建創立恩隍宮。1987 年再擇現址正式建廟。1990 年獲中樓仔庄廟勝安宮主神倪府千歲指示,該廟城隍境主晉陞天下第二都城隍,敕封威靈公爵位,並於同年農曆 12 月 3 日為新神像開光,即以此日為其聖誕。自 1992 年起,每隔 3 年至慶安宮謁祖,返回後再舉行迎城隍遶境活動。2004 年又重建新廟,隔年底落成安座。

現今恩隍宮為兩層樓建築,二樓聖母殿的空間較小,主要供奉與祖廟西港慶安宮有關的天上聖母、代天巡狩千歲爺等神明。一樓則是作為主殿的城隍殿,空間縱深氣派,中間神龕主祀城隍境主,上方匾額書「臺灣天下都城隍爺,敕封昭靈帝」,顯然又較之前的威靈公晉陞數級,且立有多道玉旨為證。[37] 左右神龕分祀觀音佛祖與陰陽公、山神,正殿兩側則配祀十殿閻羅與廿四司,神龕前則有六方玉敕天下都城隍的令牌,配祀文武判官、謝范將軍及手持刑具的衙役立像,最前方還立有一大算盤,猶如森嚴的衙門場景,為臺南地區最具官僚體系形式的民建城隍廟。

35　根據下義合保興宮內龍爿牆面沿革碑文所載。清光緒 19 年(1893)該廟先自學甲慈濟宮分香保生大帝,此即其主神。

36　謝國興,《西港仔刈香:一個傳統王醮的數位紀錄》(臺北:中央研究院臺灣史研究所,2017),頁 14。

37　承蒙審查委員提示,臺灣民間許多宮廟神明名稱及位階常號稱玉皇大帝敕封,其實是乩童或桌頭(鸞生)的創意,可稱為乩封(相對於朝封、道封);恩隍宮城隍神受封為「昭靈帝」,當亦屬之。

臺南北區恩隍宮一樓城隍殿。

　　由此來看，這些民建城隍廟對「城隍境主」的認知並不一致，頂潭寮永安宮是將城隍、境主分開奉祀，視之為獨立的兩神。其他廟則視「城隍境主」為一神，但神稱的形成仍有分歧，佳里四安宮似先稱「城隍」，後來再加上「境主」二字；西港慶安宮則原稱「境主公」，後來有意提升其神格地位，而改為「城隍境主」。將軍檳榔林昌安宮似受慶安宮影響，恩隍宮則更超越祖廟，將城隍境主提升為天下都城隍，從中仍可看見傳統城隍信仰的官方色彩。

㈤ 有應公轉化

　　在臺南民建城隍廟中，數量最多的是由有應公轉化者，但有的已轉化為陽廟形式，有的則仍有陰廟性質，雖然不太能區隔清楚，但其所祀皆以「城隍」稱之。有應公源於傳統社會收埋葬瘞無主遺骸枯骨之俗，清代臺灣民間開始建蓋祠廟祭拜，形成一種特殊的信仰現象。一般認為此信仰之形成，與清代臺灣的祭厲制度及義塚

設置有關，[38] 因當時臺灣自然災害與械鬥戰亂不斷，橫死、冤死而無後祭祀者眾多，故深為官方與民間所重視，也因此造成有應公廟的普遍出現。日治時期，官方雖將有應公崇拜視為迷信，但卻無法遏止其快速發展，「**在樹下、在墓旁、在山麓、田邊、路旁、街庄部落等，到處可見。**」[39] 民眾祭拜心理也漸由避祟轉為求應，「有應公」成為民間對此信仰及其祠廟之主要稱呼。此外，還有一些靈驗的有應公廟，在廟體形制與祭祀形式上逐漸朝香火廟發展，原本的無祀孤魂也轉變成神明。[40]

　　由於城隍被視為冥界行政官，無祀孤魂自然歸其掌管，因此明清各地方官府舉行祭厲儀式時，即會迎請城隍前來厲壇主祭。此外，民間也流傳有「水鬼變城隍」的傳說，謂水中溺死之水鬼，為能再出生人間，須引他人至水中溺斃，成為自己的替身；然而，如果水鬼能忍受三年的痛苦，不引他人入水中為替死鬼，因有其功德，即可為城隍。[41] 這些都可看出城隍與有應公的連結關係，甚至在臺南有些有應公廟所祀者，即稱為「城隍爺」或「城隍境主」，[42] 亦有不少有應公轉化為城隍神之案例。[43] 由於城隍被視為冥間鬼魂的管理者，此有將作祟人間的鬼魂，轉化為管束眾鬼、保衛村庄的「鬼王」之意圖。[44]

　　臺南地區有多間民建城隍廟，雖然外觀與一般廟宇無異，也供奉城隍的神像，但卻是從有應公轉化而來的。例如七股區十份里新吉庄仔唐明殿，雖然號稱是海峽兩岸最大的城隍廟，但其所祀沿海城隍、沿海姑娘卻是由有應公轉化而來。早年庄人祭拜皆以「萬應公」呼請，草祠坐落在農田裡，正牆紅布書「萬應公」，有一香爐供信眾插香之用。1970 年代遷建今廟址右前方，為鐵皮搭建的鐵厝，並為兩神雕刻神像，西港慶安宮亦於此時邀請參與刈香遶境活動。2004 年興建宏偉新廟，命名為「唐明殿」。[45]

　　現今唐明殿主祀沿海城隍及其妹沿海姑娘，配祀城隍夫人與謝范將軍，聖誕日為農曆 5 月 20 日，會舉行祝壽儀式及平安宴，並演兩天大戲。雖然其地處偏僻、周

38　戴文鋒，〈臺灣民間有應公信仰考實〉，《臺灣風物》46：4（臺北：臺灣風物雜誌社，1996/12），頁 53-58。

39　曾景來，《臺灣的迷信與陋習》（臺北：武陵出版公司，1998），頁 91-92。

40　戴文鋒，〈臺南地區民間無祀孤魂轉化為神明的考察〉，《臺灣史研究》18：3（臺北：中央研究院臺灣史研究所，2011/9），頁 141-173。

41　增田福太郎著，古亭書屋編譯，《臺灣漢民族的司法神》，頁 63。

42　許献平，《臺南市鹽分地帶有應公信仰研究》（臺南：鹽鄉文史工作室，2012），頁 305-309。

43　如戴文鋒調查臺南地區無祀孤魂轉化為神明，即發現有有應公轉化成鎮山城隍、鎮海城隍之案例。戴文鋒，〈臺南地區民間無祀孤魂轉化為神明的考察〉，頁 164-165。

44　詳見謝貴文，〈邁向成神之路：論臺南地區有應公之供奉神像與稱號〉，《臺南文獻》2（臺南：臺南市政府文化局，2012/12），頁 192-194。

45　許献平編，《七股鄉志》，頁 481-482。

邊荒涼，但仍積極擴展對外交陪網絡，參與西港仔香、土城仔香，甚或金門迎城隍等民俗活動，並加入全國城隍廟聯誼會，2014 年會員大會及兩岸城隍會師即在此舉行，當時還留下一尊福建海澄城隍廟的神像，現暫祀於廟內。另也曾赴中國海澄等城隍廟進香，參與新竹市城隍廟的中元祭、臺北府城隍廟遶境等活動，這從廟內掛滿各友宮所贈匾額，即能看見其交陪廣闊。

七股十份里新吉庄仔唐明殿。

七股下看坪境安宮。

七股下看坪境安宮主祀城隍大、二境主與黃府元帥，亦由有應公轉化而來，雖然今建築及內部奉祀都與陽廟無異，但許獻平仍將其歸入有應公廟。[46] 根據《七股鄉志》記載乙未之役時，臺南鹽分地帶亦有義軍抗日，當時有郭、周、黃姓三名志士遭日軍追殺，前兩人逃至看坪今廟址後樹林遇害，後一人逃至埔頂後堀仔墘（佳里區通興里）亦犧牲成仁。日大正 2 年（1913）庄民感念其忠義，在樹林內建草祠供奉郭、周兩義士，祠內僅有一供插香的香爐。日昭和 11 年（1936）將草祠重建為磚牆紅瓦小祠，廟額為「城隍廟」，取神名為城隍大、二境主，並雕塑金身奉祀。1963 年又拆除重建小祠，改名為「境安宮」，當時因坐落埔頂後堀仔墘的黃府元帥執意要入祀該廟，庄人乃為其雕塑金身同祀之。[47] 又據其沿革碑文記載，1994 年因廟後樹根侵入祠基，造成廟體龜裂，乃募款兩千多萬元重建巍峨新廟，並雕刻鎮殿神尊，於 1996 年落成安座。[48] 主神城隍大、二境主的聖誕為農曆元月 6 日，僅陪祀福德正神與註生娘娘，並無配祀其他城隍體系的神明。

事實上，臺南地區有不少無祀孤魂成神的廟宇，廟方為滿足民間對正神的觀念，並提升其神格，常會為這些有應公創造具有道德性、神聖性的來歷。[49] 上述境

46　許獻平，《臺南市鹽分地帶有應公信仰研究》，頁 98-99。

47　許獻平編，《七股鄉志》，頁 471。

48　《七股鄉志》記載 1986 年重建今廟，有誤。

49　詳見謝貴文，〈從臺南在地祀神傳說論無主孤魂如何成神〉，《臺南文獻》5（臺南：臺南市政府文化局，2014/7），頁 84-87。

安宮所祀主神為抗日志士，即有可能是廟方所創造的來歷；[50] 而在臺南市中西區的小南城隍廟，稱其主神二城隍為朱一貴，亦是創造出來的。根據該廟簡介記載，其乃清同治年間所建，清光緒年間經方馬德夫婦重修。原址位在今開山路現址的對面，在臺南大學實驗附屬小學圍牆下仍留有一小廟，門額寫著「小南開基小城隍公」，其旁並立有一「義塚」碑，推測位在清代府城小南門外的新南壇義塚範圍內。又據簡介中的早年照片，原屬「三面壁」的建築形式，且「**曾經以出明牌、觀浮字，賭徒雲集而聲名大噪**」，[51] 這些都符合有應公廟的性質。1983 年臺南市政府因整頓道路而拆除舊廟，由主任委員吳方愛珠及其夫婿募款在現址興建新廟，至 1994 年才完工落成，2000 年舉行三朝祈安慶成清醮。

新建的小南城隍廟，為三開間兩進式的陽廟形式建築，正殿供奉大城隍杜義招、二城隍朱一貴、三城隍雷域輝，以二城隍為鎮殿主神；後殿供奉媽祖，前方神桌另有二城隍的分身，左右兩側則配祀謝范將軍及多尊神將。依其簡介記載朱一貴死後被玉帝敕封為「臺南州城隍綏靖侯」，清同治年間（1862-1874）以石子砌建小廟祭祀，則似在建廟之初即任城隍。不過，該廟早年具有有應公廟的性質，並無找歷史名人出任城隍的必要，最有可能是在舊廟拆除後，廟方希望擺脫有應公廟的色彩，不僅興建陽廟形式的新廟，也藉由歷史名人出任城隍爺的說法，讓該廟轉型為「正統」的城隍廟。至於朱一貴為何會雀屏中選，除因在民族主義及本土化的思潮下，朱氏在臺灣民間的地位日益提升外，1993 年中視晚間六點檔推出的「鴨母王」連續劇，也可能發揮臨門一腳的作用，促使小南城隍廟趕搭電視劇的熱潮，再配合翌年新廟的落成，順勢「創造」出朱一貴出任城隍的說法。[52]

現今小南城隍廟定二城隍朱一貴聖誕為農曆 8 月 10 日，但以國曆 10 月 10 日為共同聖誕，同時為 3 尊城隍舉行祝壽祭典，並曾對外徵求「鴨母王」朱一貴有關的文物資料，希望以後能擴大紀念。[53] 另外，相傳小南城隍爺朱一貴是由媽祖度化為神，朱氏感念媽祖之德，每年都會到大天后宮拜見媽祖，還曾以牡丹御品宴祝賀鎮殿金面媽重光陞座。[54] 小南城隍爺頗為靈驗，據說曾指示信徒做生意賺大錢，也擅長找尋失物，這些各式各樣的神蹟展現，已超出傳統城隍神的職能。

50 承蒙審查委員提示，此為接近歷史事實的陳述，應該不是隨意創造，乙未之役最後也是最大的戰役發生在臺南大北門地區，傷亡最慘重，因此當地有應公廟最多。

51 何培夫，〈城隍，為人間解惑〉，《聯合報》，1996/5/17，版 17。

52 謝貴文，《內門鴨母王朱一貴》（臺北：玉山社，2015/8），頁 185。

53 林建農，〈小南城隍廟慶典登場，好戲連臺〉，《聯合報》，2001/10/10，版 18。

54 凌珮君，〈小南城隍爺，牡丹御品宴媽祖〉，《聯合報》，2006/2/26，C2 版。

小南城隍廟供奉三尊城隍，中間為二城隍朱一貴。　永康大灣城隍宮。

　　不過，仍有不少城隍廟並不隱諱其前身為有應公廟，甚至其廟名、祀神或建築形式仍帶有有應公廟的性質，例如永康區大灣城隍宮，據其碑文記載主神城隍爺自述來歷，乃山西太原府人氏，三百多年前來臺，在臺北淡水仙逝，順水來到大灣，原稱為「淡水公」，1980年奉玉旨官陞城隍。清初即有淡水公廟，1951、1975、1998年皆曾重修廟體。2002年完成寺廟登記，2010年購得原屬國有土地的廟地。現今該廟已與一般寺廟無異，但信徒並不避諱主神前身為水流公，也認為本來即有「水鬼變城隍」之例。廟內除主祀城隍爺外，尚配祀五營軍士與謝范將軍等。主神聖誕為農曆4月13日，會出陣頭至周邊友宮拜廟，但與其他城隍廟並無往來，僅參與當地大廟廣護宮的重要活動。每周三晚上城隍爺以手轎供信眾問事。

　　臺灣因四面環海，河川與水圳密布，早年常有溺水而死者，也確實會出現「水鬼變城隍」的案例。除大灣城隍廟外，在安南區海南里尚有一海城隍廟，奉祀海城隍公。根據該廟簡介記載，海城隍公自述其俗名張聖和，泉州人，來臺後定居臺南安南區，擔任魚塭管理之職。有次下大雨，魚塭淹水，小孩掉入其中，張氏奮勇入水救起小孩，自己卻被大水沖走，捨身成仁。地獄官知其英勇而死，乃向上稟明，再經海尾保生大帝保薦，獲上天冊封為海城隍，在此守護居民，接受萬世香火供奉。此一來歷顯然也是「創造」出來的，前身亦當是死於水患的有應公。該廟僅為魚塭旁的一間小祠，外觀仍保有些許有應公廟的色彩，但已為海城隍公雕塑神像，聖誕日為農曆5月11日，同樣會有熱鬧的祝壽活動。

臺南市北區的小北鎮山城隍廟，亦為一低窄的小祠。根據其沿革記載，前身為建於百餘年前的「萬善同歸祠」，當時僅供奉一未刻字的石頭。後來升格為大將（眾）爺祠，供奉大將爺的牌位。1976 年間，有幾位信眾夢見城隍爺顯靈，乃請人雕刻大城隍爺金身供膜拜。1978 年再刻鎮殿城隍神尊，雕刻前先到首邑縣城隍廟乞香火入神，後再請神尊往南沙宮舉行開光點眼儀式。當地「山仔頂」原為墓地，1956 年間開闢眷舍時，挖出大量先民遺骨，1981 年改建今廟，將這些遺骨存放在神明座下的地下室。[55] 由此來看，不僅該廟的前身為有應公廟，即使現今仍保有些許陰廟的色彩，廟名冠以「鎮山」，實有「鎮服山仔頂」無祀孤魂之意。[56] 後來廟內再增祀二、三城隍，配祀文武判官，3 尊城隍的聖誕日不一，大城隍的聖誕為農曆 8 月 14 日，曾多次前往首邑縣城隍廟謁祖進香。

　　在府城的民建城隍廟，尚有中西區的萬昌東城隍、水流城隍祠、南城隍公祠、鎮境萬善堂，北區的小北城隍廟、鳳山宮，南區的鹽埕萬應城隍府，安南區的北汕尾城隍廟等等，這些皆由有應公廟轉化而來，廟體也較為低窄，仍帶有少許陰廟的色彩；其中如鎮境萬善堂，前身為有應公、有應媽祠，雖然後來改為萬善堂，並在 1989 年向玉皇宮領旨，升格為鎮境城隍及城隍娘媽，但並未雕塑金身，仍以「有應公、有應媽祠」牌位供人祭拜，[57] 如無小祠前牌額書有「鎮境城隍公、娘媽」，真會以為仍是有應公廟。

　　此外，在許獻平調查鹽分地帶的有應公廟中，尚有多間所祀者為城隍爺或城隍境主者，包括：北門區三光里的東南城隍宮、城隍爺小祠，永隆里的城隍爺廟，七股區永吉里的城隍廟、竹橋里的城隍廟，佳里區六安里的城隍廟、通興里的山神堂等等。[58] 雖然這些廟多為小祠，但建築與奉祀形式大致與一般廟宇無異，如七股竹橋國小旁的城隍廟，在 1975 年改建為磚造形式，並為城隍爺雕塑金身，2019 年曾再次整修，雖然廟體不大，但整體整潔光亮，內外皆有匠師彩繪，廟旁設有磚造金爐，前方則有大型牌樓，幾乎已看不出是有應公廟。

55　李茂德，《小北鎮山城隍廟廟誌暨沿革》（臺南：小北鎮山城隍廟管委會，2007），頁 12-14。

56　戴文鋒，〈臺南地區民間無祀孤魂轉化為神明的考察〉，頁 164。

57　王耀賢，《府城城隍信仰之研究》，頁 48。

58　許獻平，《臺南市鹽分地帶有應公信仰研究》，頁 309。

七股竹橋里城隍廟。

北門三寮灣東南城隍宮內祀有「王船」。

北門三寮灣的東南城隍宮，雖位在人煙罕至的田野，周邊多為魚塭，廟體低窄而略顯陰幽，但仍供奉城隍爺的金身，並祀有一艘「王船」。根據許献平的調查，清末有艘載有戲班的帆船，在三寮灣東南處翻覆，船上人員全數罹難。日大正9年（1920）當地大廟東隆宮創建時，亦在溪埨興建城隍宮小祠，以安置這些亡靈。當時翻覆的船隻上，尚供奉有宋江爺、湄洲媽祖、遊巡元帥與雷府大將等神尊，亦隨波漂流為附近角頭所撿拾供奉，如三安宮即祀宋江爺與遊巡元帥。後來城隍宮重建時，為紀念此不幸事件乃增祀此一「王船」。每年三安宮進香回來，都會在此祠前溝畔燒一小船及添儎品；該祠在祭期農曆9月26日，亦會將王船上的添儎品拿到前方溝邊焚燒，形成有應公廟內有王船及燒添儎的特殊現象。[59]

　　值得一提的，還有佳里六安里城隍廟，其位在菜寮溪邊，創建於清道光年間（1821-1850），原為供奉枯骨的土地公廟，1986年因庇祐附近路段不再發生車禍，土地公升格為城隍爺，也重建成現今廟宇。[60]該廟為一樓拜亭式宮廟建築，空間較大，左右有鐘鼓樓，前面還有廟埕；廟內除主祀城隍爺外，尚陪祀吳府仙姑、聖德正神（五音大帝），皆是由有應公所轉化。數年前因經營不善，曾一度荒廢，2021年初由安溪城隍系統的東石陰陽法刑宮接手經營，重新整理空間環境，也迎請安溪大、二城隍入廟奉祀，並積極辦理道務，提供觀元辰宮、還地庫、祭改補運等服務，吸引不少外地信徒前來問事，幾已完全褪去有應公廟的色彩。

　　由此來看，這些由有應公轉化而來的城隍廟，有的已經轉化完成，與一般神廟無異；有的則在轉化之中，從其廟名、廟體建築、奉祀形式與神明來歷等，仍多少可看得出原來有應公廟的性質。但不論轉化的程度如何，它們都是朝城隍廟轉型發展，顯示「水鬼變城隍」的觀念深植人心，也透露民間有將會作祟的有應公，轉化成管束眾鬼、保衛村庄的城隍之意圖。

59　許献平，《臺南市北門區有應公廟採訪錄》（臺南：鹽鄉文史工作室，2013），頁203-209。

60　許献平，《臺南市鹽分地帶有應公信仰研究》，頁125。

佳里六安里城隍廟。

㊅ 信仰特色

　　明清時期城隍信仰的制度化,不僅使各地方層級皆有官建城隍廟,也讓城隍廟被賦予鮮明的官方色彩,對應人間的官僚體系,即使帝國時期終結後,仍並未改變此一特質。另一方面,自明代中葉以後,官建城隍廟的各項制度也逐漸鬆動,從禮制規定的自然神,朝民間習慣的人格神發展,各地亦出現許多民建的城隍廟。如將上述臺南地區各類型的民建城隍廟,與明清以來的官建城隍廟相比較,大致可歸納出以下幾個信仰特色。

　　其一,明清時期規定各府、州、縣建城隍廟,奉祀當地專屬的城隍神,管轄範圍即其所屬之行政區。但隨著此一信仰的民間化與地方化,官建城隍廟亦出現分香

外地的現象，其中以安溪城隍的香火傳播最廣。清初安溪城隍廟的香火被帶至臺灣，在嘉義鹿草興建中寮安溪城隍廟，再將此一信仰傳播至全臺各地，臺南鹽水竹安宮、白河內角太城宮即由此而來；北門二重港、三寮灣城隍宮的香火，亦可能來自安溪；佳里六安里城隍廟則在轉型經營後，亦有安溪城隍進駐。另外，官建的永寧城隍廟，先分香至石獅，再由石獅分香至海內外各地，府城米街忠澤堂即由此分靈而來，並與石獅祖廟保持密切的連結。

其二，這些由原鄉分香的民建城隍廟，其主神的管轄範圍，自然不再涵蓋整個府或縣，而是局限於某個村庄或角頭，如白河內角太城宮；甚至有的前身為私壇，即使現今發展成公廟，仍未形成自身的轄境，如忠澤堂即是。不過，城隍神猶如各級地方首長，掌管境內公共事務的形象，依然深植人心，以致在臺南出現不少「城隍境主」，其介於官僚體系的城隍與土地公之間，作為一個鄉鎮級以下轄境的守護神，如佳里四安宮、七股頂潭寮永安宮、將軍檳榔林昌安宮等，形成與福建地區不同的「境主神」認知。

其三，明洪武 3 年（1370）改制將城隍定位為自然神，去除所有封爵稱號，並以木主取代神像。此一制度雖延續至清代，但從明代中期以後，許多官建城隍廟又恢復塑造神像，並賦予其稱號，造成禮制規定與實際執行的明顯分歧。[61] 例如清代福建安溪城隍廟即稱其神為「顯佑伯主」，且不僅供奉城隍神像，還多達 5 尊，稱為「五舍公」。臺南地區除安溪系統的城隍廟外，佳里四安宮、七股下看坪境安宮、府城小南城隍廟、小北鎮山城隍廟等廟，亦皆祀有多尊城隍。另外，有幾間城隍廟會凸顯其主神的封爵稱號，如忠澤堂的石獅城隍被封為「忠佑侯」，小南城隍廟的二城隍朱一貴受封「臺南州城隍綏靖侯」、恩隍宮的城隍神更被封為威靈公、昭靈帝；而多間由有應公轉化的城隍廟，也都強調曾獲玉帝敕封才能升格。這些都呈現城隍神作為國家信仰的正統性，即使現今已無皇帝敕封，仍藉由神界的玉帝來賦予之。

其四，由於城隍被視為與陽間官員對應的冥界行政官，也因此常流傳與地方有關的忠臣、循吏或歷史名人，死後出任城隍的傳說。但在臺南的民建城隍廟中，除小南城隍廟的二城隍是歷史名人朱一貴外，其他多為死於非命的無祀孤魂，明顯有

---

61 詳見濱島敦俊著，朱海濱譯，《明清江南農村社會與民間信仰》，頁 114-129。

受到「水鬼變城隍」的傳說影響，神格與形象亦與官祀城隍神迥異。另外，明清時期將城隍定位為自然神，自無神誕日可言，但隨著其逐漸人格神化，也開始有聖誕日，且因擔任各地城隍的神靈不同，其聖誕日亦不一。臺南民建城隍廟的聖誕日，除安溪、石獅城隍為農曆5月28日外，其他亦各有差異，有的依神明指示，有的則以神像開光日或新廟落成安座日，並無「標準化」的規則。值得注意的是有多間廟為農曆5月11日，此正是臺南府城隍廟的聖誕日，似有意藉此比附府城隍，提升自身的地位與正統性。

其五，官建城隍廟猶如衙門一般，內部除主祀城隍神外，尚會配祀城隍夫人、文武判官、謝范將軍（日夜巡遊）、牛馬將軍、班頭、捕快、排爺、枷爺、鎖爺及六司、十二司或廿四司等幕僚。在臺南的民建城隍廟中，除刻意提升自身正統地位的恩隍宮，具有較完整城隍體系的配祀神外，其他大多僅配祀謝范將軍或文武判官，少數有城隍夫人，並無班頭、捕快、衙役及各司幕僚，但有兩廟配祀什家將或有其陣頭，亦具有捕快衙役之功能。又由於城隍為陰間司法審判官，亦有廟內供奉地獄司法神者，如內角太城宮同祀二殿楚江王、恩隍宮配祀十殿閻羅。當然這些城隍廟作為地方公廟，亦會因應信眾的習慣與需求，供奉媽祖、王爺、廣澤尊王或太子爺等常見神明。

其六，傳統官建城隍廟有教化黎民、輔助施政的功能，亦會因應陰間司法審判官的職能，而有舉行告陰狀、立誓詛咒等神判儀式。在臺南的民建城隍廟中，已幾乎無此功能及儀式，大多是在處理境內的大小事務。不過，城隍掌管陰間、對治鬼魂的形象，依然深入人心，也使這些廟宇多有提供問事服務，解決個別信徒因鬼魂作祟而引發的疾病與災厄。另外，這些城隍廟會參與地方的重大活動，如西港仔香、土城仔香、蕭壠香等等，也會與周邊的廟宇交陪往來，但與其他城隍廟的互動較少，除七股唐明殿藉由加入全國城隍廟聯誼會，擴展與其他城隍廟的交陪網絡外，僅有小北鎮山城隍廟偶而會到首邑縣城隍廟謁祖進香。較值得注意的是，鹽水竹安宮、忠澤堂與福建安溪、石獅祖廟，仍保持緊密的連結，在兩岸城隍信仰交流發揮一定的作用。

㈦ 結語

　　本文就臺南地區 30 間民建城隍廟進行初步考察，依其香火緣起、祀神來歷與稱號，區分為安溪城隍、石獅城隍、城隍境主、有應公轉化等四種類型，並與明清以來的官建城隍廟相比較，指出其在原鄉分香、轄境範圍、神像數、封爵稱號、成神者、神格形象、聖誕日、配祀神明、儀式活動、交陪網絡等特色。這些有來自整體城隍信仰民間化與地方化的演變，亦有受本地特有環境及宗教習慣之影響，不論就類型與信仰形式來看，都與中國各地有所不同。

　　在調查研究過程中，亦衍生出不少新的問題，如安溪與石獅城隍的聖誕日都是農曆 5 月 28 日，祖廟也都供奉 5 尊城隍神尊，由於永寧、石獅所在的晉江，亦為安溪城隍信仰擴展的範圍，是否在當地即有受其影響，值得進一步追查。又如「城隍境主」究竟是一神或兩神？是城隍擔任境主，或是境主冠上城隍稱號？祂與非城隍廟內所奉祀的境主公有何異同？福建地區是否亦有以城隍作為境主神之案例？[62]再如臺南地區最多的有應公轉化類型，是本地特有的現象，抑或全臺民建城隍廟亦多如此？本地有應公除轉化為城隍外，尚有許多轉化為元帥、將軍與土地公等，兩者的轉化歷程與理由是否有所不同？這些亦有必要從臺南擴展至全臺，乃至福建安溪、石獅等地做深入的調查，方能更清楚掌握城隍信仰的發展軌跡與整體面貌。

62　審查委員指出境主公的城隍神（如西港慶安宮）與作為祭祀圈類型的地方公廟主神「境主」之基本區別是：「城隍境主的境原指城池空間，轉化為人格神並分靈至各地後，其境主的境已無空間意涵，單純成為神明的名稱或代稱，例如西港慶安宮隨明鄭移民攜來的境主公即是；而祭祀圈以五營界定的空間（香境），由地方公廟主神管轄，此一主神即成為該香境的境主，有時也被稱為境主公（例如臺南永康大灣七個里公廟廣護宮主神廣惠聖王在當地被稱為境主、境主公、王公爺，香境內的城隍宮城隍神不敢自稱境主公）。因城隍神產生的城境境主，以及祭祀圈性質的香境境主，兩者在移民原鄉的閩南地區即已存在。」此一說法頗能解釋為何民間會有兩種不同的「境主」，但如以此區分，則又難以說明為何安溪、石獅分靈的城隍廟，並未自稱其主神為「境主」，這些問題有待後續進一步研究。

歸仁區有應公信仰及其特色

許献平 *

● 前言

人生必有死，死必成鬼。《禮記‧祭法》云：「人死曰鬼」，[1]《孔子家語‧哀公問政》亦云：「夫生必有死，死必歸土，此謂鬼。」[2] 而《春秋經傳集解》則云：「鬼有所歸，乃不為厲」，[3] 成為臺灣有應公信仰的基本理念：「人死無祀，即成厲鬼，遊食四方，危害社稷；若有所歸，乃不為厲，立祠祭之，有求必應。」[4]

王志宇將鬼分成兩類，一為善鬼，一為惡鬼。善鬼亦稱「有緣鬼」，能得到後代子孫的祭祀，而成為祖靈；惡鬼又稱「無緣鬼」、「厲鬼」，因無人祭祀，而淪為孤魂野鬼，[5] 而這些無祀孤魂，便是臺灣有應公厲鬼信仰的對象。

所謂無祀，是指未建祠廟前為無香火奉祀的狀態；所謂孤魂，是指無主、無後嗣，或子孫雖存在陽世，但卻不知先人遺骸、墳塋所在的野鬼。因此，孤魂野鬼來自無祀神主和無主枯骨。

臺灣民信認為人有三魂七魄。三魂為元靈、生魂及覺魂；生魂與覺魂，是肉體生出的靈，是器官的形體；魄，是器官的作用。人死，魄散，而三魂各有所歸。元靈不滅，在地府依生前所造諸業，接受審判，六道輪迴，自有所歸；覺魂歸附神主，接受後代子孫香火奉祀，若後代子孫因「倒房」（絕嗣）或其他原因沒繼續奉祀，則仍將淪為「依草附木，作祟求食」的孤魂野鬼；生魂附歸枯骨，有子孫奉祀的魂靈會安居墳塋，沒子孫奉祀的魂靈則淪為孤魂野鬼。

臺灣有應公信仰源自清領時期（1683-1895）「掩骼埋胔」之禮。

鄭氏東寧王朝（1662-1683）滅亡後，清廷為防備臺灣再淪為盜賊亂民的據點，除將鄭氏官員內遷外，並頒布渡臺禁令以孤立臺灣，欲來臺者必須先在原籍地申請渡行許可證，獲准渡臺者亦不准攜帶家眷。但因閩粵的生活條件差，而臺灣可供開墾的土地多，且能夠短期致富，因此移民一波波偷渡來臺，構成日後臺灣的主要

---

* 　文史研究者、鹽鄉文史工作室負責人

1　陳澔（元），《禮記集說》（臺北：世界書局，1965），頁 253。

2　王肅（漢），《孔子家語》，收錄羅愛萍主編《百子全書 1》（臺北：黎明文化，1996），頁 93。

3　杜預（晉），《春秋經傳集解》（臺北：新興書局，1989），頁 307。

4　黃文博，《臺灣冥魂傳奇》（臺北：臺原出版社，1992），頁 185。

5　王志宇，〈臺灣的無祀孤魂信仰新論——以竹山地區祠廟為中心的探討〉，《逢甲人文社會學報》第 6 期（臺北：逢甲社會科學院，2003/05），頁 184。

居民。

　　但在昔日船舶與航海技術不發達的年代裡，橫渡凶險的黑水溝，往往因船難葬身魚腹，遇上海盜而犧牲性命，或偷渡不成而遭遣返，因此有「六死三留一回頭」的俗諺流傳。渡臺之後，除了篳路藍縷，以啟山林的艱辛外，還得面對天災、疾病、人禍等的侵擾，所造成生命財產的威脅。諺語說「唐山過灣，心肝結規丸」，說明移民或偷渡客命運未卜的悲沉心情。

　　由於移民禁令不准攜眷來臺，使得早期來臺者幾乎清一色是單身漢，他們一般知識程度不高，屬於中下層的游民，他們沒有家產，沒有固定的工作，也沒有固定的住宿處，常常借寺廟棲身，他們就睡在後殿或偏殿的羅漢爺腳下，因此被稱為「羅漢腳」（羅漢腳仔）。

　　這些羅漢腳隻身在臺謀生，舉目無親，生病無錢延醫，無人照顧，最後客死異鄉，死後又乏人料理後事，枯骨暴露荒野，任憑風吹雨打太陽曬，成為孤魂野鬼，因此民間善心人士基於憐憫及害怕他們在人間作祟的心理，幫忙掩埋，立祠祀之，這是有應公產生的原型。

　　那些渡海來臺並幸運抵達臺灣的羅漢腳，或從事商貿，或參與墾拓，或替人幫傭，或挾技遊食四方，或淪為盜賊，他們之中，有的幸運能在平安返回中國原鄉，有的在這個島嶼成家立業，並終老、埋骨於此，成為「開基祖」；有的則來不及返鄉，也來不及留下子嗣，便已斃命。由於漢人有安葬故土的習俗，如何將死者運回本籍，或就地安葬，就成為清領時期在臺政府的重要工作之一。基於這種需求，在當時就形成一套寄棺、運骸、寄柩、設義塚、立祠祀的制度。[6]

　　但是當時有姓名、籍貫可查，由官方運送回中國的死者並不多，絕大多數是無名無姓，或無親屬出面認領的魂斷異鄉客，他們的歸宿，就是散佈在臺灣各地的義塚。[7]為了讓這些亡魂有所安頓，不成為人人懼怕的厲鬼，清代官方「祀典」中便有設「厲壇」與「祭厲」的規定。[8]臺灣的有應公信仰，便是源於清代祭厲和義塚的普設。

　　「祭厲」是中國歷代政府的重要政策，在臺灣，大清政府也實行祭厲制度，在府

6　盛清祈，〈清代本省之喪葬救濟事業〉，《臺灣文獻》22：02，頁28-48。
7　余文儀纂修，《續修臺灣府志》，卷2，〈義塚〉，（南投：臺灣省文獻委員會，1993），頁115-117。
8　盛清祈，〈清代本省之喪葬救濟事業〉，《臺灣文獻》22：02，頁28-48。

州設置郡厲壇，在縣設置邑厲壇，在鄉設立鄉厲壇，前兩個層級的厲壇是由官方設置，而鄉厲壇主要由民間設立，部分也由官方出資設立。所以祭厲制度是一個三級的制度，兩個官方，一個民間。厲壇的形制，基本上是個高出地面約 2 公尺的露天祭臺，不能遮風避雨，也不是用來停放棺柩的。但民間的鄉厲壇卻是以廟宇形制取代平臺，於是厲壇變成了可以停放棺木的地方。[9]《續修臺灣縣志》記載：「**大眾壇（即舊南壇）、萬緣堂、同歸所：俱在大南門外，（康熙五十五年里眾建。壇前祀厲鬼，後奉佛。其右為萬緣堂，寄貯遺骸，男東女西。又買隙地為同歸所，以瘞枯骨。乾隆三十年，里人陳朝樑輩倡修，碣石記其事）。」**[10] 可見概略。

清領時期有「掩骼埋胔」之禮，也旌表民間收瘞遺骨之舉，臺灣民間也熱衷於設置義塚來收埋這些無主枯骨，民間通稱為「老大公」、「萬善同歸」等，並建立祠廟來奉祀這些無後孤魂，形成臺灣崇祀無主孤魂信仰蓬勃發展，也是臺灣最典型的在地化民間祭典活動。

無祀祠祭從清領步入日治之際，發生了「有應公信仰轉化的現象」，戴文鋒在〈臺灣民間有應公信仰考實〉一文中，從名稱、數量、目的和內容等四個方面描述了這個轉化的現象。在名稱方面：清代文獻對無祀孤魂，或稱「大眾」，或稱「萬應」，但不曾出現「有應公」這一詞彙，「有應公」一詞是日治之後才出現的。在數量方面：日治時期的有應公廟數量，遠多於清領時期。在目的方面：清領時期無祀祠祭祀的讓「鬼有所歸」，到日治時期轉化為「祈願求應」。在內容方面：日治之後無祀祠民間色彩轉濃，清領時期無祀祠中寄棺柩的情況逐漸消失。[11] 陳緯華進一步指出，當孤魂從「可憫／撫慰」轉化為「陰報／求應」，是期望返鄉的亡者，轉變為不再具有返鄉意識的當地先人，是為「孤魂的在地化」，[12] 也是臺灣有應公信仰的第一次轉型。臺灣有應公信仰的第二次轉型，則為孤魂的「神格化」。

王志宇認為：厲鬼信仰的有應公是「發展中的神靈」，會隨著地方社會的變遷，或信仰本身的條件升格為神祇。[13] 也就是說屬厲鬼的有應公，會隨著社會變遷或本身條件，由陰神、小神、邪神升格為陽神、大神、正神，而屬陰廟、小廟的有應公

---

9 陳緯華，〈孤魂的在地化：有應公廟與檯灣社會地緣意識之轉變〉，謝國興編《進香·醮·祭與 社會文化變遷》（臺北：國立臺灣大學出版中心，2019），頁 378-379。

10 謝金鑾，《續修臺灣縣志·卷二·政志·義所》（南投：臺灣省文獻委員會，1993），頁 91。（乃原典所有，非筆者所加。）

11 戴文鋒，〈臺灣民間有應公信仰考實〉，《臺灣風物》46:04(臺北：臺灣風物雜誌社，1996/12），頁 53-102。陳緯華，〈孤魂的在地化：有應公廟與臺灣社會地緣意識之轉變〉，謝國興編《進香·醮·祭與社會文化變遷》，頁 374-375。

12 陳緯華，〈孤魂的在地化：有應公廟與臺灣社會地緣意識之轉變〉，謝國興編《進香·醮·祭與社會文化變遷》，頁 399-406。

13 王志宇，〈臺灣的無祀孤魂信仰新論 - 以竹山地區的祠廟為中心的探討〉《逢甲人文社會學報第 6 期》（臺北：逢甲大學人文社會學院，2003/05），頁 201。

廟，也會升格為陽廟、大廟，甚至香火廟。陰廟變陽廟，李亦園提出牌位、三面壁、祭品、冥紙、祭期、管理、分香、光明燈、籤詩和汙染防避等十個指標，[14] 李豐楙也提出十二項觀察指標。[15]

有應公是發展中的神靈，臺南大地的厲鬼，也遵循著這些指標在蛻變為神祇，厲祠或成為庄廟、角頭廟，甚至是香火廟，如四草大眾廟、七股區十份村正王府、七股區看坪里境安宮、佳里區安西里鎮西宮等，都是陰廟變陽廟的典型例子。根據學者的觀察指標，歸仁區七甲里「孝順宮」小祠主祀佑民千歲，已發展成陽神，而「孝順宮」也即將重建，邁向陽廟之林。

有應公信仰在臺灣蓬勃發展，以鹽分地帶六個區為例，計有有應公廟 240 間，[16] 平均每個區有 40 間，不可謂不多，這是沿海地區的信仰狀況；山區的情況也不惶多讓，關廟區有 40 間，[17] 剛好在平均值上，而左鎮區則多達 60 間，[18] 比沿海地區有應公廟數最多的北門區 57 間還多，[19] 但在與山區接壤的歸仁區則僅有 25 間，算是有應公信仰較薄弱的地區。本文便是根據田野調查結果，來探討歸仁地區有應公信仰及其特色。

⚪二 歸仁地區有應公信仰概況

歸仁區位於二仁溪以北至許縣（寬）溪的地帶，東鄰近山與平原交界的關廟區，南隔二仁溪與高雄市阿蓮區、路竹區相望，西接平原地帶的仁德區，北與永康區、新化區接壤；轄境內皆平原，總面積 55.79 平方公里，戶籍數有 2 萬 3218 戶，人口數 6 萬 8228 人，[20] 轄有歸仁、後市、看東、看西、許厝、辜厝、八甲、七甲、媽廟、西埔、大廟、南興、六甲、崙頂、武東、大潭、沙崙、歸南、文化和新厝等 21 個里，共有有應公廟 25 座，各里有應公廟數詳如下表：

14　李亦園，《田野圖像：我的人類學生涯》（臺北：立緒文化，1999），頁 319-322。

15　李豐楙、賴政育、葉亭妤撰，《鬼府神宮 ── 基隆市陰廟調查》（基隆：基隆市立文化中心，2000），頁 29-30。

16　拙著《臺南市鹽分地帶有應公信仰研究》記載數量是 239 座，後補遺珠將軍廣山「先天吳府」小祠 1 座，總計 240 座。許献平，《臺南市鹽分地帶有應公信仰研究》（臺南：鹽鄉文史工作室，2012），頁 14；許献平，〈將軍區頂山仔腳吳和齋古墓碑，附《將軍鄉有應公廟採訪錄》補遺 - 廣山里「先天吳府」小祠〉，《臺南文獻》第 9 輯，2016 年 6 月，頁 194-200。

17　許献平，《臺南市關廟區有應公廟採訪錄》（臺南：鹽鄉文史工作室，2019），頁 18。

18　許献平，〈臺南市左鎮區有應公廟採訪錄〉，未刊稿。

19　許献平，《臺南市北門區有應公廟採訪錄》（臺南：鹽鄉文史工作室，2013），頁 19。

20　資料來源：歸仁區公所戶政事務所官網 2020 年 8 月統計資料 https://web.tainan.gov.tw/Gueiren/News_population.aspx?n=9100&sms=14165

【 表 2-1 】歸仁區各里有應公廟統計表（單位座）

歸仁	後市	看東	看西	許厝	辇厝	八甲	七甲	媽廟	西埔	大廟	南保	南興	六甲	崙頂	武東	大潭	沙崙	歸南	文化	新厝	合計
0	1	2	0	0	0	1	3	1	1	1	0	0	2	1	4	3	4	1	0	0	25

　　從表 2-1 可以看出，有應公廟數最多的是武東里和沙崙里等 2 里，各有 4 座；其次是七甲里、大潭里等 2 里，各有 3 座；再其次是看東里、六甲里等 2 里，各有 2 座；後市里、八甲里、媽廟里、西埔里、大廟里、崙頂里及歸南里等 7 里，各有 1 座；而歸仁里、看西里、許厝里、辇厝里、南保里、南興里、文化里及新厝里等 8 個里則沒有。

　　歸仁區全境為平原地形，「182 線道路」（中山路）橫貫歸仁區。「182 線道路」是臺南府城往仁德、歸仁、關廟、龍崎、高雄內門地區的交通要道，沿線大型聚落林立，是歸仁的主要街道。從表 2-1 可以看出，與「182 線道路」接壤的歸仁、後市、看東、看西、許厝、辇厝、新厝、南保、南興、歸南和文化等 11 個里境內，有應公廟總共 4 座，僅佔歸仁區有應公廟的 16%；反觀遠離街市中心的 10 個里境之有應公廟計 21 座，佔全區的 84%，很清楚的說明歸仁地區有應公信仰，在開發度高的「182 線道路」沿線街市中心較薄弱，而在遠離街市中心開發度較低的區域，有應公信仰較為發達。

　　再就以「182 線道路」（中山路）沿線街市中心的 4 座有應公廟來看，看東里 2 座，佔 50%；後市里 1 座、歸南里 1 座，各佔 25%。看東里遠在荷蘭時期（1624-1662）就已開發，為荷人「赤崁農業區」15 個農場之一的「舊社口農場」，並逐漸發展成為漢人屯墾區與漢人移民聚落；由於「赤崁農業區」的開發有成，荷蘭人更從赤崁地區開闢數條通往歸仁、關廟一帶的道路。[21] 其中一條，向東北行至仁德里崁頂轉東至羌市（仁德），經歸仁松仔腳（歸仁南興）、後市（歸仁仁壽宮所在）後，抵達當時重要的街市—舊社街（歸仁看東），之後再越過香洋仔山，可通往關廟中部盆地的小香洋民社、深坑仔等地。[22] 這個清初府治以東唯一的街肆，卻在嘉慶年間發生漳泉

21　吳建昇，〈日治以前關廟地區的歷史發展〉，《臺南文獻》第 14 輯（臺南：臺南市政府文化局，2018/10），頁 13。
22　石萬壽，〈明清臺灣中路交通的變遷〉，《東海大學歷史學報》第 9 期（臺中：東海大學歷史學　系，1988/03），頁 43。

械鬥，漳州人不敵向東移入關廟，而逐漸走向衰微，後又因瘟疫流行、居民四散，竟成一廢庄。舊社街所在的看東里，終成今日「182線道路」（中山路）沿線街市中心開發度最低的里，反映在有應公信仰上，則是最發達的。

此外，「182線道路」（中山路）將歸仁區分割成南北兩大區塊，扣除開發度高的街市中心11個里外，北區有七甲、八甲、媽廟、西埔和大廟等5個里，南區有崙頂、六甲、沙崙、武東和大潭等5個里。北區因有許縣溪與抽取地下水灌溉，可種植水稻，戰後又被劃為特定農業區，因而維持農村聚落形態；南區地勢較高，境內缺乏河川，而緊鄰的二仁溪，因河水太深與水質不佳而無法灌溉，土質以不肥沃的粗質砂土為主，自古以來即以旱作為主，聚落少且規模小，而成為車路墘製糖所原料區。[23]

從表2-1可以清楚看出，北區5里共有有應公廟7座，佔全部的28%；南區5里共有有應公廟14座，佔全部的56%。由此可見，聚落少且規模小的南區5里製糖所原料區的有應公信仰，比農村聚落型態的北區5里有應公信仰要蓬勃許多。

如果將歸仁區有應公廟信仰與關廟區有應公廟信仰做比對，[24]可以得出一個結論：就山區與平原而言，有應公信仰，山區比平原發達；就開發度高低而言，開發度低的區域比開發度高的街市中心發達。也因此，區境為淺山及丘陵地的關廟區，全境有應公廟高達40座，而區境全部為平原的歸仁區，全境有應公廟僅有25座。

如果以沿海地區的鹽分地帶6個區總共有有應公廟240座，平均每個區有40座為基準，[25]歸仁區僅有25座，在南瀛大地，屬於有應公信仰較為薄弱的地區。

（一）歸仁區有應公的分類

清康熙35年（1696）高拱乾纂輯的《臺灣府志》，收錄有一篇清季縣官通用的〈邑厲壇祝文〉，說明厲鬼的成因，其文曰：

> 尚念冥冥之中無祀鬼魂，昔為生民，未知何故而殁？其間有遭兵刃而橫傷者，有死於水火、盜賊者，有被人取財而逼死者，有被人強奪妻妾而死者，有遭橫禍而

---

23 王昭驊，〈臺南市歸仁區的聚落變遷與發展（1895-2016）〉，《中國地理學會會刊》第59期（新 北：中國地理學會，2017/12），頁35。

24 關廟區街市中心有應公僅佔全區7.5%，而開發度較低的山區佔92.5%。詳見許献平《臺南 市關廟區有應公廟採訪錄》（臺南：鹽鄉文史工作室，2019），頁19。

25 許献平，《臺南市關廟區有應公廟採訪錄》，頁18。

負屈死者有天災流行而疫死者，有為猛獸、毒蟲所害者，有為饑餓凍死者，有因戰鬥而殞身者，有因危急而自縊者，有因牆屋傾頹兒壓死者，有死後無子孫者；此等鬼魂，或終於前代、或歿於近世，或兵戈擾攘流移於他鄉，或人煙斷絕久闕其祭祀。姓名泯歿於一時，祀典無聞而不載。[26]

該祝文列舉各種凶死的方式，並指出「無祀」的孤魂野鬼是厲鬼的成因。林富士將「有應公」依其死亡原因分成：族群戰爭下的犧牲者、兵戈擾攘下的亡魂、大自然反噬下的死者、被遺棄與被遺忘的死者等四類。[27] 李豐楙則提出無後乏嗣的「非常死者」與橫死、冤死的「非自然死者」的概念，說明厲鬼形成原因。[28] 劉還月將「有應公」的形成原因分為：路倒病死無人收埋者、墓地一帶的無主枯骨、水流淹死無人收屍者、戰亂而死無人收屍者、凶禍而死冤魂不散者、其他特殊死亡無人理會者等六大項。[29] 以上諸學者的分類，都未盡周全。

黃文博將所有可能形成厲鬼的原因，分成 13 類，[30] 但仍有重疊及不足處，筆者根據黃文博的分類，增刪為 12 類，各類定義如表 2-2。

【表 2-2】有應公的分類與定義

編號	類別	成因
1	野墓有應公	凡因「枯骨」而來的，如無主枯骨，或野墓得之、或犁田得之、或挖路得之，或骨罈（金斗甕）得之等均屬之。
2	水流有應公	凡因水災或溺水而亡者均屬之。
3	戰亡有應公	凡因械鬥、民變或戰事而亡者均屬之。
4	自殺有應公	因自殺而成神的「有應公」。
5	殉職有應公	因開山築路、鑿洞開壩殉難的「有應公」。
6	車禍有應公	因車禍死亡而產生的「有應公」。
7	倒房有應公	因絕嗣而由鄰居或庄人立祠供奉的「有應公」。

26　高拱乾，《臺灣府志》（1694）（南投：臺灣省文獻委員會，1995），頁 182。
27　林富士，《孤魂與鬼雄的世界》（新北：臺北縣立文化中心，1995），頁 21-52。
28　李豐楙，〈從成人之道到成神之道——一個臺灣民間信仰的結構性思考〉《東方宗教研究》，新 4，頁 183-210。
29　劉還月，《臺灣民間信仰小百科・廟祀卷》（臺北：臺原出版社，1994），頁 55。
30　黃文博，《臺灣人的生死學》（臺北：常民文化，2000），頁 216-235。

【表 2-2】有應公的分類與定義

編號	類別	成因
8	囡仔有應公	與嬰兒或小孩有關的「有應公」。
9	家神有應公	凡是去世後被其後代子孫以「神主牌」形式供奉，後來因成神要求立祠供奉的「有應公」。
10	外國人有應公	供奉外國人的「有應公」。
11	牲畜有應公	凡是以「牲畜」為對象的「有應公」。
12	繚繞有應公	凡是沒有其他屬性的孤魂野鬼因得地理而成神且蓋祠廟者均屬之。

　　歸仁區經筆者地毯式搜索，計得有應公廟 25 座，其分類如表 2-3。該分類是根據各有應公廟的主祀神明為對象，不包含各有應公廟的副祀神明。

【表 2-3】歸仁區有應公分類一覽表

里名	祠名	主祀神明	類別
後市里	1.「三元帥」小祠	三元帥	野墓有應公
看東里	1.「小元帥公」小祠	小元帥公	囡仔有應公
	2.「朱元帥」小祠	朱元帥	野墓有應公
八甲里	1.「元帥廟」小祠	元帥公	野墓有應公
七甲里	1.「元帥廟」小祠	李元帥	野墓有應公
	2.「吾主大元帥」小祠	吾主大元帥	野墓有應公
	3.「孝順宮」小祠	佑民千歲	野墓有應公
媽廟里	1.「媽廟亭」小祠	聖公伯	野墓有應公
西埔里	1.「方元帥」小祠	方元帥	戰亡有應公
大廟里	1.「郭元帥」小祠	郭元帥	野墓有應公
六甲里	1.「園仔尾廟」小祠	萬應公媽	野墓有應公
	2.「萬善公」小祠	萬善公	戰亡有應公
崙頂里	1.「五相公」小祠	五相公	野墓有應公

【表 2-3】歸仁區有應公分類一覽表

里名	祠名	主祀神明	類別
武東里	1.「菩元帥」小祠	菩元帥	縹緲有應公
	2.「童子軍廟」小祠	童子軍	囡仔有應公
	3.「萬應公」小祠	萬應公	水流有應公
	4.「刺桐巷廟」小祠	萬應之公	縹緲有應公
大潭里	1.「萬善爺」小祠	萬善爺	野墓有應公
	2.「萬應公」小祠	萬應公	縹緲有應公
	3.「保安堂」小祠	尊聖公媽	野墓有應公
沙崙里	1.「元帥宮」小祠	萬應元帥公	野墓有應公
	2.「萬善公祠」小祠	萬善公	縹緲有應公
	3.「黃元帥」小祠	黃元帥	倒房有應公
	4.「萬應公」小祠	萬應公	野墓有應公
歸南里	1.「竹林廟」小祠	香媽娘娘	野墓有應公

　　從表 2-3 可以看出，歸仁地區有應公廟計有：野墓有應公、囡仔有應公、戰亡有應公、縹緲有應公、倒房有應公及水流有應公等 6 類，各類所占比率如表 2-4。

【表 2-4】歸仁區有應公各類別統計、百分比一覽表

序號	類別	數量（座）	百分比（%）
01	野墓有應公	15	60
02	戰亡有應公	02	8
03	囡仔有應公	02	8
04	縹緲有應公	04	16
05	水流有應公	01	4
06	倒房有應公	01	4
合計		25	100

從表 2-4 可以看出歸仁區的「野墓有應公」共有 15 座，佔全區的 60%，居整個歸仁區有應公廟之冠；其次是縹緲有應公，有 4 座，佔全區的 16%；再其次是戰亡有應公和囡仔有應公，各有 2 座，各佔全區 8%；而水流有應公與倒房有應公各有 1 座，各佔全區 4%。

從田野調查中發現，歸仁區「野墓有應公」有三個來源：其一，是來自亂葬崗或公墓；其二，是機場的創建；其三，是來自拓墾時挖到的枯骨。

來自亂葬崗或公墓的有：後市里「三元帥」小祠、看東里「朱元帥」小祠、八甲里「元帥廟」小祠、七甲里「元帥廟」小祠、七甲里「孝順宮」小祠、崙頂里「五相公」小祠、大潭里「保安堂」小祠、沙崙里「萬應公」小祠等。

來自機場的創建的有：七甲里「吾主大元帥」小祠、媽廟里「媽廟亭」小祠、大廟里「郭元帥」小祠等。

來自拓墾時挖到的枯骨的有：看東里「朱元帥」小祠、六甲里「園尾廟仔」小祠、沙崙里「元帥宮」小祠、歸南里「竹林廟」小祠等。由於歸仁區正處於都會區化的蛻變時期，重大公共建設如高鐵站、高鐵鐵路以及「臺 84 線」東西快速公路等，挖掘到的骨骸，則集中到沙崙里納骨堂建「萬應公」小祠奉祀。

從表 2-4 可以看出歸仁區的「縹緲有應公」計有：武東里「菩元帥」小祠、武東里「刺桐巷廟」小祠、大潭里「萬應公」小祠和沙崙里「萬善公祠」小祠等 4 座，是歸仁地區有應公第二多的類別。

表 2-2 有應公的分類與定義中，關於「縹緲有應公」的定義，是「凡是沒有其他屬性的孤魂野鬼因得地理而成神且蓋祠廟者均屬之」，這個定義實際包含著「不知其緣由，以及無法歸類」的有應公。不知其緣由，因其創建年代久遠，老成凋零，已無人知其創建緣由，如大潭里「萬應公」小祠；無法歸類的，如武東里「菩元帥」小祠；至於武東里「刺桐巷廟」及沙崙里「萬善公祠」小祠，則因靈感事件而創建的。

（二）歸仁區有應公廟的祭典日

臺灣民間稱有應公廟為「小廟仔」，因此把有應公廟的祭典日稱之為「小廟仔生」。「小廟仔生」時信徒會準備飯菜、小三牲、銀楮祭拜之。祭拜神明用全雞、魚、豬肉的三牲，而祭拜有應公則用小三牲，顧名思義就是比三牲小一些，即用雞蛋代替全雞，也有用豆干代替魚，加上一小塊豬肉的組合。

臺灣民間有一句玩笑話說：「欠你錢，等應公仔做戲才閣還。」這是耍賴，擺明欠錢不還，因為依民間慣俗有應公廟是不演戲的。但隨著社會變遷，「小廟仔生」演戲已司空見慣，更有好戲連棚的，像嘉義縣鹿草鄉的「余慈爺」小祠祭典日演戲酬神的戲臺，每年都超過 200 棚，[31]「小廟仔生」演戲已成有應公廟祭典日的常態。

歸仁區有應公廟祭典日詳如下表：

【表 2-5】臺南市歸仁區有應公廟祭典日一覽表

月	日	祠名	神名	里名	備註
1	16	「吾主大元帥」小祠	吾主大元帥	七甲里	
2	10	「三元帥」小祠	三元帥公	後市里	
	12	「菩元帥」小祠	菩元帥	武東里	
	22	「萬善爺」小祠	萬善爺	大潭里	
3	03	「童子軍廟」小祠	童子軍	武東里	
	13	「黃元帥」小祠	黃元帥公祖	沙崙里	
	06	「五相公」小祠	五相公	崙頂里	
	17	「元帥宮」小祠	萬應元帥公、觀音佛祖、關聖帝君、福德正神	沙崙里	
4	23	「元帥廟」小祠	元帥公、福德正神、註生娘娘	八甲里	
	26	「郭元帥」小祠	郭元帥	大廟里	

---

31 許献平，《有求必應 —— 臺灣有應公的鄉野傳奇》（臺南：鹽鄉文史工作室，2021），頁

【表 2-5】臺南市歸仁區有應公廟祭典日一覽表

月	日	祠名	神名	里名	備註
7	12	「萬善公」小祠	萬善公	六甲里	
	15	「萬應公」小祠	萬應公、地藏王菩薩	沙崙里	
	16	「園尾廟仔」小祠	萬應公媽	六甲里	
	16	「刺桐巷廟」小祠	萬應之公、萬應之帥	武東里	
8	03	「媽廟亭」小祠	聖公伯、楊春公、鄭元帥	媽廟里	
	11	「孝順宮」小祠	佑民千歲、濟公師父、玄天上帝	七甲里	
	12	「元帥廟」小祠	李元帥	七甲里	
	24	「萬善公祠」小祠	萬善爺	沙崙里	
10	19	「竹林廟」小祠	香媽娘娘、玄天上帝、福德正神	歸南里	
	20	「小元帥公」小祠	小元帥公	看東里	
11	19	「朱元帥」小祠	朱元帥	看東里	
12	16	「萬應公」小祠	萬應公祖	武東里	
		「方元帥」小祠	方元帥、方二元帥、關聖帝君、太子爺、福德正神	西埔里	
依年節		「萬應公」小祠	萬應公	大潭里	
		「保安堂」小祠	尊聖公媽	大潭里	

　　從表 2-5 可以知道歸仁區有應公廟分成有祭典日和依年節祭拜兩種情形，有祭典日的有應公廟依祭典日的月份，統計如下表：

【表 2-6】歸仁區有應公廟祭典日月份統計表

月份	1月	2月	3月	4月	7月	8月	10月	11月	12月	合計
數量	1	3	4	2	4	4	2	1	2	23

從表 2-6 可以看出，歸仁區有 23 座有應公廟訂有祭典日，祭典日月份以 3 月、7 月、8 月最多，各有 4 座，其次是 2 月，有 3 座。在 7 月的祭典日中，集中在 7 月 15 及 16 兩日，與中元節普度有關係。在 8 月的祭典日中，並未如鹽分地帶及關廟區集中在 8 月 15 日，而是分散在其他日期；在 2 月的祭典日中，同樣並未如鹽分地帶及關廟區集中在 2 月 2 日，而是分散在其他日期；這與歸仁區沒有祠廟以土地公為替代稱號有關，成為歸仁區有應公信仰的特色之一。

　　至於沒有祭典日而依年節祭拜的「萬應公」小祠和「保安堂」小祠等兩座有應公廟，「萬應公」小祠位處沙崙里僻遠的荒郊野外，「保安堂」小祠位處大潭里僻遠的亂葬崗，均人煙罕至，甚至連創建沿革都已湮滅，是筆者田野調查中費時最多，田調區域最廣的兩座有應公廟，[32] 至截稿為止尚有多處疑點待釐清。

（三）歸仁地區有應公廟主祀神明的稱號

　　臺灣民間對於奉祀在「小廟仔」內的無祀孤魂，習慣以「有應公」或「有應公伯仔」呼請之，然而稽之文獻，清代之無祀祠廟並未出現「有應公」一詞，但參諸日治時期記載，均有「有應公」之稱，所以「有應公」一詞當產生在日治時期。[33] 「有應公」一詞最先出現在《臺灣慣習記事》裡：

> 古來在清朝有「掩骼埋胔之禮」，……奉祀香火，以慰無祀之魂魄者，賴其冥護之力，一切諸願必能成就，甚之相傳賭博可得，盜不被發現，所求無不應，必在其堂之楣頭懸掛「有求必應」之布片，「有應公」之名，蓋出於此也。[34]

　　此後，片岡巖的《臺灣風俗誌》、[35] 伊能嘉矩的《臺灣文化志》、[36] 梶原通好的《臺灣農民的生活節俗》[37] 等典籍，也都有同樣的記載。

　　宗教人對神的認識，係以「人」的模式為本，一切都以人間社會為藍圖來推演為神靈界之社會，這種宗教現象，人類學上稱為「擬人化」，因此給予尊稱，就是以「人」的社會生活模式來對待所膜拜的神靈。

32　田野調查時間從 2020 年 5 月 15 日 2021 年 3 月 31 日，田調範圍從歸仁區、仁德區，遠至高雄市阿蓮區。

33　戴文鋒，〈臺灣民間有應公信仰考實〉，《臺灣風物》46：04（臺北：臺灣風物雜誌社，1996/12），頁 65。

34　臺灣慣習研究會，《臺灣慣習記事》（南投：臺灣文獻委員會，1984），頁 119。

35　片岡巖著陳金田譯，《臺灣風俗誌》（臺北：眾文圖書公司，1980），頁 175。

36　伊能嘉矩，《臺灣文化志 • 中卷》（臺北：臺灣書房出版公司，2011），頁 213-214。

37　梶原通好著，李文祺譯，《臺灣農民的生活節俗》（臺北：臺原出版社，1989），頁 47。

「有應公」一詞已由民間通俗稱謂，成為現代研究無祀孤魂的學術通用名詞，其所涵蓋之魂靈名稱龐雜繁多，董芳苑將之分類為：

（1）皇家的稱號：皇、帝、君、王、后、王爺、太子、公主、太監等；

（2）軍事的稱號：元帥、將軍、太保、義勇、馬伕等；

（3）政治的稱號：公爵、侯爵、伯爵、總管、大人等；

（4）家庭的稱號：公、爺、媽、母、娘、夫人、姑等。[38]

歸仁區共有有應公廟 25 間，其祀神的稱號計有千歲、元帥、爺、公、媽、公祖、伯、相公、童子軍等，這些稱號可歸類為：皇家的稱號、軍事的稱號、親屬的稱號及其他等四 4 類。

1. 皇家的稱號

仇德哉在《臺灣之寺廟與神明》中指出：「王爺又稱千歲、千歲爺、老爺、王公、府千歲。」[39] 董芳苑也將千歲與皇、帝、王、后等並列，歸納在「皇家的稱號」範疇內。歸仁區奉祀千歲的無祀祠廟如下表：

【表 3-1】歸仁區奉祀神明為皇家稱號的有應公廟一覽表

序 號	里 別	祠廟名稱	奉祀神明	備 註
01	七甲里	「孝順宮」小祠	佑民千歲	主祀神明

歸仁區奉祀皇家稱號「千歲」的僅有七甲里的「孝順宮」小祠，主祀「佑民千歲」。王志宇認為：屬鬼信仰的有應公是「發展中的神靈」，會隨著地方社會的變遷，或信仰本身的條件升格為神祇。[40] 但戴文鋒則認為：

> 然因係由厲鬼變成神明，所以神格也不能太高，故稱為「元帥」、「將軍」，而不稱為「千歲」（王爺）。[41]

38　董芳苑，《探討臺灣民間信仰》（臺北：常民文化，2004），頁 168。

39　仇德哉，《臺灣之寺廟與神明》（南投：臺灣省文獻委員會，1983），頁 312。

40　王志宇，〈臺灣的無祀孤魂信仰新論 - 以竹山地區的祠廟為中心的探討〉《逢甲人文社會學報第 6 期》（臺北：逢甲大學人文社會學院，2003/5），頁 201。

41　戴文鋒，〈臺南地區民間無祀孤魂轉化為神明的考察〉《臺灣史研究》18：03（臺北：中央研究院臺灣史研究所，2011/09），頁 168。

也就是說，有應公神格提升，可以是將軍，也可以是元帥，就是不可以是千歲。筆者認為：

> 王爺或千歲在民間信仰裡是陽神（大神、正神）的專屬稱號之一，民信裡「有應公」屬於陰神（小神），不可僭越使用，除非祂已昇格為陽神。[42]

七甲里「孝順宮」小祠主祀「佑民千歲」，副祀濟公師父及玄天上帝。「孝順宮」小祠的創立，是濟公師父取黃茂恩（1957-）為乩手借體辦事，諭示他去七甲南潭「元帥廟」小祠分靈「元帥爺」來當主祀神明，再到武東里武當山上帝廟分靈「玄天上帝」來當陪祀神明，濟公師父也謙卑擔任副祀神明，設壇「孝順宮」濟世救人。七甲南潭「元帥爺」分靈到「孝順宮」小祠時，以「南潭元帥」（佑民元帥）稱號擔任主祀神明，其神格仍屬小廟仔（陰廟）的小神（陰神），但在濟公師父、玄天上帝兩位大神（陽神）的輔助之下，神蹟顯赫，因而奏請玉旨敕封為「千歲」，而升格為「佑民千歲」，轉化成「正神」。

「孝順宮」小祠自創立以來，就有濟世救人的服務，信眾來自全臺各地，除七甲道場外，另有高樹分壇及永康分壇等地，並積極籌畫重建事宜。「孝順宮」小祠已然從「小廟仔」升格為大廟，而「佑民千歲」則是從有應公發展成陽神的典型。

2. 軍事的稱號

歸仁區有應公廟主祀神明屬於軍事的稱號，只有「元帥」一種。「元帥」的稱號，陽廟、陰廟的祀神都可使用，只是「元帥」是陰廟「有應公」的最高神格，如果再升格為「千歲」，便可脫離「有應公」魂靈的神格，升格為陽神。歸仁區以「元帥」為主祀神明的有應公廟如下表：

---

42 許献平，〈臺南縣北門區有應公信仰研究〉（高雄：國立中山大學中國文學系在職專班碩士論 文，2007）頁98。

【表 3-2】歸仁區奉祀神明為軍事稱號的有應公廟一覽表

序號	里別	祠廟名稱	奉祀神明	備註
01	後市里	「三元帥」小祠	三元帥	主祀神明
02	看東里	「小元帥公」小祠	小元帥公	主祀神明
03	看東里	「朱元帥」小祠	朱元帥	主祀神明
04	八甲里	「元帥廟」小祠	元帥公	主祀神明
05	七甲里	「南潭元帥廟」小祠	李元帥	主祀神明
06	七甲里	「吾主大元帥」小祠	吾主大元帥	主祀神明
07	媽廟里	「媽廟亭」小祠	鄭元帥	主祀神明
08	西埔里	「方元帥」小祠	方元帥	主祀神明
09	大廟里	「郭元帥」小祠	郭元帥	主祀神明
10	武東里	「菩元帥」小祠	菩元帥	主祀神明
11	武東里	「莿桐巷廟」小祠	萬應之帥	主祀神明
12	沙崙里	「元帥宮」小祠	萬應元帥公	主祀神明
13	沙崙里	「黃元帥」小祠	黃元帥	主祀神明

　　從上表可以看出，歸仁區以「元帥」為稱號的有應公廟共有 13 間，佔全部有應公廟的 52%，比率相當的高，這種現象與隔鄰的關廟地區及鹽分地帶的情況相似，因此可說是整個臺南地區的普通現象，謝貴文也指出，以「元帥」或「將軍」等軍事稱號作為有應公之主要稱號，在其他縣市少有，是臺南地區較特有的現象，這種現象應與臺南地區王爺信仰較為發達有關。[43]

　　「元帥」是有應公的「將領化」現象，這種將領化的現象，與歸仁區曾發生漳泉械鬥、瘟疫大爆發及日治屠殺等歷史事件，死於刀兵劫者、疫病亡者眾有關，希望藉由「元帥」等軍事稱號的設置，約束其行為與紀律，不再作祟人間，甚至發揮招撫流亡，保境安民的功能。

43　謝貴文，《神、鬼與地方 - 臺南民間信仰與傳說研究論集》（高雄：春暉出版社，2017），頁 89。

3. 親屬的稱號

親屬的稱號，是指親屬間的稱呼，歸仁區有應公使用「親屬的稱號」的有應公廟如下表：

【表 3-2】歸仁區奉祀神明為軍事稱號的有應公廟一覽表

序號	里 別	祠廟名稱	奉祀神明	備 註
01	媽廟里	「媽廟亭」小祠	聖公伯、陽春公	主祀神明
02	六甲里	「園尾廟仔」小祠	萬應公媽	主祀神明
03	六甲里	「萬善公」小祠	萬善公	主祀神明
04	崙頂里	「五相公」小祠	五相公	主祀神明
05	武東里	「萬應公」小祠	萬應公	主祀神明
06	武東里	「莿桐巷廟」小祠	萬應之公	主祀神明
07	大潭里	「萬善爺」小祠	萬善爺	主祀神明
08	大潭里	「萬應公」小祠	萬應公	主祀神明
09	大潭里	「保安堂」小祠	尊聖公媽	主祀神明
10	沙崙里	「萬善公祠」小祠	萬善公	主祀神明
11	沙崙里	「莿桐巷廟」小祠	萬應之公	主祀神明
12	沙崙里	「萬應公」小祠	萬應公	主祀神明
13	歸南里	「竹林廟」小祠	香媽娘娘	主祀神明

從上表可以看出，歸仁區有應公廟祀神稱號為親屬稱號的，計有爺、公、伯等三種，共有有應公廟 12 間，佔全區祠廟的 48%，比率也相當高。必須附帶說明的是，媽廟里「媽廟亭」小祠主祀神明有聖公伯、楊春公及鄭元帥；武東里「莿桐巷廟」主祀神明有萬應之公及萬應之帥，兩間祠廟都屬於「軍事的稱號」及「親屬的稱號」，故兩者總數達 25 間，佔 100%，而實際上有應公廟數為 23 間，佔 92%。

（1）爺

子女稱父親叫「爺」，本是親屬間的稱呼。《陔餘叢考》云：「爺爺，本呼父

之稱。《說文》云：吳人呼父為爺，是也。」[44] 民間信仰中對所祭祀之神明呼之為「爺」，有尊崇之意，如關帝爺、城隍爺等。歸仁區以「爺」為主祀神明稱號的有應公廟，僅有大潭里「萬善爺」小祠的「萬善爺」。

（2）公

「公」原本指祖父或祖先，其由來已久。《陔餘叢考》云：

> 有孫呼祖為公者。按《呂氏春秋》：「孔子之弟子從遠方來，孔子問之曰：『子之公有恙乎？』次及其父母兄弟妻子。」是祖之稱公，其來最古。[45]

這是「孫稱祖為公」的最早出處，孫稱祖為公是種尊敬。至於「有應公」的「公」，曾景來認為意謂「親密、值得敬愛的人格」，並不一定表示男性。[46] 先民墾荒時所挖出的無緣枯骨，在裝金合葬時並不刻意去分辨男女，一概以「有應公」稱之以表尊敬。

歸仁區以「公」為主祀神明稱號的有應公廟，有媽廟里：「媽廟亭」小祠的的「楊春公」；六甲里：「萬善公」小祠的「萬善公」；武東里：「萬善公」小祠的「萬善公」、「莿桐巷廟」的「萬善之公」；崙頂里：「五相公」小祠的「五相公」；大潭里：「萬應公」小祠的「萬應公」；沙崙里：「萬善公祠」小祠的「萬善公」、「萬應公」小祠的「萬應公」等。

（3）媽

民信中的「媽」（má），指稱女性的祖先。歸南里「竹林廟」小祠主祀「香媽娘娘」，原以「香媽」為稱號，後人為表崇敬而加稱「娘娘」。「娘娘」是君權時代對后妃的稱呼，後轉為對婦女的敬稱，民信中則為對女神的稱呼。

至於六甲里：「園尾廟仔」小祠的「萬善公媽」；大潭里：「保安堂」小祠的「尊聖公媽」，以「公媽」來稱號有應公，是為了表明所奉祀的神靈，有男性的「有應公」和女性的「有應媽」，實屬多此一舉。

「有應公」的「公」，先民墾荒時所挖出的無緣枯骨，在裝金合葬時並不刻意去分辨男女，一概以「有應公」、「萬應公」稱之以表尊敬。典型的例子是：歸仁區公

44　趙翼（清），《陔餘叢考》着三十七（臺北：新文豐，1975）。

45　趙翼（清），《陔餘叢考》着三十六。

46　曾景來，《臺灣宗教と迷信陋習》（臺北：南天書局，1995），頁90。

所清葬各公墓時，將無主骨灰骸集中在歸仁區納骨堂園區內建祠收納，祠名「萬應公」小祠，每月農曆初一日及十五日敬果，每年清明節及中元節，歸仁區公所辦理法會及普度活動，以「萬應公」呼請之。

今民間會以「有應公」稱呼男性有應公，以「有應媽」稱呼女性有應公，應源自於民間對家神的稱謂，稱男性祖先為「公」，稱女性祖先為「媽」或「婆」，「公媽」成為對祖先的統稱，因此，供奉祖先神主的龕，就叫做「公媽龕」，拜祖先也稱為「拜公媽」。

（4）伯、祖

古人行輩中稱最年長者為「伯」，稱父母以上的直系親屬為「祖」。媽廟里：「媽廟亭」小祠主祀神明之一的「聖公伯」，以「公伯」為稱號；武東里：「萬應公」小祠的「萬應公祖」，以「公祖」為稱號，都是為了表示尊崇。父祖輩以「聖公」、「萬應公」呼請，晚輩想當然耳要再加一輩來呼請，其實是疊床架屋的做法，但卻常在民間信仰中看到。

4.其他的稱號

隨著社會的變遷，祠廟對無緣魂靈的稱號五花八門，已跳脫董芳苑的分類，統歸類為「其他的稱號」。

（1）童子軍

舊時把 14 歲以下的男性稱作「童子」，概指未成年的人。《論語‧先進》云：「成冠者五六人，童子六七人」，[47] 乃「童子」的最早出處。武東里「童子軍廟」主祀「童子軍」，「童子」點出其為未成年，屬「囡仔有應公」，其成神與建廟歷程，與南鯤鯓代天府「萬善堂」的萬善爺（囡仔公）雷同，都是得地理靈氣而顯靈，卻能與擁有兵多將廣、赫赫神威的正神（五府千歲、玄天上帝）大戰，不但「連月不休」，甚至還佔上風，最後都經大崗山觀音佛祖調停，以「大神有廟，小神也有廟；大神有得食，小神也有得食」的約法三章為條件讓地建廟。[48] 由於領有眾多陰兵陰將，故以「童子軍」為稱號。

---

47 李善馨發行，《四書纂疏附引得》（臺北：學海出版社，1980），頁 266。

48 許献平，〈南鯤鯓萬善爺囡仔公的神格淺探〉《臺南文獻》第 7 輯（臺南：臺南市政府文化局 2015/07），頁 31-32；許献平，《臺南市北門區有應公廟採訪錄》（臺南：鹽鄉文史工作室，2013），頁 104-105；許献平，《臺南市歸仁區有應公廟採訪錄》，尚未出版。

⊜ 歸仁地區有應公信仰的特色

　　歸仁區位處南關線的中段，東西分別與關廟區、仁德區接壤，為平原地形，共有 25 座有應公廟，在南瀛大地屬有應公信仰薄弱的地區，但仍具其特色，除有應公信仰聚落少且規模小的南區製糖所原料區，比北區的農村聚落型態區的有應公信仰發達，以及有一半以上的有應公廟，其主祀神明以「元帥」為稱號之外，尚有下列幾項特色：

（一）未有以「福德祠」為祠名

　　在民信中「福德正神」管理轄區內的有應公，因此，信眾在祭拜有應公時，都會同時呼請「福德正神」，除此之外，有的祠廟會以「福德正神」作為替代稱號擔任主祀神明或副祀神明，祠名也會顏之為「福德祠」。

　　歸仁區有應公的信眾，祭拜時雖也會呼請「福德正神」，但在歸仁區的 25 座有應公廟中，未有以「福德正神」作為替代稱號擔任主祀神明者，同時，每座祠廟也都有自己的祠名，未有以「福德祠」作為祠名者，這在臺南市 37 區有應公信仰中，應屬少有現象。

（二）以地名顏其祠

　　有應公廟的祠名五花八門，以鹽分地帶六個區 240 間有應公廟為例，除沒有祠名者外，或用主祀神明為祠名，如「騰風元帥」小祠、「開路水將軍」小祠等；或另取祠名，如「四安宮」小祠、「聖流堂」小祠等；或用替代稱號為祠名，如「福德祠」小祠、「城隍廟」小祠等，其中以主祀神明為祠名者最多，其次是另取祠名，再其次為替代稱號的福德祠和城隍廟，[49] 但未有以地名顏其祠廟者。歸仁區 25 座有應公廟，卻有 4 座有應公廟以地名顏其額，分別是六甲里「園尾廟仔」小祠、武東里「莿桐巷廟」小祠、媽廟里「媽廟亭」小祠及歸南里「竹林廟」小祠等，佔整個區的 16%；

49　鹽分地帶 240 間有應公廟名稱及祀神稱號，請參閱許献平，〈鹽分地帶有應公廟祭典日一覽表〉《臺南市鹽分地帶有應公信仰研究》（臺南：鹽鄉文史工作室，2012），頁 336-342。

如果再加上七甲里「元帥廟」小祠，信徒習慣冠上地名「南潭」而以「南潭元帥廟」小祠稱呼，以及八甲里「元帥廟」小祠，信徒習慣冠上地名「鐵樹腳」而以「鐵樹腳元帥廟」小祠稱呼，則冠上地名的祠廟多達 6 座，佔整個區的 24%，這在臺南市 37 區有應公信仰中，誠屬罕見。

（三）遷建紀錄

遷建，就是易地重建。有應公廟的遷建，不外乎地勢低窪、居民反對、位於河川行水區內、遷村、交換土地、海潮沖毀、闢建公共設施、神明指示等因素，[50] 遷建一次，屬正常，遷建兩次較為少見，但遷建達四次之多，就極為罕見了，也必有其特殊因素。

七甲里南潭「元帥廟」小祠創建於南潭社東南的亂葬崗，日昭和 19 年（1944）日軍在墓仔尾興建「海軍飛行場」，[51] 作為臺南機場及岡山機場的備用機場，「元帥廟」小祠被迫遷移，遷建南潭社西潭埤邊，等到「海軍飛行場」建好之後，「元帥廟」小祠才又遷回墓仔尾重建；戰後的 1971 年，國軍擴建機場，「元帥廟」小祠再次被迫遷移，遷建南潭社西郭阿桃的土地上，1999 年高速鐵路興建，「元帥廟」小祠正好位於高速鐵路橋下車道上，因此又被迫遷建今祠址。

「元帥廟」小祠創建後，歷經四次的遷建，都與機場的地緣關係及高速公路的公設有關，也寫下有應公廟遷建的罕見紀錄。

（四）陰神升格為陽神

王志宇認為：有應公信仰是「進行式」及「變動中」的神靈，可能停留在屬鬼階段，也可能進一步發展成神祇。[52] 有應公神格的提升，不能稱為「千歲」，否則即僭越神格，除非祂已升格為陽神。升格為陽神，是所有有應公的終極目標，但能達成此目標的，鳳毛麟趾，七甲里「孝順宮」小祠主祀「佑民千歲」就是此幸運兒。

「元帥」是無祀孤魂有應公將軍化、將領化的第一步，再經最高神祇玉皇上帝玉旨敕封，無祀孤魂即可轉化成「正神」。[53]「佑民千歲」能從「南潭元帥」發展成

50　許獻平，《臺南市鹽分地帶有應公信仰研究》，頁 188-193。

51　即今歸仁區七甲里南潭陸軍輕航基地，與仁德機場同為 1944 年「十號戰備」時興建。丁文婷、杜正宇，〈臺南地區日軍飛行場的空間配置與軍事遺跡〉《臺南文獻》第 6 輯（臺南：臺南市文化局，2014），頁 57。

52　王志宇，〈臺灣的無祀孤魂信仰新論－以竹山地區的祠廟為中心的探討〉《逢甲人文社會學報第 6 期》，頁 201。

53　戴文鋒，〈臺南地區民間無祀孤魂轉化為神明的考察〉《臺灣史研究》18：03，頁 158。

「佑民千歲」，靠的是靈驗，祂在副祀神明濟公師父及玄天上帝輔佐下，締造「鐵口直斷」的靈驗，吸引廣大虔誠信眾，除分壇辦事濟世外，正籌建宏偉廟宇，走向陽神、陽廟的歷程就將完成。

（五）以陽神為副祀神明

「福德正神」又稱「土地神」，民信以「土地公」尊稱之，是陽神中神格最低階者。有應公的神格是陰神，民間稱為「小神」，但有應公廟常有以「福德正神」為主祀神明或副祀神明，蓋管理轄區內的屬鬼，是「福德正神」的職責，被視為理所當然。但在歸仁區卻有有應公祠廟作為副祀神明的陽神，不是福德正神，而是其他神格更大的神祇，如沙崙里「元帥宮」小祠的觀音佛祖、關聖帝君；七甲里「孝順宮」小祠的濟公師父、玄天上帝；西埔里「方元帥」小祠的關聖帝君、太子爺；歸南里「竹林廟」小祠的玄天上帝等。以陽神作為有應公廟的副祀神明，這種現象在鹽分地帶並未出現，但卻在山區的左鎮區、[54] 關廟區，[55] 和接壤山區的歸仁區出現，而成為山區有應公信仰的一大特色。

四 結語

臺灣有應公信仰源自清領時期「掩骼埋胔」之禮，因深受官方及民間的重視，形成有應公信仰的蓬勃發展，到了日治時期，有應公信仰歷經第一次的轉型，也就是陳緯華所謂的「孤魂的在地化」，屬鬼信仰從「可憫／撫慰同情」，「作祟／安撫遠之」轉變為「陰報／求應」；戰後，屬鬼信仰經歷第二次的轉型，也就是王志宇所謂的有應公是「發展中的神靈」，而隨著地方社會的變遷，或信仰本身的條件升格為神祇。

筆者田野調查發現，歸仁區有應公廟僅有 25 間，比鹽分地帶平均值及隔鄰的關廟區還要低，可見其有應公信仰之薄弱，但歸仁區有應公信仰仍具其地方特色。

54　左鎮區睦光里「仙姑寺」小祠，以天公及三界公為副祀神明。許献平，《有求必應　臺灣有應公的鄉野傳奇》（臺南：鹽鄉文史工作室，2021），頁 181-187。

55　關廟區松腳里千佛山「福德宮」小祠，以濟公禪師為副祀神明；埤頭里「花面將軍」小祠，以釋迦牟尼、關聖帝君、濟公禪師等為副祀神明。許献平，《臺南市關廟區有應公廟採訪錄》，頁 122、250。

歸仁區位處南關線的中段，東西分別與關廟區、仁德區接壤，為平原地形，全區分成南北兩區，南區為製糖所原料區，北區為農村聚落型態區，在有應公信仰上，製糖所原料區的南區，比農村聚落型態的北區較為蓬勃發展。

歸仁區有應公廟以「野墓有應公」為最多，其次是「縹緲有應公」。從田野調查中發現，歸仁區「野墓有應公」，一是來自亂葬崗或公墓；二是來自機場的闢建與拓建；三是拓墾時挖到的枯骨。亂葬崗或公墓的「野墓有應公」，源自日治時期的皇民化運動（1937-1945），遷葬田園裡的先人骨骸；機場闢建時，日本人將挖掘到的枯骨，遷葬在歸仁區三個處所，當地居民建祠祭祀之；而歸仁區正處於都會區化的蛻變時期，重大公共建設如高鐵站、高鐵鐵路以及「臺84線」東西快速公路等，挖掘到的骨骸則集中建祠奉祀。

歸仁有應公主祀神明的稱號，以「軍事稱號」之「元帥」為最多，且高達52%，比率相當的高。以「軍事稱號」為有應公主祀神明之稱號，謝貴文認為這種現象應與臺南地區王爺信仰較為發達有關。「元帥」是有應公的「將領化」現象，這與歸仁區曾發生漳泉械鬥、瘟疫大爆發及日治屠殺等歷史事件，而死於刀兵劫者、疫病亡者眾有關，希望藉由「元帥」等軍事稱號的設置，約束其行為與紀律，不再作祟人間，甚至發揮招撫流亡，保境安民的功能。

土地公雖是神格最低的陽神，但管理轄區內的厲鬼，因此，在對有應公的稱呼上，常以「福德正神」作為替代稱呼，從海邊的鹽分地帶，到山區的關廟區、左鎮區，都有此種現象，尤其是關廟區更高達22.5%，[56] 但歸仁地區，卻未有以「福德正神」作為有應公的替代稱號，這是有應公信仰的異數。

有應公廟易地遷建，其因素很多，遷建一次，屬正常，遷建兩次較為少見，但像七甲里南潭「元帥廟」小祠遷建高達四次之多，就極為罕見。「元帥廟」小祠創建後，歷經四次的遷建，都與「海軍飛行場」闢建的地緣關係及高速公路的公設有關，也寫下有應公廟罕見的遷建紀錄。

王志宇認為：有應公信仰是「進行式」及「變動中」的神靈，可能停留在厲鬼階段，也可能進一步發展成神祇。戴文鋒認為：有應公神格的提升，只能到「元帥」；

---

56 許献平，《臺南市關廟區有應公廟採訪錄》，頁37。

筆者認為：有應公不能稱為「千歲」，否則即僭越神格，除非祂已升格為陽神。升格為陽神，是所有有應公的終極目標，但要達成此目標，李亦園、李豐楙等學者都提出查驗標準。七甲里「孝順宮」小祠主祀「佑民千歲」，以「元帥」的稱號將領化，再經最高神祇玉皇上帝玉旨敕封，轉化成「正神」，刻正積極籌建宏偉廟宇，走向陽神、陽廟的歷程就將完成。

　　有應公廟常有以「福德正神」為主祀神明或副祀神明，但在歸仁地區，卻有有應公廟以神格更大的神祇，如玄天上帝、關聖帝君等作為副祀神明。以陽神作為有應公廟的副祀神明，這種現象在鹽分地帶並未出現，但卻在山區的左鎮區、關廟區，和接壤山區的歸仁區出現，而成為山區有應公信仰的一大特色。

城南窀穸——南山墓葬史初探（荷鄭至日治時期）

戴文鋒、楊家祈 *

摘要

臺南府城之南的南山公墓，窀穸層層疊疊。是怎樣的歷史演進，形成今日的南山？本文透過文獻、田野爬梳，鎖定史前至 1945 年的南山地區墓葬發展，呈現史前、荷鄭、清領、日治等四個時期南山的不同面貌與歷史，為目前社會廣泛討論的墓葬文化相關議題，整理出這片土地歷史發展的光影足跡。

關鍵字：南山、墓葬、臺南、墓葬史

南山公墓層層疊疊，有著史前、荷鄭、清領、日治等四個時期的不同面貌與歷史。（黃文博／攝）

* 戴文鋒，國立臺南大學文化與自然資源學系教授兼任臺南學研究中心主任；楊家祈，國立成功大學歷史學系博士候選人。

● 前言：南山何來？

　　南山墓地乃當今臺灣面積最大、歷史縱深悠久、墳塚文化面貌最多元、長眠於此的歷史名人最多的一座公共墓葬群，為府城之南十分特殊的文化地景。地形環境由臺南砂丘群和竹溪所構成。都市建設的一再擴張，墓地面積逐漸縮小，今日約為 100 至 103 公頃之間。

　　目前政府所認定的南山墓地範圍，為從國民路延伸到機場以西，永成路二、三段（永成路二段與國道 86 號垂直，永成路三段連接夏林路，永成路與西門路一段平行）以東（以東範圍內有一部分已經開發成住宅），大成路一段（與健康路平行）以南，永成路二段 730 巷以北；92% 以上在中華南路一段以北，僅約 8% 在中華南路以南。範圍涵蓋舊地名「桶盤淺」及鹽埕的一部分。 就地形而言，南山公墓位在臺南砂丘群[1]之上，故地質鬆軟。

臺南市政府民政局公告紅色框內為南山公墓範圍。（資料來源：臺南市政府民政局網頁）

1　臺南砂丘係由平行砂丘群構成，位於臺南臺地西南側，由孔廟向南延伸至二仁溪北岸，長約 12 公里、寬約 6 公里。

而根據柯耀德先生之口述：

> 南山公墓的區域範圍之大，並不是目前所見範圍，早期的耆老、風水地理師與老
> 臺南人都說，南山公墓是沿著「地理山脈」形勢而形成被稱地理師稱為「南山
> 脈」的墓葬區。最北為永康砲校對面的二王墓埔開始，接到永康第一公墓，延伸
> 到慈幼高級工商職業學校、榮民病院後面，到復興國中、復興國小，到衛生福利
> 部嘉南療養院（舊秋茂園）旁，再接六信高中、臺南機場，一路整片坵地墓塚到
> 喜樹庄外。這條從二王到喜樹，綿延 10 餘公里的山丘是老一輩臺南風水地理師
> 口中的「南山脈」。以前的人都會說要埋在南山。譬如我外公鄰居過世了，就會
> 問葬在哪？南山頭？還是南山尾？可見南山脈很大，東北邊的二王是南山頭，西
> 南邊的喜樹是南山尾。以前復興國小的操場，也都有沒有清完的墳墓。[2]

這與一般人所認知南山是指南門外之墓地的「狹義」範圍不同。而根據日明治
31 年（1898）〈臺灣堡圖〉的紀錄與圖繪，臺南墓葬區的分佈確實如同柯耀德先生
口述中所說，從臺南府城的東北邊「二王」開始，沿著砂丘矮山往西南邊一直延伸
至虎尾寮、竹篙厝、桶盤淺、鞍仔、堀仔、喜樹、灣裡一帶，便是「廣義」的南山。

臺灣堡圖所呈現的南山脈。
說明：綠色為風水地理上廣義的「南山脈」，即為墓地。
（楊家祈／改繪）

「南山」一詞，究從何來？清代以降的文獻皆以「魁斗山」為主要的紀錄名稱，
《臺灣縣志》記：

> 義塚，在寧南坊魁斗山；俗名鬼仔山是也。[3]

2　2020 年 1 月 8 日於裕農路「柯耀德損傷整復研究中心」訪談柯耀德先生（1956–）之口述，錄音整理成文字書面後，
　　由柯耀德先生再確認。

3　陳文達，《臺灣縣志》（臺北：臺銀經濟研究室，1961），頁 95。

而不管是魁斗山、貴子山、桂子山，皆是以「鬼仔山」（kuí-á-suann）音轉而來，而魁斗山之名又剛好符合其北方設有孔子廟，形成文運方位；且蘇峰楠認為魁斗之名最早應在孔廟建成之後。[4] 清代亦可見「大南門外」籠統的名稱。日治時期開始出現「大南門外墓地」、「南郊」、「桶盤淺及鹽埕墓地」、「桶盤淺共同墓地」等多樣稱呼，戰後官方則稱為「臺南市第一公墓」，近年來「南山公墓」之用詞始漸普遍。

然而「南山」一詞並非戰後產物，可能最早僅是民間俗稱用語，故不見於官方的文獻紀錄。蘇峰楠認為，山字表此地砂丘綿延，方位來看為府城之南、大南門外，且南山一詞有「福壽之山」庇蔭子孫之內涵，故形成南山一詞。[5] 蘇氏之解釋推論合乎邏輯。然而蘇氏認為南山一詞一直要到至戰後才有正式文字化的紀錄，實則不然，日昭和 10 年（1935）5 月 6 日《三六九小報》即已刊登〈南山生壙徵詩〉，為臺南富紳張江攀委由好友王開運（1889-1969）辦理，為其墓穴徵詩：

> 張君江攀。余之知友也。締交有年。深識其經濟才高。商場健將。……開設永茂商行親自持籌……遂成為商界之巨擘。且君為人曠達。窃念人生七十。自古本稀。今己將屆。宜先塋壙。以為他日埋身之處。乃擇吉地於寧南門外。名曰南山生壙。壙作三穴。其中自營左右為其德配及箆室（筆者按：箆室意指非正室之側室，妾也）營之。金壙將成。向余索詩。藉作紀念。奈余韻學素濁。未敢應之。請其徵募。君自謙曰。余不文。何敢擾朱墨客。余曰君勿過謙。當為代勞。因擬徵募條件如左。
>
> （杏庵識）……[6]

生壙一稱「生基」，富紳張江攀於生前為自己預造的墳墓，塋壙將成，乃向友人王開運索詩，王開運自謙「韻學素濁」未答應，而在《三六九小報》為其徵詩，並邀請南社社長趙雲石任詞宗評選作品，此段經過可能是臺灣史上首次以「生壙」為題徵募詩作，也可能是臺灣史上首次見到「南山」文字化的記載，兩者均是前所未有。這樣的影響，使得日後口語、文書二者逐漸一致，成為今日我們眾人口中與概念中所稱的「南山」。

4　蘇峰楠，〈文化遞嬗與風格綜融：臺南市南山公墓日治時期墳墓的觀察〉（《臺灣史學雜誌》第 9 期，2010），頁 91-121。

5　蘇峰楠，〈文化遞嬗與風格綜融：臺南市南山公墓日治時期墳墓的觀察〉，頁 91-121。

6　杏庵（王開運），〈南山生壙徵詩〉，《三六九小報》第 443 號第 4 版，1935/05/06。
　　杏庵，〈雜俎／靜室小言〉，《三六九小報》第 447 號第 4 版，1935/05/19。
　　不著撰人，〈南山生壙徵詩揭曉〉，《三六九小報》第 453 號第 2 版，1935/06/09。
　　趙雲石氏閱，〈詩壇／題南山生壙〉，《三六九小報》第 457 號第 4 版，1935/06/23。
　　趙雲石氏閱，〈詩壇／題南山生壙〉，《三六九小報》第 458 號第 4 版，1935/06/26。
　　趙雲石氏閱，〈詩壇／題南山生壙〉，《三六九小報》第 459 號第 4 版，1935/06/29。
　　趙雲石氏閱，〈詩壇／題南山生壙〉，《三六九小報》第 460 號第 4 版，1935/07/03。
　　趙雲石氏閱，〈詩壇／題南山生壙〉，《三六九小報》第 461 號第 4 版，1935/07/06。
　　趙雲石氏閱，〈詩壇／題南山生壙〉，《三六九小報》第 462 號第 4 版，1935/07/09。
　　第 1 至 10 名分別為臺中王竹修、新竹希顏、臺南吟香逸使、景尾文淵生、臺南韓承烈、臺南市隱、斗六柯四賓、善化蘇宜秋、臺北黃習之與臺南林珠浦。

🔵 荷鄭時期的南山

　　荷蘭殖民臺灣初期，赤崁西南方砂丘猶是當地原住民的獵場。荷蘭人為了提升產量，開始鼓勵漢人來臺開墾，並制定許多獎勵措施，以甘蔗和米是最主要種植的作物。當時開墾集中於赤崁一帶，以及西拉雅四大社交界之處，而 1656 年後二仁溪以南的土地也迅速開發。[7]

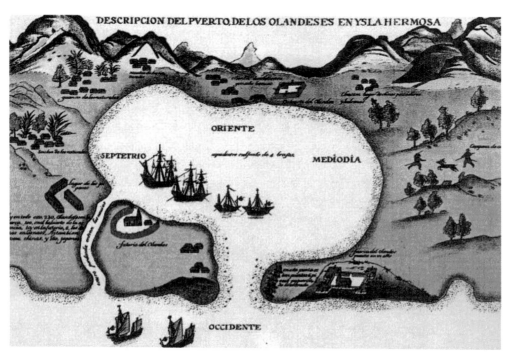

1626 年福爾摩沙島概略圖。(資料來源：周菊香《府城今昔》)

　　此時的南山並無留下相關文獻紀載，但從墓葬現場與前人研究可知，明代的墓葬不在少數。南山的墓葬發展也於此時奠基，成為了府城人下葬處的首選。其中以 1952 年臺南市文獻委員會發現之曾振暘墓為最早，為明崇禎 15 年（1642）之墓，並於 1985 年指定為古蹟。曾振暘墓的發現顯示漢人入墾、定居臺灣之早，較鄭成功開發臺灣、驅逐荷蘭的

7　楊彥杰，《荷據時代臺灣史》（臺北：聯經，2000），頁 175-185。

明永曆 15 年（1661）早 19 年。雖是目前發現崇禎時期之孤例古墓，也暗示可能有更多明代古墓深埋地底下尚未被發現；亦是顯示南山墓葬區之古老歷史。戰後更發現永曆朝初年之林朝和墓，林氏墓的發現，延續漢人於此地墓葬之俗。

明永曆 15 年（1661）鄭成功率將士，經澎湖進軍臺灣，大量漢人於此時移入臺灣。明代墓於鄭氏王朝（1662-1683）統治時期大量出現，鄭成功亦葬於臺灣府城北郊外圍。《臺灣府志》記載：「鄭成功墓，在臺灣縣武定里洲仔尾。男經祔葬焉。」[8] 此時居於府城的漢人，亦選擇南山一帶作為墓葬之地，故今日發現眾多明墓於此，亦有許多一般市井城民歸葬於此處。南山、竹溪一帶除墳墓外，明永曆 18 年（1664）隨鄭經來臺的參軍李茂春來於今法華寺築「夢蝶園」隱居，[9] 明永曆 19 年至 26 年（1665-1672）間在竹溪北岸的山丘有僧人建立竹溪寺。[10] 日治至戰後有眾多文史學者針對明代墓葬進行探究，如連橫、石暘睢、連景初、朱鋒等。[11] 而較為知名之明墓有曾振暘墓（1642）、藩府曾蔡二姬墓（明永曆年間）、藩府二鄭公子墓（明永曆年間）、皇明洪夫人墓（1682）等。

曾振暘墓。

皇明夫人洪氏墓。

藩府曾蔡二姬墓。

藩府二鄭公子墓。

8 　高拱乾，《臺灣府志》（臺北：臺銀經濟研究室，1960），頁 224。

9 　范勝雄，《府城叢談：府城文獻研究 2》（臺南：日月出版社，1997），頁 3-6。

10 　曾國棟主持，《竹溪禪寺宗教文物普查結案報告書》（臺南市文化資產管理處委託，2019），頁 35。

11 　連橫，《雅言》，臺文叢第 166 種（臺北：臺銀經濟研究室，1963），頁 64-65。
　　　石暘睢，〈臺灣明墓考〉（《臺南文化》第 3 卷第 1 期，1953），頁 25-28。
　　　連雅棠，〈臺南古跡志〉（《臺南文化》第 3 卷第 2 期，1953），頁 04-13。
　　　連景初，〈池姬之墓〉（《臺南文化》第 3 卷第 2 期，1953），頁 44-55。
　　　朱鋒，〈臺灣的明墓雜考〉（《臺南文化》第 3 卷第 2 期，1953），頁 44-55。

⊜ 清朝時期的南山

　　進入清代，我們才能開始透過文獻來推測南山此時期的地點和範圍。且至今在南山公墓內也可見康熙、乾隆年間之墓碑，可以讓我們了解這一帶作為墓葬區的悠久歷史。

1696 年新安楊文和墓。

1785 年充龍皇清太學生林府君墓。

　　南山的墓葬區域之大，推測最北界可以至全臺首學孔廟廟址，因過去此處稱為「鬼仔埔」可知，雖有戰後文獻稱為荷蘭時期黑奴居住之地，[12] 但比對其他文獻可發現此處過去便有墓葬，連橫《臺灣通史》：

> 楊志申，字燕夫，臺邑人，居東安坊。少孤，事母孝。昆仲六人，志申其次也。善視諸弟，勗以立身齊家之本。康熙二十四年，知府蔣毓英將拓建學宮，志申父墓在焉，告之，請徙而獻其地。毓英嘉之，為擇穴於魁斗山麓，平坦如掌，大可二、三畝，臺人謂之金盤搖珠。[13]

　　楊志申義舉眾多，逝世後眾人倡議，入祀忠義孝悌祠；[14] 其中捨父墓遷葬，獻地以建學宮，可謂是南山喪葬史上最早之遷葬紀錄。而老地名的遺留，也暗示在明清之初，南山墓地的範圍，是比我們今日所想更大，[15] 也代表城牆之內亦有墓葬。

　　清康熙 60 年（1721）「朱一貴事件」平息後，臺灣府城無城牆守護，而容易受到亂賊攻打，而激發清雍正初期時任臺灣知縣周鍾瑄開始修築木柵城，至清乾隆 51

12　許淑娟、李明賢、鄭全玄、孔慶麗，《臺灣地名辭書（卷廿一 臺南市）》（南投：臺灣文獻委員會，2001），頁 125。
13　連橫，《臺灣通史》（臺北：臺銀經濟研究室，1962），頁 807-808。
14　〈楊志申附祠入祀碑記〉，1766（現藏大南門碑林）。臺銀經濟研究室編，《臺灣南部碑文集成》（臺北：臺銀經濟研究室，1966），頁 74-75。
15　蘇峰楠於著作〈文化遞嬗與風格綜融：臺南市南山公墓日治時期墳墓的觀察〉中同樣也有此看法。

年到 53 年（1786-1788）「林爽文事件」期間，凸顯出木柵或莿竹築城的脆弱性，清乾隆 53 年臺灣知府楊廷理著手改建為三合土城。而根據石暘睢的紀錄，在改築成土城之前，東安坊崙仔頂、西竹圍、右營埔，寧南坊山仔尾，鎮北坊山埔頭等地都可見墓塚，[16] 改築之前對於墓葬採取放任，其後便禁止於城內墓葬，僅允許各城門外荒野山丘可行墓葬。[17] 故清代的臺南，進入乾隆朝晚期，墓葬區域因三合土城的建立，而逐漸往城門外郊區集中，尤其是大南門外。

（一）魁斗文明：南門外風水寶地

　　大、小南門外為何成為臺南人墓葬之首選呢？從地理角度來看，此處為臺南臺地與臺南砂丘的延伸，地勢高於府城。而從清代文獻來看，魁斗山從當時就開始不斷被形塑成一個風水寶地，如以乾隆朝紀錄最早、最多，成為後世方志、文獻所沿抄，以清乾隆 17 年（1752）王必昌《重修臺灣縣志》為第一筆紀錄：

> 城南有魁斗山，狀若三臺星，為府文廟拱案。[18]

　　清乾隆 25 年（1760）余文儀《續修臺灣府志》載：

> 魁斗山：在縣治南□里。三峰陡起，狀若三臺環拱郡學；形家謂文明之兆。[19]

　　清乾隆 43 年（1778）蔣元樞《重修臺灣各建築圖說》載：

> 查南郊魁斗山，郡學之文筆峰也。[20]

　　清嘉慶 12 年（1807）謝金鑾《續修臺灣縣志》（後 1835 年李元春之《臺灣志略》抄用）：

> 魁斗山：在邑城南。其脈自東南來，至正南陡起三峯，狀若三臺星，為府學文廟拱案。又蟠屈蜿蜒，以至西南，勢若內抱，形家所謂下砂者是也。邑來脈甚長，而所謂下砂者止此。[21]

16　石暘睢，〈臺南郊外塚地考〉（《民俗臺灣》第 3 卷第 4 號通卷第 22 號，1943），頁 34-36。

17　黃中明，〈墳場上的城市 —— 臺南府城福安坑溪到竹溪之間的土地再利用〉（國立臺南大學臺灣文化研究所碩士論文，2015），頁 38-40。

18　王必昌，《重修臺灣縣志》（臺北：臺灣經濟研究室，1961），頁 32。

19　余文儀，《續修臺灣府志》（臺北：臺銀經濟研究室，1962），頁 9。

20　蔣元樞，《重修臺灣各建築圖說》（臺北：臺銀經濟研究室，1970），頁 13。

21　謝金鑾，《續修臺灣縣志》》（臺北：臺銀經濟研究室，1962），頁 19。李元春，《臺灣志略》（臺北：臺銀經濟研究室，1958），頁 6-7。

進入道光朝後亦可見紀錄，如清道光 10 年（1830）陳國瑛等編著《臺灣采訪冊》、道光 19 年（1839）陳壽祺《福建通志臺灣府》、清同治 10 年（1871）《臺灣府輿圖纂要》等文字描述多為沿用。

在風水地理學上追求南向為正，南方若有砂丘稱案砂、案山或朱雀砂，以低矮形美為好，恰好魁斗山不高，有三峰突起，狀似三臺，如同筆架，自古便被認為是有益文才科舉之風水寶地，更有活水竹溪流經其中，北方建有孔廟，更成為孔老夫子之拱案。

除了史書、方志記載外，鬼仔山被異名為魁斗山後，在《乾隆中葉臺灣輿圖》可見寫成「貴子山」。

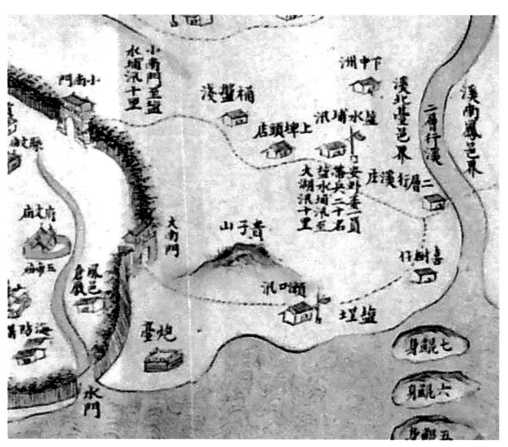

清乾隆時期大南門外的鬼仔山（雅化寫成「貴子山」）。（資料來源：《乾隆中葉臺灣輿圖》）

此時期開始，南山被不少文人以詩文描寫傳頌，成為城南勝景。如清康熙 59 年（1720）收錄於《臺灣縣志》的李泌〈魁斗山早春〉：

山名魁斗最稱雄，彷彿梯雲上桂宮。遠望千村凝淑氣，平臨萬戶挹和風。香飄桃李聞墻外，湧　魚龍躍泮中。自是東寧春色早，雪花滿地著嫣紅。[22]

清嘉慶 12 年（1807）《續修臺灣縣志》收錄郭必捷〈魁斗山早春〉：

魁斗名山墨霧輕，未過殘臘動春情。遙聞海市和風度，長映賢關淑氣生。野草根深抽細葉，林鶯喉澀試新聲。寧南客邸歡相近，到處閒遊解宿醒。[23]

（二）急公仁心：文獻中的義塚

義塚為官府或仕紳捐地供百姓埋葬之墓地；清朝沿襲前代舊例，令各地方府縣設立義塚，以收無主枯骨，成為官府業務的一部分；民間亦有捐地助葬者，官方會給以表揚。臺灣各地皆有官民倡導捐置義塚；據戴文鋒之研究，清代臺灣可查之義塚高達 224 處，其他未為文獻所載，或年久湮沒，或遭侵墾佔據者，當不在少數，可分有官設、民設，或為官民合設。臺灣義塚中，有文獻可查者，以清康熙 28 年（1685）蔣毓英《臺灣府志》所載臺灣縣寧南坊之南鬼仔山義塚為之最早。[24] 清康熙 31 年（1692）分巡臺灣廈門兵備道高拱乾有感於初墾期豪強佔墾，以致窮民無塋葬之地，因此諭告〈勸埋枯骨示〉曰：

為曉諭事。照得見骨則瘞，遂號仁人；捨地而埋，爰稱義塚。誠以惻怛之心，亙古今而如一者也。臺灣地經初闢，田盡荒蕪，一紙執照，便可耕耘；既非祖父之遺，復無交易之價。開墾止於一方，而霸佔遂及乎四至，動連阡陌，希遂方圓。……爾既可以營生，彼獨不可以送死？揆之情理，豈得其平！除行府、縣知照外，合就出示曉諭。為此示仰臺屬軍民人等知悉：嗣後凡有未墾荒埔，果係官地，聽民營葬。[25]

從此以降，臺灣義塚的建置漸多。清代期間在府城大南門外桶盤淺地區，除了鬼仔山義塚外，還有以下五處：

1. 新昌里義塚：清康熙 59 年（1720）由監生陳士俊於鳳山縣新昌里（今南區鹽埕）買園，墓地與鬼仔山相連。

22　陳文達，《臺灣縣志》，頁 273。

23　謝金鑾，《續修臺灣縣志》，頁 600-601。

24　蔣毓英，《臺灣府志》（北京：中華書局，1985），頁 129。

25　高拱乾，《臺灣府志》（北京：中華書局，1985），頁 1059-1061。

2. 水蛙潭義塚：清乾隆 17 年（1752），由知縣魯鼎梅捐俸買園地八分，葬舊南壇所積棺骸。

3. 大南門義塚：清乾隆 28 年（1763）由職員韓仕俊捐置，葬埋纍纍。

4. 新南壇義塚：清乾隆 42 年（1777）郡守蔣元樞捐置園地 8 甲，在小南門外法華寺後。

5. 魁斗山義塚：清光緒 10 年（1884）巡撫劉銘傳設置，在魁斗山之後。[26]

也因這些義塚相距都不遠，甚至相連，長久以來逐漸成今日所見之一大片纍纍墓地。值得一提的是，南山公墓的形成是逐漸擴大的，先是大南門外鬼仔山，文獻記載此處「歷年久遠，邱塚累塞」，再往新昌里、永寧里擴展，而距大南門僅區區數百公尺的小南門城外與法華寺周遭，此處原本也是亂葬崗（小南城隍廟原本也是「萬應公廟」），清乾隆 42 年（1777）臺灣知府蔣元樞見狀，即將小南門城外與法華寺周遭 8 甲多的園地，納入義塚範圍，變成廣義南山公墓的一部分。[27]

清朝臺灣義塚的經營，有田地來放瞨田園收租，來應付義塚例年祭祀支出，[28]並設有董事來管理。日明治 29 年（1896）臺南義塚董事楊履昌便曾上書總督府民政局通行印撻與放行自主管理，其中文書附件提及管理義塚之任務與其重要性如下：

1、每年春秋冬祭祀南北墳塚。

2、修補因雨害毀損棺墓。

3、每日派員巡視墓園，以免有人破棺劫財，現行犯者死刑。

4、協助家貧者喪葬事宜。[29]

另外，義塚也協助棺柩運寄之業務。清代來臺官員、士兵或是商旅百姓客死此地，大多歸葬中國，以期落葉歸根。清乾隆 24 年（1759）臺灣知縣夏瑚因憐憫棺骸流寓，並倡議雇船交運骨骸回鄉，也就是後來所稱的「太平船」。[30] 至清道光 19 年（1839）棺木由廈防廳、臺灣縣招募太平船運渡回廈門海蛋寺棺廠，再由親屬領回。[31] 因太平船並非強制徵用，僅由郊商協力，隨設隨廢，致寄存於南北壇義塚之骸骨積累過多，故官員丁日健曾建議招募廈門商船願充太平船，議定每年赴臺載

---

26 曾國棟，〈樂生地景〉，《東都垂萬年──臺南市南疆文化資產特展圖錄》（臺南市文化資產保護協會，2015），頁 96。

27 戴文鋒，〈清代臺灣的社會救濟事業〉（國立成功大學歷史語言研究所碩士論文，1991），頁 196。

28 唐贊袞，《臺陽見聞錄》（臺北：臺銀經濟研究室，1958），頁 78-79。臺銀經濟研究室編，《清代臺灣大租調查書》（臺北：臺銀經濟研究室，1963），頁 969-974。

29 「義塚二關スル取調書」（1896 年 01 月 01 日），〈明治二十九年臺南縣公文類纂永久保存第四十卷〉，《臺灣總督府檔案》，國史館臺灣文獻館，典藏號：00009701004。

30 謝金鑾，《續修臺灣縣志》，頁 115-118。

31 周凱，《廈門志》（臺北：臺銀經濟研究室，1961），頁 75-76。

骸一次。[32] 清代所設「厲壇」原為無主枯骨收埋兼幽鬼祭祀之處，後亦作為柩棺暫寄之處所，以待運柩回中國。

清康熙55年（1716）府城里民興建南壇，壇前祭祀厲鬼，壇後供奉佛像；其左右設「萬緣堂」，作為寄放遺骸之所；又購置空地同歸所，以收埋無主枯骨。[33] 及至清乾隆42年（1777）臺灣知府蔣元樞有鑑於：「臺郡習俗惑於風水，每多停棺不葬；又流寓而死者，或不能運柩還鄉、或無人為營窀穸：皆寄柩於二壇。……郡南北郊及魁斗山等處，皆有義塚。但閱歲既久，葬者益多；纍纍并椰，穿陷於道：殊為可憫！」[34] 因此，在府城大南門外竹溪寺後園地，捐置新南壇義塚。

清乾隆42年臺灣知府蔣元樞捐置新南壇義塚。
（資料來源：蔣元樞《重修臺灣各建築圖說》）

大南門外的墓葬地名。〈19世紀臺灣輿圖〉
（臺史博藏，翻拍於溪南寮興安宮文物館）

最遲於清嘉慶17年（1812）前便繪製完成的〈19世紀臺灣輿圖〉（國立臺灣歷史博物館收藏）中，在臺灣府城大南門外可見到舊南壇、五妃墓、新南壇、義塚官山等地名，可以見到大南門外一帶已經成為墓塚綿延地帶，儼然成為當時官民的「墓葬專區」。

而也由於屍骨過多，大多採就地掩埋，清嘉慶24年（1819），於南山墓地中立有「旅櫬安之」古碑，留存至今；「櫬」是棺材、靈柩的意思，「安之」就是安

32　丁曰健，《治臺必告錄》（臺北：臺銀經濟研究室，1959），頁327-329。

33　謝金鑾，《續修臺灣縣志》，頁91。

34　蔣元樞，《重修臺灣各建築圖說》（臺北：臺銀經濟研究室，1971），頁69。

息、入土為安的意思，石碑題刻「旅櫬安之」，即希望這些「客柩」（客死異鄉的死者）能在府城這塊土地入土安息。原本這些「客柩」是停柩在「南壇」一帶，當時官方設有「太平船」運柩制度，準備運載至廈門由親屬認領，但當時「太平船」只有兩艘，且每年僅在農曆 3 月運柩一次，加上道光以前常常時設時廢，故停柩積累甚多，時日一久，濕熱氣薰，遂於南山義塚集體掩埋；[35] 也可見或由同籍鄉人所設立的「同歸所」，如清乾隆 52 年（1787）〈拾葬・眾善同歸所〉墓（現存福州三山懷遠堂）。

另外，將無主枯骨遺骸集合掩埋祭祀，其名稱在臺灣官方與民間多稱為「萬善同歸（所）」，全臺最早有紀錄可尋的「萬善同歸（所）」，即設在大南門外「義塚」處（南山公墓）。由於清代臺灣特殊移民社會的背景，渡臺者多單身隻影，輾轉流移，蠻煙瘴雨，疫癘橫行，械鬥頻仍，民變叢起，致填屍溝壑者有之，無人認埋者有之，「萬善同歸」碑在清代臺灣墓塚處並非罕見。[36] 目前留存最早的相關文物，應為清乾隆 15 年（1750）「皇清・萬善同歸所」碑，立石者屬名「種德道人」、「花塢道人」、「樹德修人」，而非本名，[37] 展現為善不欲人知的態度。在國立成功大學歷史文物收藏一件「清同歸所」碑，該碑落款「庚子」，據何培夫之考證，庚子年為 1900 年，其當時臺灣劃為日本殖民地，而立碑者以舊朝國號與歲次立號，強調安魂者生為清人，死為清鬼之心態。[38]

無主枯骨的掩埋祭祀之俗，延續今日依舊存在，成為今日鄉野間眾多有應公廟的前身。

---

35 戴文鋒，〈清代臺灣的社會救濟事業〉，頁 200-201。

36 戴文鋒，〈清代臺灣的社會救濟事業〉，頁 202。

37 清乾隆 15 年（1750）〈皇清，萬善同歸所〉，收錄於何培夫，《臺灣地區現存碑碣圖誌・臺南市篇（下）》（臺北：國立中央圖書館臺灣分館，1992），頁 324。

38 何培夫，〈新發現清代德攻碑與清同歸所碑〉（《臺灣文獻》第 35 卷第 3 期，1984），頁 139-143。

1819 年「旅櫬安之」。　　　　1787 年「拾葬．眾善同歸所」。　　1750 年「皇清．萬善同歸所」。
　　　　　　　　　　　　　　　（曾國棟提供）

（三）掃墓踏青與山鬼掘墓

　　清代臺南的祭祖掃墓風俗，以《安平縣雜記》紀錄最為詳實：

> 清明日，各家祀祖先，祭掃墳墓。惟漳州及同安人不做清明節，祀其祖先於三月
> 初三日，名曰「三日節」。又，臺人多於正月巡視墳墓，名曰「探墓厝」。祭掃
> 墳墓不專在清明及三日節。大凡二、三兩月，南北紙錢四處飛颺。[39]

　　由上文說明漳州及同安人於農曆三月初三日祭祖，其他族群則於清明節祭祖；
臺南人並於正月巡視墳墓，名曰「探墓厝」，該俗依舊延續至今，正月初二至初九
間探墓厝。春日相攜往來掃墓、踏青，成為府城南郊的春日風景，連橫也歌詠其
風，詩〈三日節〉：

> 衣香扇影林投路，細雨輕風楝子天。最是城南三日節，踏青齊到斗山前（漳人以
> 三月初三日為三日節）。[40]

　　掃墓身兼旅遊，成為春日府城的一項全民運動，更有俗諺云「二月踏草青」。
[41] 清朝府城婦女平日甚少露面，清明時出門掃墓踏青，「民家合宅男女，邀集親戚上
墳，卻也時常引來惡少輕薄之徒，亦借名遊觀滋事調戲。」[42]

39　不著撰人，《安平縣雜記》（臺北：臺銀經濟研究室，1959），頁 3、頁 13。
40　連橫，《劍花室詩集》（臺北：臺銀經濟研究室，1960），頁 96。
41　范勝雄，《府城之禁忌譴送和俚諺》（臺南：臺灣建築文化資產出版社，2002），頁 113。
42　朱仕玠，《小琉球漫誌》（臺北：臺銀經濟研究室，1957），頁 58-59。

然而攸關人、鬼二界的墳塚紛亂問題，歷來層出不窮，官府及民間為保護墳塚，屢頒諭告，並勒石示禁。

　　清乾隆32年（1767）「嚴禁棍徒藉屍嚇騙差查勒索碑記」，便是臺灣知府鄒應元（1723-？）回應民眾所請，究辦藉屍嚇騙之惡習；該碑可說是臺灣現存最早的借屍詐騙之石碑；原立於臺南市水仙宮廟內，目前移立於大南門碑林。[43]

　　清嘉慶年間，府城南緣的義塚，遭到樵夫及牧童任意踐踏、刨沙掘土，貽害先人墳塋；更有俗稱「山鬼」的盜墓者，偷盜墳塚財物，以致棺穿槨現、白骨曝露，情狀極為悲慘，鄉賢陳震曜等人觸目傷心，聯名向臺灣縣署陳情，清嘉慶7年（1802）臺灣知縣周洊頒布「義塚護衛示禁碑」告示，並立碑南門城外，用以安生人而慰幽魂，使幽明均感德澤；目前該碑移立於大南門碑林。[44]

1767年「嚴禁棍徒藉屍嚇騙差查勒索碑記」。　　1802年「義塚護衛碑記」。

43　清乾隆32年（1767）〈嚴禁棍徒藉屍嚇騙差查勒索碑記〉，收錄於何培夫，《臺灣地區現存碑碣圖誌·臺南市篇（下）》，頁333。
44　清嘉慶7年（1802）〈義塚護衛碑記〉，收錄於何培夫，《臺灣地區現存碑碣圖誌·臺南市篇（下）》，頁350。

隨著墓葬的層層積累，也出現山鬼越界築塚侵犯他人墓地，並唯利是圖。清道光 20 年（1840）因山鬼任意侵佔，民眾告官，故曾在南山墓地內立有一座的「嚴禁山鬼越界築塚碑」見證此段歷史，目前該碑收藏於鄭成功文物館。

　　清末的南山風景，在當時來到臺灣的洋人，亦視為殊景。任職於安平海關的英人必麒麟（William Alexander Pickering，1840-1907）其回憶錄中寫著：

> 一出南門，可以看見佔地廣大的墓地，白色的墓碑悲悽地在荒沙漫野中閃爍著。[45]

　　法裔美國人外交官李仙得（Charles W. Le Gendre，1830-1899）則記錄：

> 大南門外是極大的墳場，多半建在一系列土塚的坡面上，且延伸入鄉間一英里半多。從打狗與舊城而來的其中一條路，穿過由這些土塚形成的峽丘壑。黃昏時，走向那城市時，當你穿過那死陰的幽谷，進入那人間的歡樂且生氣蓬勃的城市前，那種感覺實在很難以描述。尤其是當那些氣體燃燒，產生發白的藍色火焰，有時，在夏季暖和的傍晚，從墳場洩出，在空氣裡晃來晃去，讓此地產生一般悲哀又神秘的氣氛。這是在歐洲或美洲的同類地方，鮮少會體驗到的。[46]

　　這樣層層堆疊的大南門外墓葬風景，在進入日治時期（1895-1945）後，開始有了大規模的變動。

㈣ 日治時期的南山

　　日治時期，南山一帶土地利用與葬俗，開始有明顯而重大轉變，包括火化新俗的引進，墓地管理新規範之制訂，都市擴張的壓迫與墳地遷移整理等。本節主要透過《臺灣日日新報》之歷年報導，輔以其他資料或田野調查，呈現日治時期南山墓葬文化變遷樣貌。

45　必麒麟著，陳逸君漢譯，《發現老臺灣》（臺北：臺原出版社，1995），頁 52。
46　費德廉、蘇約翰主編；羅效德、費德廉譯，《李仙得臺灣紀行》（臺南：臺灣歷史博物館，2013），頁 114。

（一）火化與新俗

日治時期對於臺灣墓葬文化最大的影響，便是將火葬文化引進，因與臺灣傳統的土葬習俗相斥，致遭反對實不難想像。而由於日本是政治支配者，因而也容易產生「日本人（統治者）＝火葬＝衛生的」、「臺灣人（被統治者）＝土葬＝不潔的」這樣的價值觀。[47] 隨著火葬的推行，火葬場的設置，戰後也開始相應而生，雖然至今依舊有極少數人選擇土葬，但據《殯葬管理條例》規定，土葬只限公墓並禁止撿骨後土葬，同時鼓勵火化；據內政部統計，臺灣遺體火化率由 1993 年不到五成，至 2009 年起已突破九成，2019 年更提升至 98.7%，目前土葬率約只有 1％餘。

日明治 29 年（1896）殖民政府為了衛生問題，開始推行火葬與火葬場的興建，也詳細規定死者去世後的一系列處理規範，如需醫生開出死亡證明，且須葬於官方許可墓地等。[48] 事實上，殖民政府雖對殖民地臺灣墓葬進行新規範，但明治日本一開始也未普及火葬文化，直到日明治 29 年因傳染病（腺鼠疫）的大爆發，眾多臺、日人因此病離世，總督府趁勢積極展開衛生工作（法規化），患者大體需火葬處理，才逐漸普及全國，[49] 火葬新俗的轉變，為基於傳染病與環境衛生，相關政策從日本逐漸向臺灣推進。

日明治 38 年（1905）制定了墓地火葬場及掩埋火葬者相關規定；簡單來看可以分成墓地管理與火葬場管理。墓地管理重要條例如由街庄社共同經營，管理者要繪製墓地圖與墓籍表，墓地需與道路、鐵道、河川沿線住宅相距 60 間（1 間等於 6 日尺，等於 1.81818 公尺，60 間約 108 公尺）以上；屍體需要在 24 小時內拿到管轄廳認許證明，傳染病屍體要在 24 小時內埋（火）葬；改葬、洗骨也都需要拿到管轄廳之許可。而火葬場的新設、擴張、休止都需管轄廳舍核可，並需與住宅輻輳區域相距 120 間（約 216 公尺）以上。[50] 相關辦法次年（1906）先於報紙上宣傳，[51] 並於 4 月 1 日公告實施，但臺南地區有不同的聲音，而暫停修繕辦法。[52]

隨著日本內地人移入眾多，專屬於內地人的墓葬區因應而生，日明治 42 年（1909），便有一則內地人墓區遷移與火葬場的增設之報導，原位於柴頭港庄的內地

---

47 胎中千鶴，《葬儀の植民地社会史：帝国日本と臺湾の「近代」》（東京：風響社，2008），頁 53-86。

47　胎中千鶴，《葬儀の植民地社会史：帝国日本と臺湾の「近代」》（東京：風響社，2008），頁 53-86。

48　「墓地及埋葬取締標準」（1896/06/12），〈明治二十九年甲種永久保存第六卷〉，《臺灣總督府檔案》，國史館臺灣文獻館，典藏號：00000061023。

49　胎中千鶴，《葬儀の植民地社会史：帝国日本と臺湾の「近代」》，頁 53-86。福田充，〈昭和初期における鎌倉誠行社の火葬近代化と料金について〉（《葬送文化》第 14 号，2012），頁 9-18。

50　「府令第八號墓地火葬場及埋火葬取締規則」（1905/09/30），〈明治三十九年永久保存第十二卷〉，《臺灣總督府檔案》，國史館臺灣文獻館，典藏號：00001166005。

51　〈雜報／墓地火葬規則〉，《漢文臺灣日日新報》第 2329 號，版 2，1906/02/08。

52　〈墓地修繕所關〉，《臺灣日日新報》第 2387 號，版 2，1906/04/19。

人公塚擬移於南門外，並建火葬場；支給改葬費用 1 圓，有逾期不遷者，視為無祀合葬；並擬植林投樹為界線，築土堤設木柵，墓地內設葬儀堂，並開道路。[53] 日大正 8 年（1919）出現了總部設置於臺南的墓葬企業「弘仁社」，業務龐大，擴及屏東、高雄、嘉義、臺北等地。[54] 日大正 10 年（1921）從臺南市區通往火葬場道路因難行而拓寬，[55] 臺南弘仁社的火葬場與通往火葬場道路通電點燈，正式開始營運。[56]

　　火葬場與住宅區之距離有詳細的規定，隨著臺南城市的不斷向南拓展，火葬場遷移的新聞屢見不鮮，如 1933 年元仙草寮[57] 火葬場將移轉烏占宅，懇請轉移他地，[58] 後因衛生事業考量，火葬場決定移轉至鹽埕；[59] 卻因迷信，無土木業者承包，市將再議直營與否，[60] 最後於 1935 年花費 1 萬 3300 圓，移至桶盤淺，[61] 火葬爐採以最新岩本氏設計，並附有監視宿舍。[62]

　　日本人認為當時臺灣人的喪禮葬儀繁瑣且鋪張，如雖是喪禮，卻有吵雜音樂或戲劇，聘請和尚、道士誦經、燒紙錢，因喪期停柩、尋找風水寶地等等問題。[63] 如日治初期臺南枋橋頭街故庠生師周之妻陳娥喪禮，「紛紛雇用馬隊香旛香擔鼓樂。到時不知如何熱鬧云。」[64]

　　日治初期的臺灣，隨著喪葬習俗的改善，開始出現「追悼會」形式的葬禮，如 1915 年臺北仕紳陳其春為亡母舉行公弔。[65] 而 1917 年板橋林家林祖壽母親林郭之喪禮，則採用比日本人還日本人的日本神道式，被學者認為是為讓統治者認同，來保存全族的繁盛。[66]

53　〈湖海琅國／南部撮要（八日發）／墳墓改葬〉，《臺灣日日新報》第 3385 號，04 版，1909/08/11。

54　〈弘仁社創立總會〉，《臺灣日日新報》第 6829 號，04 版，1919/06/21。〈弘仁社創立總會〉，《臺灣日日新報》第 6830 號，02 版，1919/06/22。

55　〈火葬場道路〉，《臺灣日日新報》，06 版，1921/05/27。

56　〈臺南／火葬場に點燈〉，《臺灣日日新報》第 7612 號，04 版，1921/08/12。

57　昔日府城大南門城外西南邊，通往田寮、大館、鹽埕之砂丘，皆種仙草，遂有「仙草寮」地名，所在位置大約在今家齊高中之西南邊一帶的範圍，大約健康路以南，新興東路以北，水交社路以西，西門路以東，因此位於家齊高中對面的水交社路與新興東路交叉路口有一「仙草寮玄光壇」，新興東路上有一間「無極紫鑾殿」，均位於「仙草寮」。

58　〈達魁斗山墓地大慰靈祭／期日來廿八日〉，《臺灣日日新報》第 11883 號，08 版，1933/05/06。

59　〈火葬場移轉〉，《臺灣日日新報》第 12081 號，03 版，1933/11/22。

60　〈臺南市營火葬場爲迷信多不樂承辦／市將再議直營與否方針〉，《臺灣日日新報》，04 版，1934/09/07。

61　〈臺南火葬場移桶盤淺／經費萬三千餘圓〉，《臺灣日日新報》第 12368 號，12 版，1934/12/13。

62　〈臺南／新火葬場〉，《臺灣日日新報》第 12587 號，08 版，1935/04/17。

63　臨時臺灣舊慣調查會，《臨時臺灣舊慣調查第二回報告書（第二卷上）》（臺灣總督府臨時臺灣舊慣調查會，1911），頁 28-58。

64　〈赤崁雜俎／出殯盛況〉，《漢文臺灣日日新報》第 3014 號，04 版，1908/05/20。

65　胎中千鶴，《葬儀の植民地社会史：帝国日本と臺湾の「近代」》，頁 93-95。

66　胎中千鶴，《葬儀の植民地社会史：帝国日本と臺湾の「近代」》，頁 100-103。

1931 年臺灣民族運動家蔣渭水（1888-1931）逝世，同年 8 月 23 日在臺北舉「大眾葬」，其全名為「故蔣渭水氏之臺灣大眾葬葬儀」，被認為是屬於庶民體制的「國葬」，以悲愴的音樂與弔軸、輓聯、花環為主軸，排除了傳統的喪禮元素，徹底而簡樸的新類型喪儀，可說空前絕後。[67] 舊習的改正，在知識分子上可見影響，如臺南仕紳王開運妻董阿柳逝世時，其喪禮便朝向革除陋習的方向舉行，《三六九小報》主編趙劍泉便對此有高度評價：

> 杏庵夫人。日前舉行葬式。廢止途中行列。其式場之嚴肅與排設。故實罕觀。夫禮與其奢也寧儉。喪與其易也寧戚。獨怪今人於喪葬之式。鑼鼓喧闐。馬隊藝棚。儼如賽會迎神。杏庵斯舉。於破除習俗之功。可謂大矣。[68]

日治末期開始了皇民化運動（1937-1945），1937 年臺灣著名商紳辜顯榮（1866-1937）於東京逝世，回到故鄉鹿港舉行盛大「純日本式」喪禮，被認為是皇民化的最佳示範、全然廢止「陋習」，與日本內地相同，根著於日本庶民的佛式葬禮，進而影響臺灣。此外，雖軍人的慰靈祭或公職人物逝世大多採神道式，但依舊以佛式最為普遍，這般現象同時也反映日本佛教在臺勢力的一些態勢。[69]

（二）市街擴張與墓地遷移事件

進入日治時期，引入現代化都市概念，認為臺灣人的墓葬是雜亂無章的，後規範墓葬區域，明治 39 年公告了小南門外為「臺南市街公共墓地」[70]，明治 41 年（1908）再次刊報說明臺南廳轄域內的公共墓地，也就是今日的南山一帶：

本島墳墓地。清時無一定之區域。聽人民自擇亂葬。改隸後各地方痛除此弊。故此次臺南廳管內。指定新昌里鹽埕庄。仁和里桶盤淺庄。竹篙厝庄。永康下里後甲庄。三份仔庄。內武定里六甲頂庄。外武定里鄭仔藔庄等。為共同墓地。[71]

在今日南山仍可見到日昭和 4 年（1929）由臺南市役所所立的「臺南市南門外桶盤淺共同墓地」碑，以標示公共墓地範圍。

67　胎中千鶴，《葬儀の植民地社会史：帝国日本と臺湾の「近代」》，頁 110-112。

68　頑（趙劍泉），〈墨餘〉，《三六九小報》第 430 號，02 版，1935/03/23。

69　胎中千鶴，《葬儀の植民地社会史：帝国日本と臺湾の「近代」》，頁 156-168。

70　〈臺南雜俎／調定基地〉，《漢文臺灣日日新報》第 2719 號，03 版，1907/05/29。

71　〈南帆一片／共同墓地〉，《漢文臺灣日日新報》第 3046 號，04 版，1908/06/27。

「臺南市南門外桶盤淺共同墓地碑」。

　　臺南市各項公共設施的需求大幅提升，各城門外的清代墓地，紛紛受到徵收而遷移，其中南山公墓更因城市人口的增加、各項建設的開拓，而開始大量遷移。日明治 40 年至 41 年（1907-1908）間陸軍提出要徵用大南門一帶約 3 萬 5000 餘坪來充當陸軍射擊用地，結果遭到市民反對，並提出若要實行，要有改葬補貼：一墓約 5 圓、墓數 3 萬座、共約 15 萬圓，[72] 雖有提出相關補貼措施，但反對聲浪猶大，由 3 名廳參事、5 名街長為代表提出請願書；[73] 抗爭後射擊場改移至大北門外的三份仔庄，其收購費用由人民負擔，先向銀行借付，再由人民捐提，[74] 期間亦有辯護士（律師）川原義太郎居中協助周旋，受到人民讚賞。[75]

　　但除了墳墓的拆遷外，也有內地人（日本人）墓區的移入，日明治 43 年（1910）小北門之內地人共同墓地及火葬場，由津田廳長計畫遷至小西門外荔枝宅角至舊南壇故址，佔地約 1000 坪，並請原地有墓葬之本島人遷葬。由此可以見到墓葬土地使用的競爭。

72　〈雜報／臺南の射擊場用地變更請願〉，《臺灣日日新報》第 2789 號，02 版，1907/08/20。
　　〈雜報／請變更射擊場用地〉，《臺灣日日新報》第 2790 號，02 版，1907/08/21。

73　〈雜報／臺南墓地問題後報〉，《臺灣日日新報》第 2800 號，02 版，1907/09/01。
　　〈雜報／臺南墓地問題後報〉，《臺灣日日新報》第 2801 號，02 版，1907/09/03。
　　〈臺南短信／討練兵地〉，《臺灣日日新報》第 3023 號，04 版，1908/05/30。

74　〈雜報／陸軍射擊場問題の解決〉，《臺灣日日新報》第 2861 號，02 版，1907/09/20。
　　〈賞金寄附〉，《臺灣日日新報》，第 3197 號，05 版，1908/12/26。《臺灣民報》第 210 號，1928/05/27。《臺灣民報》第 211 號，1928/06/03。〈怪物を葬れ！集義公司か／それとも集利公司か〉，《臺灣民報》，1931/02/07。

75　〈雜報／澤及枯骨〉，《臺灣日日新報》第 2831 號，05 版，1907/10/09。

明治年間，大南門墓地雖逃過射擊場之徵用，進入大正年間卻開始面臨都市公共建設與市街擴張的壓力，而開始禁葬、遷墳，臺南市於日明治 44 年（1911）公告臺南市區改正計畫。日大正 5 年（1916）大南門外桶盤淺庄墓地，其地因市政另有他用，明令於同年 2 月 16 日起禁止墓葬，有墓於該地者，須進行通報，遷葬期限延滯 11 月 30 日，而有通報遷墳並給予補助，任意遷葬者則不給相關補助。[76] 日大正 6 年（1917）鹽埕庄公共墓地，也因欲充為發電所，明訂不准再葬且遷墳，限於同年 12 月 30 日遷畢，有墓主者補貼 3 圓，無主者由東西區長支付費用，遷葬三分仔，以立碑「萬善同歸」處理。[77] 日大正 5 年、6 年這兩起遷墳事件，正是臺南城市向南擴張的先聲。

　　清代以來孔廟之南的府城，居住人口相對於城中或城西較為稀少。日治之後，南門及其周遭有了有一定規模的開發，以文教機構與設施為主。如臺南第一公學校（1896 年設，1928 年改名臺南師範學校附屬公學校）、臺南師範學校（1899 年設，今臺南大學）、臺南第一高等女學校（1917 年設，今臺南女中）、臺南第三公學校（1919 年設，今進學國小）、臺南第二高等女學校（1922 年設，今中山國中）等。日大正 13 年（1924），臺南第二高等女校進行擴建，以王開運為首的「集義

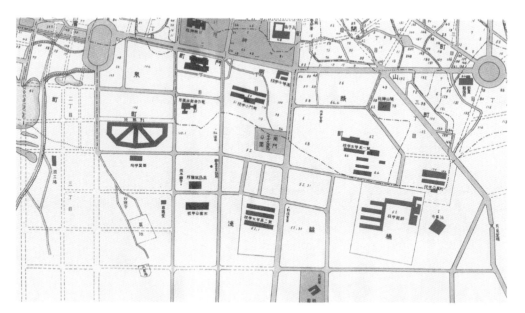

1931 年中島新一郎〈最新地番入臺南市街圖〉。

---

76 〈示論遷塚〉，《臺灣日日新報》第 5871 號，06 版，1916/11/05。
76 〈示論遷塚〉，《臺灣日日新報》第 5871 號，06 版，1916/11/05。
77 〈致祭孤墳〉，《臺灣日日新報》第 5957 號，06 版，1917/01/30。

公司」，[78] 將「無緣者」骨骸收拾建造萬善同歸墓，並於同年 10 月 14 日由市尹荒卷鐵之助率官民百餘名同祭。[79] 1928 年臺南第三公學校更名為末廣公學校，並遷入現址。從 1931 年中島新一郎〈最新地番入臺南市街圖〉來看，可見大南門（南門公園）周遭已成文教區。

除了文教建設之外，因日昭和 3 年（1928）昭和天皇即位，當時政府順勢進行都市計畫地與財政之擴充，首先欲遷南門墓地來建立運動場，卻招來民眾抗議。[80] 雖有抗議，但官方持續進行相關作業，更將鄰近區塊改作為末廣公學校、官舍、住宅之預定地，並於同年 3 月開始墓地整理，無緣墓則於桶盤淺墓地終點新設納骨堂合祀，[81] 市街因此向南延長，[82] 但因民眾反對、抱怨，遷移工作速度緩慢，卻也促進了瓷器業、土水工業者忙碌，[83] 金斗甕因此價高。[84] 之後臺灣文化協會臺南支會與民眾黨加入反對墓地遷移，形成「臺南墓地事件」（亦稱「大南門廢棄墓園事件」），[85] 而墓地有緣者亦從各姓宗親會，以團體方式出面抗爭；[86] 原官方想利用御用紳士會議來中止廢墓計劃作為臺階，以平息眾怒，卻因有親日臺灣人反對，計畫照常進行，引發一連串的抗議事件，並有人潑糞洩憤，[87] 後當局逮捕了文協會員洪石柱、蔡右、莊孟侯、蔡國蘭等人，[88] 王敏川、連溫卿、連七、周榮福、林江龍等人也被牽連在中。[89] 而這一些抗爭裡面，不乏基督教徒，教徒基於人本立場，使得事件中融合了不同宗教信仰人群[90]，成為一灘渾水。另外日昭和 6 年（1931）再次公告遷墓範圍，[91] 除了已興建完成之煉瓦會社住宅、師範學校、第二高女等大型建築，建立大型運動場勢在必

78 林建廷，〈臺南士紳王開運社會活動與文學作品研究〉（國立成功大學臺灣文學系碩士論文，2012），頁 88-90。

79 〈設納骨堂〉，《臺灣日日新報》第 8778 號，04 版，1924/10/21。

80 〈臺南寧南門外將改葬歟〉，《臺灣日日新報》第 10169 號，04 版，1928/08/12。

81 〈臺南大南門外廢墓地整理／無緣墓は新設の納骨堂に合祀三月から著手する〉，《臺灣日日新報》，05 版，1929/02/20。

82 〈臺南市土地整理／大南門外住宅地は來月に入り改墓の告示をする迄に著々進捗〉，《臺灣日日新報》第 10175 號，05 版，1928/08/18。

83 〈臺南寧南門外改葬者多〉，《臺灣日日新報》第 10079 號，04 版，1928/05/14。

84 〈寧南門外遷墓餘聞〉，《臺灣日日新報》第 10092 號，04 版 1928/05/27。

85 林柏維，《狂飆的年代──近代臺灣社會菁英群像》（臺北：秀威資訊，2007），頁 90-91。林芳妤〈府城青年的社會參與及文化活動研究：以 1921-1931 年為範圍〉（國立成功大學中國文學系碩士論文，2016），頁 78-82。

86 都通憲三朗（李玉琴／譯），〈昭和大禮與臺南市墓地移轉問題──宗族組織與宗親會〉（《文史薈刊》復刊第 4 輯，1999），頁 11-25。

87 〈臺南文協反對墓地案近聞〉，《臺灣日日新報》第 10400 號，04 版，1929/02/23。《臺灣民報》第 210 號，1928/05/27。

88 《臺灣民報》第 214 號，1928/06/20。

89 郭弘斌，〈臺南廢棄墓園事件〉《臺灣海外網──臺灣人的臺灣史》https://www.taiwanus.net/history/4/69_5.htm。

90 王昭文，〈1920 年代臺南的基督徒與社會運動初探：以 1928 年「臺南墓地遷移事件」為例〉（林玉茹、Fiorella Allio 主編《南瀛歷史、社會與文化》，2008），頁 327-344。

91 〈臺南寧南門外墓地遷徙／急告有緣者〉，《臺灣日日新報》第 11309 號，08 版，1931/10/06。

行之外，當時預估有 2 萬 7000 至 8000 門墓需遷移。[92] 日昭和 7 年（1932）因遷墓期限一延再延，礙於運動場工程進度，已開挖無主墓，[93] 同年市民又請求延期。[94] 此時挖墓、遷墳新聞層出不窮，如運動場用地挖掘工程，原預估有 9000 餘座墓，挖掘後有近 1 萬 5000 座，[95] 又欲開挖道路而下令遷墳，[96] 直至日昭和 8 年（1933）5 月 28 日臺南綜合運動場舉行落成儀式，整個事件才告一段落。[97]

　　大南門墓園事件的後續影響，除了建設與遷墳之外，使得臺南的各大宗族進行同姓納骨堂（塔）的營建討論與實行，並形成一股社會風氣，如日昭和 4 年（1929）之報導：

> 臺南々門外。近為改編道路故。是處所有墳墓。均須遷葬。其無緣者。現在由各宗親會僱工。認姓收骸。營一納骨塔以收之云。[98]

　　並可見各姓宗親會借祠廟進行討論磋商。[99] 目前在南山現場則可見陳姓諸故宗瑤臺（1930 年完工舉行大祭，[100] 2021 被拆）、龍山曾家祖公媽十一位墓（1931 年建）、吳姓大宗墓（1932 年建）、[101] 葉姓宗親納骨堂（1932 年建）、白礁王家歷代祖墓（1936 年建）、渤海高姓納骨堂（無年代）等墓葬建築，皆由同姓宗族所拾葬，除了回應了大南門事件之外，也展現同宗的人道情誼，並催生了一批華美的臺南同姓納骨堂建築。而在日昭和 8 年（1933）運動場落成前，市政府召集了臺南市 23 個宗親會進行舉行大慰靈祭商議，結果僅 17 名宗親會代表參與，商定於 28 日舉行。[102] 17 日後各宗親會卻召開磋商會，表示對於市政府要舉行之慰靈祭，以久旱不雨、無謂耗費等理由，決議不助普。[103] 在重視鬼神祭祀的臺南，可謂是對於政府官方的一種抗議。而實際原因，則可能係各宗親會在納骨堂興建完成後，早已舉行祭祀儀禮，認為實在無需再進行之緣故。

92 〈累々二萬八千の塚を掘返すの日骨と絡らむ金銀寶石のたぐひ／無氣味な內にも見逃さぬ金儲け／臺南大運動場整地添景〉，《臺灣日日新報》第 11314 號，03 版，1931/10/11。

93 〈寧南門外廢暮著書手毀掘〉，《臺灣日日新報》第 11116 號，08 版，1932/01/22。

94 〈臺南寧南門廢墓遷移再展期〉，《臺灣日日新報》第 11452 號，04 版，1932/02/27。

95 〈寧南門外墳墓發掘意外萬五千基〉，《臺灣日日新報》第 11500 號，04 版，1932/04/16。

96 〈寧南門外桶盤淺又決定遷墓〉，《臺灣日日新報》第 11513 號，04 版，1932/04/29。

97 〈臺南運動場落成磋商〉，《臺灣日日新報》第 11881 號，04 版，1933/05/05。

98 〈建納骨塔〉，《漢文臺灣日日新報》第 10527 號，04 版，1929/08/08。

99 〈劉、侯、杜宗親會／假七娘境廟內磋商納骨堂事〉，《臺南新報》第 10873 號，12 版，1932/04/23。

100 〈臺南／祭納骨堂〉，《臺灣日日新報》第 10822 號，04 版，1930/06/02。

101 〈臺南／落成祭典〉，《漢文臺灣日日新報》第 11691 號，08 版，1932/10/25。

102 〈達魁斗山墓地大慰靈祭／期日來廿八日〉，《漢文臺灣日日新報》第 11883 號，08 版，1933/05/06。〈臺南運動場落成磋商〉，《漢文臺灣日日新報》第 11881 號，04 版，1933/05/05。

103 〈南市宗親會對慰靈祭議不助普〉，《漢文臺灣日日新報》第 11899 號，04 版，1933/05/23。

1932 年吳姓大宗墓。　　　　　1932 年葉姓宗親納骨堂。　　　　渤海高姓納骨堂。

　　而因眾多墓地被開挖，不少無主墓無人協助，幸有不少善心人士出面協助安置無主墳墓，如 1929 年臺南師範學校附近道路開挖，而枯骨暴露，有善心人士臺南外新街廩生邱及梯（秀才，字學海，石暘睢幼年啟蒙師）樂行善事，請人於四處收拾暴露骸骨。[104] 又如大南門遷墓事件中，王汝多於竹溪寺南畔公共墓地建立萬善同歸等等。[105]

　　在大南門事件後，更大規模的開發為 1936 年，於鞍仔庄進行的「臺南飛行場（今臺南機場）」工程，大量的墓地充做機場用地至今；次年機場完工，[106] 除了墓葬遷移外，連帶影響鄰近聚落，如桶盤淺、鞍仔、堀仔等庄，皆因工程進行而遷庄。

（三）牟利與爭地

　　日治時期的南山雖多紛擾，仍有人毀墓從中牟利，還有外來宗教的干擾等問題，毀墓、盜墓、爭地事件層出不窮。其中以墓碑最為值錢，無賴者多偷挖墓碑販售給打石店。[107]

　　1908 年從魁斗、五妃、師爺塚、五崙、大南至小南等皆為公墓地，有人盜墓，有人建議沿用清律，開棺者處以死罪。[108] 大南門魁斗山為義塚改隸後無人管理，遇雨白骨盡出，[109] 師爺塚、胡參宅附近多有墳墓被四鯤鯓、鹽埕庄人所飼之牛羊踐踏損壞、牧童於其間遊戲。[110] 到了大正年間，開始有人針對義塚重新管理，如師爺塚（浙江派積善堂、福州派同善堂），於墓中分別設有一祠堂，祀有發起人祿位，並以附近田園收租來供祭祀支出，改隸後由前區長張建功管理，舉辦春秋祭。[111] 1911 年

104 〈雜報／天佑善人〉，《臺灣日日新報》第 2404 號，05 版，1906/05/09。
105 〈臺南大南門外墓地整理〉，《臺灣日日新報》第 10401 號，04 版，1929/04/04。
106 杜正宇〈日治下的臺南機場〉（《臺南文獻》創刊號，2012），頁 27-54。
107 〈臺南雜俎／掘墳墓石〉，《臺灣日日新報》第 2672 號，04 版，1907/04/02。
108 〈里巷瑣聞／發塚兇盜〉，《臺灣日日新報》第 3313 號，07 版，1908/10/08。
109 〈湖海訪函／南部通信（十四日發）／荒塚白骨〉，《臺灣日日新報》第 3897 號，03 版，1911/08/19。
110 〈赤崁春帆（廿四日發）／傷害墳墓〉，《臺灣日日新報》第 3897 號，03 版，1911/03/30。
111 〈湖海訪國／南瀛近信（十五日發）／祭師爺塚〉，《臺灣日日新報》第 3745 號，03 版，1910/10/19。〈湖海訪國／赤崁春帆（廿三日發）／定期祭塚〉，《臺灣日日新報》，第 3896 號，03 版，1911/03/29。

舊南壇（積善堂）遇雨損壞、新南壇拆毀，次年諸人選舉安平蕭宗桂為總理，重修南壇。[112]

好景不常，桶盤淺庄四崙、仙人拋網等二地，有內地人雇牛馬車載運砂土，於新町填補魚塭，導致墓地流失。[113] 另有民眾、官員從中獲取私利之事件頻傳，如1917 年桶盤淺墓地遷墳，範圍從五崙頭至新坪曾蔡二姬墓，有土地整理委員從中謊報牟利，而受到民眾抗議陳請之情事。[114] 1929 年臺南州當局將廢墓地貸與孫亨、石媽恩等二人，二人將其墾為園，引起市民反對；[115] 1930 年市內商人買收桶盤淺放領墓地闢為園牟利，引發爭議；[116] 1931 年文廟樂局有田園於南門外烏占宅，四周皆為公共墓地，承贌之人以墓地侵佔贌地為由勒索他人。[117] 1934 年桶盤淺洲仔一帶墓葬區田地，被內地人退職者佐川承租開墾，卻逼迫墾地鄰近墓塚後代須繳納租金，引起臺南蔡、吳、莊、李、許等姓宗親會推派代表向臺南州當局陳請抗議，[118] 並組織「南郊墳墓善後會」，以吳森玉為會長，黃欣、陳鴻鳴為顧問，《臺南新報》編輯長室谷氏協助周旋，向市內各保正聯署，並於吳姓大宗祠召開磋商會。[119] 其後因協商不成，遷墳勢在必行，決議組織非營利集義公司，由許燦然、陳榮川、孫寶琳、徐棟廷、吳國昭、李用希、吳倫炳等人出頭募集資金。[120] 事件最後由善後會公告墓地遷移範圍（洲仔、芎蕉腳、蓮花池、查某嫺宅等地），並雇人通知自行插牌為認，無認者便充當無緣墓，合葬萬善同歸。[121]

日本本土佛教宗派眾多，臺灣成為殖民地後，陸續有各宗派來臺布教，形成新的佛教勢力。日本佛教進入臺南後，各派（如本願寺、淨土宗、臺南寺）為興建寺院，也與南山墓地爭地，1926 年鹽埕一番內墓塚便因日本佛教寺院需求被迫再遷移。[122]

112 〈南瀛鯉信（一日發）／南壇重修〉，《臺灣日日新報》第 4315 號，06 版，1912/06/04。

113 〈臺南桶盤棧庄兩公塚骸骨暴露掘土牛馬車不顧公德〉，《臺灣日日新報》第 11149 號，04 版，1931/04/28。

114 〈俯恤民隱〉，《臺灣日日新報》第 6260 號，06 版，1917/11/29。

115 〈臺南桶盤淺庄廢墓地再起問題／因石氏必欲墾拓爲園〉，《臺灣日日新報》第 10474 號，04 版，1929/06/16。

116 〈臺南／公司滋事〉，《臺灣日日新報》第 10804 號，04 版，1930/05/21。

117 〈烏占宅公共墓地有橫加勒索者〉，《臺灣日日新報》第 11372 號，04 版，1931/12/08。

118 〈桶盤淺州仔墳墓地給退職者乘圖利／臺南各宗親會將訪州當局〉，《臺灣日日新報》第 12244 號，04 版，1934/05/06。

119 〈州仔墓地續報關係者組會選委員活動交涉佐川某態度依然強硬〉，《臺灣日日新報》第 12247 號，04 版，1934/05/09。
〈臺南有志墓地善後且開磋商會〉，《臺灣日日新報》第 12269 號，08 版，1934/05/31。

120 〈臺南州子墳墓問題在吳姓宗祠議善後／決定組非營利集義公司〉，《臺灣日日新報》第 12272 號，04 版，1934/06/03。

121 〈臺南／墓要插牌〉，《臺灣日日新報》第 12296 號，04 版，1934/06/27。

122 〈臺南寧南門外墳墓再遷葬〉，《臺灣日日新報》第 9382 號，04 版，1926/06/17。

1930 年大南門外墓地已改築成新住宅地，並開放放領申請。[123] 五年（1935）後出現移入者人潮，桶盤淺住宅增多，[124] 也因住宅激增，而連動導致火葬場遷移問題。[125]

五 結語：南山何去？

　　南山公墓的百年發展，是臺南城市歷史的縮影。史前人類居住過，原住民也曾游獵此地。明崇禎 15 年（1642）曾振暘下葬與此，成為目前臺島最早之墓。延綿砂丘也因孔廟的設置，成為孔老夫子的筆架，魁斗文明至此而開。曲流形成風水寶地，大量的官民選擇安葬於此，而有了「旅襯安之」的落地生根。而太多的亂葬、無主墓，府城人急公仁心，官民同置義塚，以安眾魂。

　　日治時期帶來了新規置與衝擊。火化的推行與除陋習推新俗，逐漸型塑出不一樣的喪葬觀念。雖著臺南市街擴張與公共設施的建立，墓地遷移事件開始爆發。日明治 40 年至 41 年（1907-1908）府城人成功抵擋了陸軍射擊用地的設置，然而日昭和 4 年（1929）「大南門廢棄墓園事件」成為南山歷史上的關鍵轉捩點。城牆拆除、文教、宿舍開始出現於此，墓葬區域再往南遷移，逐漸成為我們今日所見的南山。

　　牟利、爭地之事件則是層出不窮，透過文獻、田野資料，撫今追昔。面對更大規模的開發，從歷史、考古、建築及城市發展等多元角度與意義，來反觀這片區域所發生過的歷史，應要有更多的思考與討論，來迎接下個百年。

【參考文獻】（略）

123〈臺南市の新住宅地拂下申請認可さる〉，《臺灣日日新報》第 10704 號，05 版，1930/02/03。

124〈近來躍進之臺南市住宅地逐年膨脹／桶盤淺附近行見一變〉，《臺灣日日新報》第 12595 號，08 版，1935/12/07。

125〈臺南市營火葬場近く移轉か／南門方面の發展で〉，《臺灣日日新報》第 11674 號，03 版，1932/10/08。

神僕成神傳說探析 —— 以南廠保安宮法脈法師成神爲例

周家豪 *

摘要

臺灣民間信仰文化中關於先人成神現象與傳說故事相當值得注意，過程中有許多因素左右死後成神，如功果、香火等等。故事情節多半帶有傳奇性，不只是民間文學的一部分，也折映民間信仰之中面對死、生以及祭祀的重要概念。而在臺南流傳有三位「協字輩」紅頭小法法師成爲神明的傳說故事，祂們生前爲神服務，在仙逝後被奉祀爲神，這幾位分別是：「康府元帥」康雲南法師（1913-1982）、水門宮「辛府元帥」「惡人」辛莄法師（1916-1985）、南廠武英殿「清合祖師」蔡登勇法師（1948-2011）。本文試從民間文學的角度，來剖析三位法師的故事，探討成神因素、信仰觀念等面向。

關鍵字：民間信仰、成神傳說、地方脈絡、紅頭小法、臺南

● 一 前言

　　臺灣民間信仰內容豐富，有許多與神明及神蹟相關的信仰傳說，其中關於先人成神現象與傳說故事、情節與傳奇性、先人的功果與香火、成神速度及成神依據等等，都是值得深入探討的面向。

　　筆者在臺灣廟會的文化參與和民俗觀察中，深深爲紅頭小法的神秘與莊嚴所吸引。「小法」屬方便法門，大多執行較不複雜的法事，與常民生活非常貼近，是臺灣民間信仰中非常重要的一環，舉凡神明生日壽誕清壇祝壽、賞兵犒將、入火安座、收內外煞、開光啟靈、關乩降駕、隨轎後頌等等，多由小法執行。其中最具代表性的，當屬發源自臺南南廠保安宮協敬壇，奉徐甲真人爲祖師的「徐甲派紅頭小法」，因早期在行法時會綁上紅色頭巾故名。現今已傳遍全臺各地，在各大小廟會與科事場合，時常可聽到他們激昂明快的曲調，爲現今臺灣最常見的小法派別。

---

*　國立中山大學中國文學系碩士班民間文學研究生

1　戴瑋志、周宗楊、邱致嘉、洪瑩發合著，《臺南傳統法派及其儀式》（臺南：臺南市政府文化局，2013），頁38-39。

南廠保安宮協敬壇之徐甲真人。（2020/02/24，南廠保安宮）

　　筆者在田野調查的過程中，發現在南廠保安宮法脈裡，有三位小法老師成為神明，分別為：南廠保安宮協敬壇「康府元帥」康雲南法師、南廠水門宮「辛府元帥」「惡人」辛趞（jiok）法師、南廠武英殿「清合祖師」蔡登勇法師等。三位法師生前皆於保安宮法脈中為神明服務，仙逝後同樣成神。康、辛二位法師為同門師兄弟，生前感情甚厚，蔡法師更是康法師之徒，他（祂）們特殊的生命歷程與成神經歷，不禁引發筆者的好奇，想要進一步探討。

　　回顧歷來的研究狀況，筆者大致將文獻分為兩類，一是與紅頭小法團脈絡及三位法師成神之相關文獻資料的蒐集和整理，二是與成神相關之研究成果的整理及歸納。首先在關於保安宮協敬壇紅頭小法團脈絡方面，有《臺南傳統法派及其儀式》一書，作為筆者在梳理協敬壇歷史與其法脈傳承之重要參考資料。書中記載，徐甲派紅頭小法一脈最早可追溯至於日治時期（1895-1945）開設藥材行的蘇朝成法師，再由其徒吳天賜、吳羅漢兩位法師於日昭和 11 年（1936）成立南廠保安宮協敬壇小法團，此為紅頭小法之濫觴。但筆者田野調查的過程中發現，僅有小法團之組織，並無「協敬壇」之名，協敬壇之名號為康雲南法師所創。[2]

2　筆者田調所得（日期：2020/11/20，訪問對象：林存昶先生）。

歐財榮〈臺南府城小法團傳承之探討〉一文也為筆者之重要參考，但文中僅針對於協敬壇之傳承，並未詳盡介紹其傳衍法團之歷史脈絡與傳奇故事，也未見為何創壇之原因與創壇之初的師徒傳承與介紹。

在徐曉望〈論瑜珈教與臺灣的閭山派法師〉一文中，詳細記載與剖析閭山派之起源，但並未見有關於徐甲真人為何會是閭山派神明的記載，以及有關閭山派由中國傳至臺灣後分衍甚多之現象。

上述目前所見文獻，大多著重在法脈的傳承或者儀式，針對徐甲派紅頭小法法師成神傳說現象，並未有針對三位法師成神歷程與相關傳說進行討論的論文，不過有謝奇峰記錄相關事蹟，可作為本文的研究基礎。

在王奕期、張寶貴所著〈臺南地方神祇的成神之道初探〉一文中，針對了數位臺南地方神祇的傳說做了整理，並探討其中成神之原因。文中舉柳營義善姑、飛虎將軍山浦茂峰、鹽水蔡觀音、大內斗笠仙余仙祖、西來庵陳督司、安平伍德宮三品許總捕頭等六例，並初步歸納有兩點：其一，對民眾有所貢獻，並有足堪表率的道德人格，為民眾所感念而成神；其二，為主神提攜而成神。文中以「生前為善」、「死後顯靈」、「祭祀情形」來分析，背後反映了庶民的文化心理。[3] 本文所聚焦之地點臺南，正為三位法師成神之地，其中案例不乏相似處，正可做本文之重要參照。

筆者除探討南廠王宮一脈協字輩小法中法師成神傳說外，並與其他先人英魂，例如有應公、祖佛、民間英雄等成神過程相互比較，在介紹三位小法法師的生命歷程之外，更著重探討這三位小法法師為何能成神？祂們成神的要素及過程？其中展現了什麼地方脈絡或特色？對於法壇及奉祀寺廟的影響又是如何？此外，康法師未入祀大廟，與其他兩位成神的小法法師不同，他們彼此之間的差異又是為何？筆者將透過這些案例綜合分析民間信仰對於「成神」及後續概念的理解，並藉此記錄、保存在地民間信仰文化。

㊁ 三位成神者之生平與法脈傳衍

三位成神者在生前，皆為創壇先師，傳授許多學生，這些經歷皆與日後成神有相當程度的關聯，以下分述三位成神者的生平與法脈傳衍。

3　王奕期、張寶貴，〈臺南地方神祇的成神之道初探〉，《遠東通識學報》第五卷第一期，2011 年 1 月，頁 123-134。

（一）康雲南法師生平

　　南廠保安宮原有三壇小法法師的存在，後來出現斷層，反而由傳衍至市仔頭福隆宮的法師，即「司公賜」吳天賜法師、「羅漢伯」吳羅漢法師等人來傳授南廠保安宮的紅頭小法。[4] 吳天賜法師原本是先學習三壇小法，與吳羅漢法師是師兄弟關係，後來再去學道士。由於吳天賜法師的道士身分與經驗，漸漸的與原本三壇小法的模式有了不同，逐漸形成小法團的組織。因為當時學法人數眾多，有人專精在符法，有人專精於召營的「跤步手路」，由原本的一位法師與一位助手兩人搭檔行法，逐漸組織化，但當時並無為此組織立名為協敬壇。[5] 而康法師正是當時的其中一員，學法於吳羅漢法師門下，與辛趖法師為同門師兄弟，康法師從小生長在王宮口，由於正逢二次世界大戰，在空襲時常躲於保安宮神桌下，因此機緣漸漸與吳府三王爺有了特殊的靈感，許多咒語傳說是三王爺在夢中告訴康法師，再由當時的師兄弟柯興法師抄錄下來，形成了現今通行的紅頭小法咒語，三王爺亦有在夢中教授康法師關於召營科儀中「文界」與「武界」的一些跤步手路，[6] 除了是同輩徐甲派紅頭小法師兄弟中之集大成者外，康法師也教授了許多學生，並傳授指導市仔頭福隆宮協誠壇、南廠平天館協靈壇之法事科儀，由於篤信吳府三王，因此康法師所創立之法壇，例如福隆宮協誠壇、協靈壇等，而開始有了吳府三王的信仰。

小法法師們篤信之南廠保安宮吳府三王。
（2020/02/24，南廠保安宮）

4　筆者田調所得（日期：2020/11/20，訪問對象：林存昶先生）。

5　筆者田調所得（日期：2020/11/20，訪問對象：林存昶先生），但尚待更多證據佐證，此處以筆者實際田調為主。

6　筆者田調所得（日期：2020/11/20，訪問對象：林存昶先生）。

康法師習有符法，但因被友人騙取行不義之事，怪罪於自己，並未將符法傳下，僅留有在執行法事時會使用到的一些符籙。[7] 他也曾擔任過道長在爬刀梯奏職之時的通引官。而康法師生前曾留下一段傳奇，並有口述藏頭詩，當時康法師受福隆宮三王爺的指示去睡神桌下，說有事要交代，康法師得到神明的感應後，口述出一篇「慶祝董事會成立」的七言長詩，留下一段佳話。[8] 康法師生前之心願為成立「敬、誠、靈、合」四間法壇，但在其生前僅傳授了市仔頭福隆宮協誠壇、南廠平天館協靈壇，最後的「合」並未成立，康法師生前常掛念此事。後於 1982 年農曆 4 月25 日與 26 日交接的子時仙逝，正好是李府大千歲的聖誕之時。[9]

康雲南逝世後，因其為同輩中之佼佼者，又傳授許多徒子徒孫，於是學生們（筆者按：吳生傳、蔡登勇等人）與康法師後代，認為他在紅頭小法上的貢獻卓越，便商議要粧塑其神像，用以追思紀念，永懷師恩，因此眾人便前往南廠保安宮，擲筊向大千歲李府王爺請示，經大千歲允栖，指示康法師功果已有，方粧塑其神像。當時是在南廠保安宮的廟門口，由協敬壇小法團進行開光科儀，登臺拜表，並由三王爺的乩身保奏雲南法師成神，可見其隆重。[10] 但康法師成神之後並未入祀南廠保安宮，而是成為康家家神，信徒多為其家人、子孫，或者祂的學生們會前往參拜，當中包括日後也成神的蔡登勇法師，此神像不對外開放。[11] 但筆者曾觀察到，在 2017 年的協字派小法聯誼會遶境活動中，康法師之金身曾坐於協敬壇的轎上出巡，金身造形為身著戰甲，右手持天皇尺，天皇尺為民間信仰中十分重要之法器，正符合其生前之法師身分。

（二）辛萞法師生平

辛萞法師外號「惡人」，有此外號，是因為生前做人處事總是嚴以律己寬以待人。除了自身外，也十分嚴格要求家人、子孫要有良好的品格，教導時總是疾言厲

7　筆者田調所得（日期：2020/11/15，訪問對象：蔡宗成先生）。

8　詳見謝奇峰臉書網頁，原文為：「福隆董事會成立，出席會員五拾壹。吳府千歲言有終，梅花時到自然香。董事犧牲是應該，當選十二照頭排。天地世間是自然，人人食水念水源。梅花大開是春標，建設機謀得新金。造成寬闊新大地，歷盡功成放大炮。全體一致促進成，代代繼續有再傳。做事無欺加添福，辦事有終能添壽。池中欠水降祿雨，謝天水滿歸振川。大會人人獻身做，福隆大大有功勞。就緊補修神自在，廟宇就未欺過西。有者出萬無出千，建設福隆乙未年。乙亥年間修理好，二十中謝土無。致使辦事未清楚，土神實在有苦勞。眾人勤儉三條醮。若做五條事動搖。無人指點真可惜，敬重福分得未着。董事大會已實現，人人做事心要堅。希望不可相欺騙，境眾自有得安然。凡事應有起頭難，忍苦耐勞無相干。辦事若有順事辦，境眾就能保平安。」
（來源：https://www.facebook.com/permalink.php?story_fbid=10206777355232293&id=1827688903，檢索日期：2020/02/10 ）

9　筆者田調所得（日期：2020/11/15，訪問對象：蔡宗成先生）。

10　筆者訪談所得（日期：2021/02/19，訪問對象：蔡宗成先生）。

11　筆者田調所得（日期：2020/02/24，訪問對象：康世賢先生）。

色，甚至動手管教，因此有了「惡人」這個外號。他出生於臺南灣裡，後於 7 歲時跟隨母親搬遷至南廠一帶。由於自小居住在保安宮境內，耳濡目染下對紅頭小法有了興趣，便拜入吳羅漢法師門下，學習小法行醫濟世，為康法師之師弟，傳授指導了四女仙祖廟（現已不存）盤古藥皇廟神佛協成壇、南廠水門宮協成壇。辛法師生前奉吳府三王為恩主，[12] 年輕時曾從事看風水、建造墓碑之類與殯葬、地理相關之職業，故家中除奉祀精通風水地理的吳府三王爺之外，也有供奉地藏王菩薩。

辛琵之素描肖像及其所傳之南廠水門宮協成壇。（2020/02/24，南廠水門宮）

　　辛法師年幼之時由於家境不好，沒有很完整的接受教育，但是他卻能記住咒語，在並沒有認得很多字的情況下，能夠書寫符籙，並在繪畫方面有相當高的天份與成就，據筆者訪談所得，辛法師生前在繪畫之順序與常人不同，是「反著」過來畫，假設一般人在畫一尾龍的時候，是由龍頭開始畫，他卻是從龍尾開始畫，南廠萬靈祠天公爐上的龍，便是辛法師親手所繪。此外，相傳辛法師生前有一套斬皮蛇的功夫相當了得，而他的媳婦在因緣際會之下，將這套斬皮蛇的功夫傳承了下來。[13]

　　　辛法師在習法功成後，義務幫信徒收驚祭改，雖然有一身紅頭小法的好功夫，卻因為其師弟利用小法害人，因此立誓不再傳授小法，也嚴厲禁止自己的子孫們學習法術。但是在機緣牽引下，正好當時莫府千歲的神靈，來到神佛壇作客，門

13　詳見謝奇峰臉書網頁（來源：https://www.facebook.com/permalink.php?story_fbid=10204215044576128&id=1827688903，檢索日期：2020/02/10）。

14　筆者田調所得（日期：2020/11/20，訪問對象：許一允先生）。

下要幫王爺祝壽之時，商請交陪境之一的臺南五聖堂烏頭小法團前來清壇祝壽，由於那時臺南尚無莫府王爺之信仰，並沒有其專屬咒語，便以法相同樣為青面紅鬚的范府王爺之咒語修改而成。但莫府王爺得知此事之後，相當生氣，並表示要成立自己的小法團，便向辛法師託夢，在夢中請辛法師來指導，成立了協成小法會，後莫府王爺的請神咒語，也由辛法師所創，在 1970 年代神佛壇啟建王船醮之時，王爺更指示要由辛法師來站船首，可見其人品與修行皆為神明所認可。

正好當時南廠水門宮也有成立小法團之意願，想要找一位正統南廠法脈的法師來指導法事。於是水門宮的吳府二鎮王爺，也向辛法師託夢要請他來指導水門宮的小法團。

據神佛壇現任乩身龔裕添先生回憶，當時辛法師在武英殿擔任廟公，神佛壇的人員，要請三輪車伕載辛法師到神佛壇指導法事，辛法師卻婉拒他們的好意，堅持自己每天步行去教授，而在傳授過程中，學生每有不懂之處請教辛法師，他都是用溫和的語氣與耐心來指導，從不發脾氣與不耐煩，正與其「惡人」之外號大相逕庭，他也嚴格要求學生們在科儀演法或者隨轎後頌之時，不得使用香菸、檳榔、酒等物，只能在休息之時解癮，注重行法之時的紀律與外界觀感。[15]

後來，由他所傳授的神佛壇與水門宮小法團皆命名為「協成」，代表兩小法團脈出同源，為一脈相承的師兄弟壇，可惜的是，辛法師尚未將所有的法事傳授完成，便與世長辭；出殯之時，由神佛壇與水門宮的小法弟子，來拉辛法師棺木的繩索，師兄神佛壇拉龍爿，師弟水門宮拉虎爿，可見小法學生們對先師離世的不捨與追思。[16]

在仙逝之後三年，辛法師想借媳婦之身來指示事情，造成媳婦的害怕與抗拒，家人便到臺南臨水宮尋求協助，臨水夫人降駕指示，要她不用緊張，是家中有祖先要成神，原來辛法師有意願要找代言人濟世，但其媳婦並不願意，而且辛宅也已經有奉祀吳府三王、地藏王菩薩等神明。後來在臨水宮陳奶夫人的居中協調之下達成條件，辛法師只有要事才能藉媳婦之身來交代，祂的家人們便立一辛府二路元帥王令，媳婦也遵從協議受禁，後來在臨水宮陳奶夫人的幫助之下，受禁七七 49 天。

15　筆者田調所得（日期：2020/10/02，訪問對象：龔裕添先生）。

16　筆者田調所得（日期：2020/10/02，訪問對象：龔裕添先生）。

期滿後，往開基玉皇宮、東嶽殿領天旨地令，並安立「辛府二路元帥」神位於辛宅。事實上，在辛法師仙逝後過了幾年，南廠水門宮的吳府二鎮，已有降駕指示辛法師成神，但當時水門宮並沒有為其塑造金身，[17] 直到 2016 年，適逢辛法師之百歲冥誕，水門宮徐甲真人降駕指示辛琵法師已成神，須粧塑其金身於宮中享受萬年香火，今供奉於水門宮後殿；神像造形身著道袍，頭戴鉚冠，戴著黑色粗框眼鏡，右手持金鞭聖者，左手捏道指，打赤腳。

辛琵之金身。（2020/02/24，南廠保安宮）　蔡登勇家中所供奉之清水祖師。（2020/11/15，蔡宅）

而於 2019 年，神佛壇的藥皇大帝降駕指示，為了追本溯源，追懷先師，也要雕塑辛法師之金身，並將於新廟落成之際開光，神名為「辛府師相」，左手持天皇尺，右手托淨缽。[18]

（三）蔡登勇法師生平

蔡登勇法師也是南廠境內居民，在十五、六歲時，由於其乾母的關係，而參與南廠保玉宮的活動，之後便成為清水祖師爺之乩身，因此蔡登勇法師家中供奉的恩主正是清水祖師；據其遺孀陳女士回憶，當時清水祖師要降駕在蔡登勇法師身上時，

17　筆者田調所得（日期：2020/11/20，訪問對象：許一允先生）。
18　筆者田調所得（日期：2020/10/02，訪問對象：龔裕添先生）。

必定要清腹，此為避免嘔吐的痛苦，每逢公事日蔡登勇法師便不吃晚餐，同時也有在接觸小法，後來蔡登勇法師在服兵役時，清水祖師就漸漸不再降駕。[19] 服兵役滿三年退伍後，再專心學習小法。

退伍後，蔡登勇法師拜入康法師之門下。一開始向康法師學法之學生不少，後來漸漸汰掉一些，當時學小法必須發誓「不貪、不取、不好色」，更要將名字寫於疏文之上，可見當時對於學習小法之重視，不只要有正式的程序，學習法事之時更要專心致志。蔡登勇法師在習法期間，因其「目色巧」（bak-sik-khá），行法之時有膽識、不怯場，在康法師的賞識下，開始站中尊。[20] 法藝習成後，多與師兄弟，例如吳名富法師等人一同行法，並未成立法團。

蔡登勇法師與康法師之師徒感情甚篤，每年康法師忌日之時，都會與妻子前往祭拜，直到晚年身體狀況不佳之後，才較少去參拜康府元帥。康法師生前原想創立「敬、誠、靈、合」四間法壇，但晚年為最後的「合」尚未創立而耿耿於懷，無奈心願終成遺願。康法師仙逝後，蔡登勇法師除了參與恩師成神的歷程外，為完成遺願，開始有了創立「協合壇」之念頭，當時蔡登勇法師向南廠保安宮協敬壇徐甲真人請梧後，祖師爺降下聖梧，允許蔡登勇法師承接康法師的遺願，起初原先想於善德堂創壇，後未果，直到 1999 年始於外關帝港玄明保安宮成立協合壇。他生前座右銘為「有名無利，有利無名」，在執行法事之時分毫不取，甚至連主家提供的便當也不吃，非常遵守康法師所傳下來的規矩。成立協合壇之後，也以此標準要求壇內門生，需有人拜託才會前往執行法事，而不是當作謀生職業、營利工具。

蔡登勇家中所供奉之清水祖師。
（2020/11/15，蔡宅）

19　筆者田調所得（日期：2020/11/15，訪問對象：陳女士）。
20　筆者田調所得（日期：2020/11/15，訪問對象：蔡宗成先生）。

雖然蔡登勇法師生前居住南廠武英殿附近，但卻很少參與武英殿的活動，當時南廠武英殿吳府三王爺第一次要前往南鯤鯓代天府謁祖之時，三王爺指示弟子們要找一名南廠協敬壇的紅頭小法法師來執行法事。根據蔡登勇法師遺孀陳女士回憶，陳女士有一次在夢境中看見了南廠武英殿廟門口正在迎熱鬧，起床後便向蔡登勇法師說明夢境，並覺得奇怪，距離三王爺農曆 9 月 15 的生日之期還如此之久，為何在迎熱鬧？沒想到蔡登勇法師脫口說出開基三王爺生日是農曆的 5 月 16 日。因緣際會之下，南廠武英殿的執事們，才找到蔡登勇法師來行法，也開始參與南廠武英殿的活動，晚年之時，由於武英殿正在籌備建廟，他心中時時掛念此事，在身體狀況已經不佳之時，還經常央其家人推著輪椅前往武英殿關心，直到 2010 年武英殿入火安座圓滿後才放心。[21]

　　在蔡登勇法師逝世當天，他便向妻子說自己時辰已到，仙逝後於 2013 年，身為南廠武英殿玉皇三公主娘娘駕前部將的白猿大仙，降駕向信眾言說將有喜事，隔一周金闕大帝降駕，指示門生至蔡登勇法師家請其兒子至殿中。金闕大帝言明蔡登勇法師已登仙班，並神出他本為清水祖師滴血所化，已到了雕刻金身之時。

　　而平時鮮少降駕的武英殿鎮殿吳府三王，更降駕說明，祂在下地府時，遇見了蔡登勇法師的靈魂，當時蔡登勇法師正在地府等待仙位，於是三王爺便親自拉拔蔡登勇法師的靈魂保奏其成神，並指示雕塑金身，以享萬年香火。[22]

　　而承接雕刻神像工作的國華神像雕刻店明仁師傅，與蔡登勇法師生前即是好友，早年明仁師傅還在人樂軒學習雕刻神像時，蔡登勇法師便常去探班。[23] 傳奇的是，雕刻神像過程中，蔡登勇法師曾在明仁師傅夢中顯相化身，指示其造形為：身著輕便馬褂，右手持金鞭聖者，左手捏訣，打赤腳。神像完成後，於 2015 年 1 月 11 日（農曆 11 月 21 日）午時，先由南廠武英殿吳府三王爺降駕，灌入蔡登勇法師之靈魂於金身中，再由其亦習小法之哲嗣蔡宗成先生開光，蔡登勇法師之請神咒語，便是由蔡宗成先生創作。開光完成後，由吳府三王爺帶領其至玉皇宮、東嶽殿領天旨地令，正式列入仙班並守護信徒，並以開光的 11 月 21 日為其聖誕日，[24] 供奉於南廠武英殿，每逢聖誕日，由協合壇的小法子弟們為其清壇祝壽。而筆者又觀

21　筆者田調所得（日期：2020/11/15，訪問對象：陳女士）。
22　筆者田調所得（日期：2020/11/15，訪問對象：蔡宗成先生）。
23　筆者田調所得（日期：2020/11/15，訪問對象：蔡宗成先生）。
24　筆者田調所得（日期：2020/11/15，訪問對象：蔡宗成先生）。

察到，在臺南開基玉皇宮庚子年科（2020）建醮之時，曾與開基吳府三王爺共同代表南廠武英殿前往鑑醮。[25]

蔡登勇之金身。（2020/02/24，南廠武英殿）　　蔡登勇生前使用過之天皇尺。（2020/11/15，蔡宅）

⊜ 生為神僕死為神──小法法師成神原因分析

筆者在梳理脈絡後，發現三位成神者生平故事中有許多相似點，試將此整理成表格，簡介了三位成神者的成神緣由、歷程。

25　詳見南廠武英殿臉書網頁（https://www.facebook.com/Thewuyingtemple/posts/3443971092396994，檢索日期，2021/02/24）。

【表1】三位小法法師生平與成神因素對照表

	康雲南法師	辛甚法師	登勇法師
是否為創壇先師	是	是	是
創立法壇	協靈壇、協誠壇	神佛壇協成壇 水門宮協成壇	協合壇
生前恩主	吳府三王爺	吳府三王爺 地藏菩薩	清水祖師
生前神異事跡	有（與吳府三王爺有靈通）	有（被莫府王爺與吳府二鎮王爺托夢而傳授小法）	有（曾為乩身）
死後顯靈	較不明顯	明顯	較不明顯
神明提攜	有	有	有
過程中給予幫助的神靈	吳府三王爺	臨水夫人 吳府二鎮王爺 徐甲真人 藥皇大帝	吳府三王爺
祭祀媒介	神像	神位、神像 （將有第二尊）	神像
請神咒	無	無	有
生前是否 以小法為職業	否（油漆工）	否（風水業、建築業、廟公）	否（鋁工廠）

　　筆者試就表格做出對於三位成神者的分析，三位成神者的生平事蹟，以及身後皆有神異情節發生，也都已有神像，成神的狀態已經相當完整，過程中皆有受神明的幫助與提攜，特別的是，能發現在三位的成神過程裡，吳府三王爺皆扮演重要的角色，而筆者再與其他成神者案例，以及臺灣民間對於成神的理解做出比較，因此有以下說明：

（一）與吳府三王爺之關係

　　由上述表格，可得知三位法師的成神，都與吳府三王爺有關，康、辛二位法師生前篤信吳府三王爺，康法師開光之日由吳府三王爺保奏，蔡登勇法師更是由吳府三王爺親自拉拔成神。為何吳府三王爺在這之中皆扮演舉足輕重的角色？筆者試將田調所得與文獻做出分析，得出以下兩點：首先，吳府三王爺為小法「雙祖師」之一，南廠保安宮主祀「李、池、吳、朱、范」五府千歲，舊時保安宮有吳府三王之乩身，許多紅頭小法之科儀為王爺親自傳授，不論是藉康法師之口述教導咒語，或是在夢中傳授操營、召營之身段與動作，[26] 均可見三王爺在協字輩紅頭小法的歷史中，佔有重要地位；而三王爺曾經降駕，向眾弟子說明紅頭小法的脈絡與起源，是祂邀請身為閭山十八洞洞主其中之一的徐甲真人，來傳授這些小法的法事與科儀，[27]因此在小法法師心中，自然對三王爺有種恩師般的情感。其次，吳府三王爺年輕勇猛的形象與常民貼近，吳府三王爺為五王之中唯一沒有鬍鬚者，法相是年輕勇猛的武將形象，而小法法師們又常執行為信眾驅魔、為神明服務的法事，在訓練小法法師學習「召營」科儀的過程中，除了訓練法師本身，也是在訓練王爺所招收回來的兵將們，[28] 召營過程的動作激烈，有如武功動作，正巧也符合三王爺的武將形象。而筆者又觀察到，南廠保安宮的吳府三王爺，因為有乩身，所以更貼近南廠居民的日常生活。1940 年代，三王爺曾經在南廠境內掃蕩邪祟、斬妖除魔，當時南廠集慶堂（即後來的南廠武英殿）欲開壇濟世，但堂內神明並沒有獲得三王爺的認可，因此欲拆除其堂館，後由西羅殿廣澤尊王討保，才圓滿這次的事件。[29]

南廠保安宮主祀五府千歲。
（2020/02/24，南廠保安宮）

26　筆者田調所得（日期：2020/11/15，訪問對象：蔡宗成先生）。
27　筆者田調所得（日期：2020/11/20，訪問對象：林存昶先生）。
28　筆者田調所得（日期：2020/11/20，訪問對象：林存昶先生），
29　https://www.facebook.com/permalink.php?story_fbid=10211043020591261&id=1827688903

1978 年，三王爺又降駕指示境內萬靈祠的萬應公，功果已可雕造金身，並領旨意敕封萬應公為「慎德將軍」、「能飛將軍」，又商請身為臺南正統鹿耳門聖母廟天上聖母隨身侍從的一位女性神靈來坐鎮（該神靈後來受保安宮吳府二鎮保奏升格為妙惠聖母）。[30] 而三王爺更曾保奏自己的乩身成神，筆者曾觀察到在南廠保安宮中，有一位郭府白馬將軍，本名郭賜（約 1913-1943），由於身材高挑，人稱「躼跤賜仔」（lò-kha-sù-á），生前由於兄嫂身體不適，而幫她關手轎請教三王爺，因體質緣故而成為三王爺乩身，一次他在旗後觀看送王船時，脫口說出「船上好多人喔，好像要沉了」，犯了禁忌，在回家途中跌倒，雖馬上請三王爺降駕來解救，無奈為時已晚，郭賜的靈魂已被王船收走。後來三王爺找了新的乩身繼續濟世，一次公事日，三王爺降駕指示祂收郭賜為貼身隨從，修練已到了可以讓境內居民參拜的階段，便雕刻金身奉祀，站姿，手持三王爺王令，神名為「郭府白馬將軍」。[31]

　　上述三案例可見三王爺時常顯靈與進入常民生活，不論是掃蕩邪祟，又或是保奏自己的乩身與境內有應公成神，可得知在南廠境內民眾心中吳三王的地位，不論是保護地方、照顧信徒、解決生活中的疑難雜症，又或是在地先人成神，皆須通過三王爺的認可與同意。

（二）與其他成神案例與理論之參照

　　筆者再整理民間信仰中，關於成神的理論與其他案例，並與本文三位法師進行參照，得出了以下小結：

　　美國人類學者 Arthur Wolf 依其於臺北三峽的田野調查所得，於 1974 年提出「神、鬼、祖先」的理論。神，有如統治階級的官僚，鬼為陌生人、乞丐、流氓或犯罪者，祖先則是親屬、家人。有陽世子孫奉祀的祖先，為陌生人；無所歸、無所祀之鬼，則為流氓乞丐。此理論將複雜的漢人信仰結構化，並歸納出其內在邏輯。[32] 而美國人類學者 David Jordan 於 1972 出版的《神、鬼、祖先：一個臺灣鄉村的民間信仰》一書中，提出了鬼被當作是災難降臨的模式，不過亦有神化了的鬼，及小神的案例，他指出在神、鬼、祖先的教義模型之間，具有一種介於神、鬼之間的滑落差。[33] 丁仁傑在

30　https://www.facebook.com/nanchungwanlintemple/posts/412711959538027

31　https://m.xuite.net/blog/cftnn1/twblog/134485797

32　Authur P. Wolf 著，張珣譯，〈神、鬼與祖先〉，《思與言》35 卷 3 期，1997 年 9 月，頁 233-192。

33　焦大衛著，丁仁傑譯：《神、鬼、祖先：一個臺灣鄉村的民間信仰》（臺北：聯經出版事業股份有限公司，2012 年），頁 47-58。

探討靈驗概念的論文中，定義出超自然的排他性與公開性，結構化與非結構化，結構化者成為祖先，非結構化者成為鬼，是互相移動的，而非移動即是靈驗的顯現。[34] 當超自然存在開始具有「神格」後，便會開始與一群人或者一個地方脈絡，建立起有如結盟一般的關係。[35]

本文中所探討的三位對象，其本身即兼具有這三種身分，其內在性質，在這三種身分中轉換，逝世為鬼，被陽世子孫供奉而為祖先，經由成神過程，變為神明。由私人性的祖先，轉為公共性的神。在李豐楙的論述中，先以生命終結狀態的「自然、非自然」，處理死亡方式的「正常、非正常」，兩組對立觀念為基礎，結合成神者生前的神聖性、神異性，指出成神之道即是成人之道，為神力、俗世道德的自我完成。成為「完人」，受到民眾的感應後，經上天敕封，正式成神，從而建立起神明的神格。[36] 另外，林瑋嬪也提到，神靈經由神像的雕造，來確立與信徒之間的信仰關係，三位法師皆已有神像，更能從中探討出三位法師與地方之間的關係。[37] 林瑋嬪《靈力具現》一書，進一步從神像雕塑的開斧、入神、開光點眼等步驟來詳述，神像由藝術品而被賦予生命力，為一種「內在賦神方式」，神靈有了神像，擬人化與地方化後更與人民有了更多交集的可能。[38] 上述這些關於神鬼身分轉換歷程的討論，為筆者分析三位小法法師從神位至神像、從地方先賢到神靈，是祖亦是神其間轉換或並存的歷程，提供有利的探討基礎。

在民間信仰中，先人如何由靈魂成為受民眾崇奉的正神，正為完滿人格的過程，神靈經由生前的人格修養與修持，成為全人格，也就是全神格，[39] 例如在柳營義善姑的例子中可以看到，生前武藝高強的義善姑，因看不過日本人欺壓臺灣人的行為，挺身對抗，利用夜間偷襲日軍，最後寡不敵眾，被日軍追殺至莒葉坑時壯烈成仁，其精神與高尚的品格，受人民的敬仰與留念，進而奉祀為神。[40] 又舉鹽水蔡觀音的例子，是因為其生前的神異性與幫助人民的事跡，從小茹素，人稱活佛，而且擁有預知能力，包括預警村民們將有梅雨，提醒村民們多曬柴草備用，果然大雨綿延四、五十

34 丁仁傑：〈靈驗的顯現：由象徵結構到社會結盟，一個關於漢人民間信仰文化邏輯的理論性初探〉，《臺灣社會學刊》49 期（2012 年 6 月），頁 41-101。

35 相關資料與理論主要參考來源為謝貴文：《神、鬼與地方──臺南民間信仰與傳說研究論集》〈導論〉一章中，筆者據此線索回讀相關資料而有此說明。

36 李豐楙：〈從成人之道到成神之道──一個臺灣民間信仰的結構性思考〉《東方宗教研究》4 期，頁 183-209。

37 林瑋嬪，〈臺灣漢人的神像：談神如何具象〉，《臺灣人類學刊》第 1 卷第 2 期，2003，頁 121-122。

38 林瑋嬪著，《靈力具現：鄉村與都市中的民間宗教》（臺北：國立臺灣大學出版中心，2020），頁 42-46。

39 李豐楙，〈從成人之道到成神之道──一個臺灣民間信仰的結構性思考〉，《東方宗教研究》4 期，頁 183-209。

40 王奕期、張寶貴，〈臺南地方神祇的成神之道初探〉，《遠東通識學報》第五卷第一期，2011/01，頁 126。

日，更曾分身現影到龜山島學道習法，並指示當地漁民出海捕魚應注意的事項。[41]

　　生前為神服務的經歷，也是加速成神的關鍵，試舉五例：其一，生前擔任安平妙壽宮蘇府千歲的乩身「芳永」，因為擔任乩身四十多年，長期為神服務，又擔任了二十多年的里長為民服務，仙逝後神明降駕指示他已成神。[42] 其二，本名鍾永良的旗津天聖宮鍾府元帥，任教於旗津國小，其妻陳姿蓉則為裁縫師，她在生下兒女後一病不起，當時小琉球幸山寺天上聖母要找乩身濟世，其妻在參拜媽祖後身體逐漸康復，也成為媽祖之乩身。後於 2002 年天聖宮正式建廟，並在媽祖的指示下，先將正殿虎爿的位置空出；隔年農曆 9 月，鍾永良先生逝世，媽祖降駕指示，鍾永良老師已成神，封號為「鍾府元帥」，安奉於天聖宮虎爿，原來虎邊神位就是為鍾府元帥所留。[43] 鍾先生生前致力於為媽祖興建廟宇，多有貢獻，仙逝後成神。其三，本名鄭老嬰的鄭壇尊王，生於日治時期，原為小學職員，因緣際會下向一位楊姓法師習得法術，成為法師，在臺南永康聖巡代天府濟世，仙逝後，於 1984 年聖巡代天府神明降駕指示，鄭老嬰因生前為神服務且助人無數，多行善事，受玉皇上帝敕封為鄭壇元帥，並雕刻神尊供奉，成為鄭家家神，後於 1995 年，大灣國聖宮主神開臺聖王鄭成功降駕，指示鄭壇元帥為本地人才，既已於外地成神，本庄應當雕刻其神像供奉，故雕塑一尊鄭壇元帥供奉於國聖宮，之後開臺聖王又降駕指示其升格為鄭壇尊王，受村民敬拜。[44] 其四，西來庵陳督司，本名陳清吉，生前從事牧牛與販賣牛奶的工作，外號「牛奶吉仔」，由於熱心廟務，並在西來庵事件後倡議修廟，過世後由西來庵的劉部宣靈公，收其為部將並帶領他修行，於 1972 年往天壇領旨並雕塑神像，供奉於西來庵。[45] 其五，本名許錦霜的伍德宮三品許總捕頭，生前為熱心廟務的耆老，主神蘇王爺曾指示有五位有德的信眾，可參加天庭的神仙考試，結果只有許先生通過，在許先生仙逝後，經由蘇王爺的帶領之下，將其靈魂接引至伍德宮，七日後再往地府報到，在後事完成後，將紙紮的許先生替身帶往伍德宮，先做藥懺解除病痛，再開光點眼，並啟建靈寶奉安寶座祈安清醮一日，經由建醮的科儀與道長的誦經，完成就職大典後正式成神。[46]

41　王奕期、張寶貴，〈臺南地方神祇的成神之道初探〉，《遠東通識學報》第五卷第一期，頁 129。

42　梅慧玉，〈社會中的體化實踐：臺南安平乩童濟世成神個案研究〉，《民俗曲藝》183 期，2014/03，頁 7-69。

43　詳見保庇 NOW 網站（來源：https://bobee.nownews.com/20190218-26975?fbclid=IwAR0VCcn4r5ayfIRePPbQD4HTAe--NGi9K9x8Uo0kxC0TC7dBjPiFs1fOFS0，檢索日期：2020.02.10）。

44　詳見保庇 NOW 網站（來源：https://bobee.nownews.com/20191214-34022?fbclid=IwAR3xq9MpVhu_xKUtEgfbkvRYJQRdSTHJ64DaZQiJk6H8E9m-vy4va1y1PmE，檢索日期：2020.02.10）

45　王奕期、張寶貴，〈臺南地方神祇的成神之道初探〉，《遠東通識學報》第五卷第一期，2011/01，頁 131-132。

46　王奕期、張寶貴，〈臺南地方神祇的成神之道初探〉，《遠東通識學報》第五卷第一期，2011/01，頁 132-133。

林美容、三尾裕子、劉智豪所撰〈從田中綱常到田中將軍的人神蛻變：無關族群的民眾史學〉一文，主角田中綱常（1842-1903），29 歲投入軍職，擔任視察員，曾被派來臺灣南部勘查地形，並有參與「牡丹社事件」。在日治之初，當時官拜海軍少將的他，即擔任澎湖列島行政長官、臺北縣知事。田中綱常在 1903 年逝世，過了 82 年之後，他的靈魂，竟多次附身於屏東枋寮東龍宮石姓宮主的身上；當時田中綱常的靈魂，突然找到她，並於夢中附身，三年後，石姓宮主終於成為田中綱常之乩身，田中綱常也領旨成為田中將軍，目前為屏東枋寮東龍宮和基隆分堂之主祀神。在正式成神前，田中將軍的靈魂，抓石姓宮主為乩童，僅代表其是具有神力之亡靈而已，真正成神是因為祂被奉祀在石姓宮主家中，為信徒辦事，因人們的祭祀，而確立了由靈魂至神靈的結構化過程。

梅玉慧所撰〈社會中的體化實踐：臺南安平乩童濟世成神個案研究〉一文，主角「芳永」生前擔任安平妙壽宮蘇府千歲的乩身，幫助神明濟世救人，過世後成神。主人公芳永，在二次大戰結束後與友人到高雄當捆工，一次在工作時因胃部感到不適，而決定請假，並返回故鄉安平參加迎媽祖的廟會，他騎著腳踏車載著妻子從高雄回到安平，卻萬萬沒想到就此被神明選為乩童，擔任乩身三年後，被信徒邀請至臺南市設「碧龍宮」濟世救民，當時碧龍宮聚集了不少安平人，成為搬遷至臺南的安平遊子們之精神寄託，後又因人事糾葛，芳永回到自宅開設神壇「碧化寺」。同一時間，芳永當選妙壽里里長，並應邀協助安平妙壽宮擱置的重建工作，更主持 1989 年的王醮。當時妙壽宮的委員們，決議新雕一尊大尊的蘇府千歲神像，為此碧化寺的信徒們，在安平舉行了一次迎接蘇府千歲入廟安座的遶境活動，同時碧化寺也打破地方慣例，依循地方大廟的禮數，建立起自己的交陪網絡，芳永擔任乩身四十多年，並當選多屆里長，任期長達二十多年。2002 年 6 月 15 日，芳永仙逝，消息一傳出，伍德宮的神明降駕指示芳永已成神的消息，封號為「妙壽宮四品總捕頭」。[47] 此案例說明了身為乩童，與地方社群透過生活實踐以及傳統交互對話，在為神服務的過程中，建立與地方脈絡的關係。

由上述案例，可得知在先人成神的過程中，反映了臺灣民間信仰的脈絡與人民對信仰的概念，大致可以歸納為幾點：其一，生前死後的神異事蹟或值得讚頌的品格；其二，地方大廟神明的提攜，使得在進入神界官僚體系的過程更為快速；其三，生前對於廟宇、地方、法壇的貢獻與服務，功烈於民，為人格的自我完成；其四，後續關聯者的推送；其五，香火的奉祀、神像的塑造與功果的提升，使得相較於無

---

47 梅慧玉，〈社會中的體化實踐：臺南安平乩童濟世成神個案研究〉，《民俗曲藝》183 期，頁 7-69。

祀孤魂，在修練與結構化的過程更為快速。

㈣ 結語

　　針對三位小法法師之生平的傳奇故事與文獻作探討，可發現三位法師成神的故事，皆符合了民間信仰脈絡中對於成神的理解與判準。首先，法師生前的為人品格，值得被歌頌，三位法師均秉持著學小法也要學習做人的道理，康法師生前竭盡全力為神服務，辛法師潔身自愛的崇高人格與修養，不隨便親傳法術；蔡登勇法師生前的座右銘「有名無利，有利無名」。三位皆是以服務神聖與信眾為目的，不收分毫，也不以此維生，由於紅頭小法的咒文與影片在網路上廣為流傳，許多年輕人並沒有完整的學習法術便半路出家，戒律不嚴，規矩不佳，相形之下，三位法師人格與規矩更顯得崇高。

　　其次，法師的身分與經歷，也使得他們的生命歷程中更具有神異性，身為神僕，逝世後由生前所服務的神明保舉成神，再次，三位皆為創壇法師，學生眾多之外，更對法壇或者廟宇貢獻卓越，康法師創立協誠壇、協靈壇，又因為與三王爺的靈通，傳授了許多關於法咒、科儀的細節，為集大成者，對紅頭小法的貢獻極高。辛法師創立水門協成壇、神佛壇協成壇二團小法團，除了是兩廟王爺所欽點的老師之外，也為莫府王爺創作法咒。而蔡登勇法師創立協合壇，又在南廠武英殿建廟過程中勞心勞力，三位法師的貢獻，也因此被後人所感念。

　　在成神之道的自我人格完成之後，神明的幫助，使得三位成神者進入神界官僚體系的過程更為順利，辛法師與蔡登勇法師更因此而入祀生前服務的大廟，領有天旨地令，不只位列仙班，也正式進入地方脈絡之中，而康法師雖未入祀大廟，但由2017 年的小法聯誼會登轎出巡的現象，也可看出康法師在成神之後，一樣為小法學生與民眾們所供奉、懷念，未來是否會入祀大廟值得觀察。而辛法師也將被神佛壇供奉，神名為「辛府師相」，兩尊神像在未來是否會有更深一層的互動，值得注意，蔡登勇法師在庚子年（2020）玉皇宮建醮時，代表武英殿前往鑑醮，也說明了成神之後與地方的互動更加密切，也是值得留意的現象。

　　綜上所述，三位小法法師生前為神明、信徒、地方服務，仙逝後成為神明守護地方，也成為了被後世小法法師所「服務」的對象，這其中傳達了臺灣民間信仰，對於成神的理解與信奉神明的文化，也反映南廠徐甲派紅頭小法的特殊性。

「朱材哲書聯」研究與科學檢測紀錄

吳盈君 *

摘要

卯橋別墅為清道光年間（1821-1850）許朝華貢生在府城二府口（今中西區衛民街、萬昌街與北門路口一帶）所建庭園；該園於 1868 年至 1900 年間租給長老教會作為教會及醫館，俗稱「舊樓」醫院。同時，英國領事郇和於清咸豐 11 年（1862）向臺灣府城「金茂號」店東許朝華承租卯橋別墅，為英國駐府城副領事館；1945 年後由盲啞學校所用，現為臺南市啟聰學校。[1]

朱材哲，清道光 29 年（1849）卸任噶瑪蘭廳通判後，曾寓居卯橋別墅近二年，清咸豐元年（1851）以臺灣府淡水撫民同知身分奉旨代理臺灣府知府，至清咸豐 2 年（1852）卸任代理知府職務，重遊此園而題書「卯橋別墅」匾與書聯為紀念，時移事去，卯橋別墅現今已拆除不復存在，兩件文物輾轉留存於鄭成功文物館；匾額與書聯可謂唯一見證卯橋別墅過往歷史的珍貴文物，此研究為對書聯作歷史梳理，更使用科學技術進一步分析其技法材質，撫今懷昔，讓現今的我們藉此機會一窺當時卯橋別墅之風貌。

關鍵字：卯橋別墅、書聯、文物科學檢測

● 一 溯源「朱材哲書聯」

（一）朱材哲與「朱材哲書聯」

朱材哲（1795-1860），字梓良，號丹園。嘉慶己卯年（1819）進士，[2] 中國湖北監利人。清道光 8 年（1828）分發福建，奉委押解糧餉渡海赴臺灣。清道光 23 年（1843）接任噶瑪蘭廳通判，[3] 任期內興辦教育，改造水利，闢荒造田，發展農業，將監利辣椒、棉花引種臺灣。

---

* 國立臺南藝術大學博物館與古物維護研究所副教授

1 臺南歷史考古普查 - 卯橋別墅 https://tncpa2017.pixnet.net/blog/post/187999773109%E5%8D%AF%E6%A9%8B%E5%88%A5%E5%A2%85. 點閱時間 2021/06/28。

2 明清檔案人名權威資料 WEBGIS- 中央研究院歷史語言研究所，http://archive.ihp.sinica.edu.tw/ttscgi/ttsquerynew?0:0:mctauac:%2817090%29@NO，點閱時間：2021.06.23。

3 陳進傳，《宜蘭設治紀念館文物史料蒐集季調查研究》，（宜蘭：宜蘭縣政府民政局，1996 年），頁 87。

清咸豐元年（1851）接任臺灣淡水縣同知，於隔年（1852）解職，被解職後回到福建居住，直至清咸豐4年（1854）春季淡水發生大規模閩粵械鬥，現任官府無法有效處理，因聽聞朱材哲於淡水同知任內深得民心，於是請其復出。械鬥之事，朱材哲居中協調後平息，並建立庄規禁約。朱材哲因處理此事卓異，補授予興化府知府職位。

清咸豐8年（1858），福建小刀會進攻臺灣攻打雞籠（今基隆），臺灣斗六、崗山一帶農民揭竿豎旗圍攻臺灣府城，朱材哲與諸同僚練兵固守，後因為此一戰役有功，晉升為福建省鹽運道，隔年辭官返鄉後病逝。[4]

關於「朱材哲書聯」，《臺南文化》[5]中記錄：

> 朱材哲書聯
>
> 聯俱縱二七〇‧五，橫二六‧五公分，亦盲啞學校所贈，陳列第一室，云：
>
> 二老締鄰交勝地重經借他遠岫叢篁寮耽吏隱
>
> 十年憐宦景塵容偶謝恍對晴川芳草無限鄉心
>
> 附跋云：「此地俗稱二老口，為許茂才遜榮所構別業。余權蛤仔難五載，於己酉夏初晉郡，僑寄者幾二載。辛亥奉委淡川，旋代府篆，至壬子春卸任。任再過斯園，修廊曲榭，經裕子厚太守葺治一新，因題長聯以志爪印云爾。小春上澣荊南朱材哲書並跋。」屬印二，其一曰「庚辰翰林」。

自此一記錄可知「朱材哲書聯」為盲啞學校所贈與，書聯後續輾轉於現今鄭成功文物館收藏。根據《臺南文化》所紀錄之舊照比較，除上下聯兩端水損外，與現今差異並不大。

4　湖北省地方志編纂委員會，《湖北省志人物志稿》，（第三卷，光明日報出版社），頁1051。

5　〈（戊）木刻〉，《臺南文化》，第四卷，第4期，（臺南：臺南文獻委員會，1955），頁103。

朱材哲書聯（408）

《臺南文化》附錄舊照。[6]

「朱材哲書聯」。（2019 年）

6 〈圖片〉，《臺南文化》，第四卷，第 4 期，（臺南：臺南文獻委員會，1955），頁32。

（二）「朱材哲書聯」與盲啞學校

「朱材哲書聯」上聯附跋中所記「此地俗稱二老口，為許茂才遜榮所購別業。余權蛤仔難五載，於己酉夏初晉郡，僑寄者幾二載。辛亥奉委淡川，旋代府篆。」「二老口」為現今臺南啟聰學校、衛民街口一帶。附跋中所提許茂才為當時臺南著名鄉紳許遜榮（？-1864），而茂才即為秀才，為清代咸豐、同治年間人，為府城商號「金茂號」店東，[7] 主要活動於今淡水至東港一帶，控制南部米、糖市場，承攬 1856 年至 1860 年前後的臺灣樟腦、茶葉產銷，並於臺南府城比鄰臺灣知府衙門建造「卯橋別墅」，[8] 並租用予英國作為領事館使用。[9]

朱材哲於附跋中提及，當時其暫住於許遜榮位於二老口的宅邸中兩年多，附跋中所指「許遜榮別業」應是「卯橋別墅」，朱材哲落腳於此作對句、提記、落款並製成楹聯懸掛，而卯橋別墅現今已拆除不存在，其遺址位置，葉振輝於〈臺南首富許遜榮傳奇〉中註記於現今衛民街上，文章內指出相對位置為左側「臺灣知府衙門」，中央為「卯橋別墅」，最右側為「舊樓醫館」。

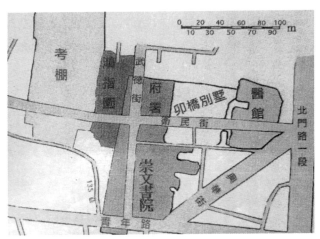

卯橋別墅遺址位置圖。[10]

臺南市中西區地名分布圖。[11]

關於二老口的位置，與施添福所著《臺灣地名辭書》中所標示雷同，於現今興華街與衛民街一帶，「二老」所指即為領事府，為領事府設立後出現之地名，[12] 卯橋別墅位置位於辭書地圖中「領事館」的位置，依鄰舊樓醫院。

7　黃富三，〈十九世紀之外來挑戰與臺灣新商業〉，《歷史月刊》，（臺北：歷史智庫，201 期，2001），頁 71。

8　咸豐二年間（1852 年）新建／修建，於現今臺南市東區衛民街上，於日治時期被改作步兵營。

9　葉振輝，〈臺南首富許遜榮傳奇〉，《歷史月刊》，（臺北：歷史智庫，135 期，1999），頁 78~79。

10　葉振輝，〈臺南首富許遜榮傳奇〉，《歷史月刊》，頁 78；作者自繪。

11　施添福，〈中西區〉，《臺灣地名辭書》，頁 149。

12　施添福，〈中西區〉，《臺灣地名辭書》，21 卷（臺南市），頁 156。

卯橋別墅租用至何時，目前尚未見更詳細之記載，相關處分轉移與拆建須更進一步考證，至於《臺南文化》中備註「朱材哲書聯」來自盲啞學校捐贈，文中所指盲啞學校為臺南盲啞學校，為今「臺南師範大學附屬啟聰學校」，根據其校史所言，創校之始為英國長老教會所推動，當時甘為霖牧師（Rev. William Campbell）租用「洪公祠」成立「訓瞽堂」。[13]

「洪公祠」位於現今北門路與青年路路口之合作金庫銀行附近，建物已拆除不存。創建於清同治 6 年（1867），祠內奉祀洪毓琛神位牌。臺灣道洪毓琛，任內防守臺灣討滅匪徒，守護臺灣府安全，積勞成疾，死於任內的臺灣道，子其諮以建廟，經清廷奏准建專祠奉神位牌。[14]

【表 1】「臺南師範大學附屬啟聰學校」簡史表（僅取至民國）

年代		啟聰學校變革
1891	清光緒 17 年	英國長老教會甘為霖租洪公祠成立「訓瞽堂」，為創校之始。
1900	日明治 33 年	改組附設於「臺南慈惠院」設盲人教育部。
1915	日大正 4 年	增設「啞生部」，改稱「私立臺南盲啞學校」。
1922	日大正 11 年	臺南州政府接辦，改「臺南州立盲啞學校」。
1946	民國 35 年	更名「臺灣省立臺南盲啞學校」。

「卯橋別墅」遺址位於現今啟聰學校內，應是於地緣上拆除後留存於啟聰學校，而後贈予出，除本研究所修復之朱材哲書聯外，另有一「卯橋別墅匾」傳世。

根據〈107 年度門神與木質文物調查研究案〉報告書[15] 中調查敘述，卯橋別墅匾為樟木陰刻藍漆居宅匾，右側題「咸豐二年十月」，「咸豐二年」為 1852 年，與本朱材哲書聯之時間相近，左側落款「荊南朱材哲題」，亦為朱材哲暫居卯橋別墅之時所留作品。

---

14 樹谷文化基金會推廣補助「臺南市舊城區文化資產歷史考古普查計畫」：http://tncpa2017.pixnet.net/blog/post/173240796-37-%E6%B4%AA%E5%85%AC%E7%A5%A0，點閱時間：2021.07.01。

15 臺南市文化資產管理處委託晉陽文化藝術辦理「107 年門神與木質文物調查研究案」報告書，頁 66。

卯橋別墅匾。

　　比較「卯橋別墅匾」與「朱材哲書聯」，可見多處相似處，朱材哲書聯於附跋中
寫到：「余權蛤仔難五載，於己酉夏初晉郡，僑寄者幾二載。辛亥奉委淡川，旋代府
篆，至壬子春卸任。」其中最後一句提到朱材哲自身於辛亥年（1851）奉命擔任淡
水縣同知，並於隔年壬子年（1852）春天卸任，因此「朱材哲書聯」書寫年代應為
1852 年以後，加上兩者字跡筆畫、刻字方式皆十分接近，因此推測與「卯橋別墅匾」
應為近期或同時之作品。

  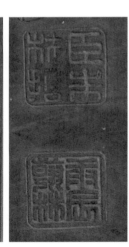 

| 卯橋別墅匾左側下 | 朱材哲書聯 | 卯橋別墅匾左側下 | 朱材哲書聯 |
| 朱材哲落款。 | 下聯題記。 | 朱材哲鈐印。 | 下聯鈐印。 |

（三）「朱材哲書聯」內文說明與提拔分析

朱材哲書聯之上下聯，採鏡像格式書寫，上聯自右而左上而下排列二行，下聯自左而右上而下排列二行：

二老締鄰交勝地重經借他遠岫叢篁寮耽吏隱

十年惓宦景塵容偶謝恍對晴川芳草無限鄉心

此一書聯主要抒發朱材哲於臺灣任職、生活期間，對往事以及家鄉的思念。

提拔部分則是詳細敘說了朱材哲自身於臺灣任官的時序，以及當下書寫書聯的時空心境：

此地俗稱二老口，為許茂才遜榮所構別業。余權蛤仔難五載，於己酉夏初晉郡，僑寄者幾二載。辛亥奉委淡川，旋代府篆，至壬子春卸任。

任再過斯園，修廊曲榭，經裕子厚太守葺治一新，因題長聯以志爪印云爾。

小春上澣荊南朱材哲書並跋

「二老口」為許遜榮卯橋別墅所在位置，前二句話明確交代提此書聯的位置。後句述說自身於「蛤仔難」任職五年，蛤仔難為宜蘭古名，為平埔族噶瑪蘭族的居住地，清嘉慶 15 年（1810）改稱「噶瑪蘭」，清光緒元年（1875）改制為「宜蘭縣」，[16] 朱材哲於 1843 年至 1848 年間於此任職「葛瑪蘭廳通判」共計五年，於葛瑪蘭廳通判卸任後於同年夏天至府城臺南暫居兩年，之後至淡水任職「淡水縣同知」至提拔中所述壬子年（1852），方再回到臺南。

裕子厚為裕鐸，於清道光 28 年至 30 年（1848-1850）、1852 年間兩度擔任臺灣府知府，[17] 根據朱材哲所言，其於 1852 年自淡水縣同知一職卸任後回到臺南，卯橋別墅經過裕鐸修建煥然一新，因此留下此對聯抒發心中感想。

---

16 教育部教育百科，https://pedia.cloud.edu.tw/Entry/Detail/?title=%E5%AE%9C%E8%98%AD%E7%B8%A3，點閱時間：2019.08.01。

17 維基百科，https://zh.m.wikipedia.org/zh-hant/%E8%A3%95%E9%90%B8，點閱時間：2020.05.04。

年代			書聯所提紀事
清道光 23-28 年	癸卯 - 戊申	1843-1848	「余權蛤仔難五載」任葛瑪蘭廳通判。
清道光 29 年	己酉	1849	「己酉夏初晉郡，僑寄者幾二載」，意指己酉年間暫住臺南府城二年。
清咸豐元年	辛亥	1851	「辛亥奉委淡川」任淡水縣同知
清咸豐 2 年	壬子	1852	「至壬子春卸任」自淡水縣同知卸任，於同年題「卯橋別墅」匾。

㊁ 科學分析與材料研究詮釋「朱材哲書聯」使用工藝

　　科學分析與與工藝技法研究為修護前重要步驟，自了解文物現有資訊，可協助推測劣化之緣由。本次科學分析、研究部分共可分作兩大項目，一為可見光與不可見光的檢視紀錄，二為使用材料之科學分析與鑑定，以科學儀器作為主要的分析方式，可藉由分析所得結果，如元素、化合物或官能基等，結合資料庫參照，以及材料學上相對應年代所使用者，推測其可能使用材料與技法。

（一）可見光與非可見光檢測

　　文物攝影為現有狀況、劣化等的紀錄，搭配不同光源與攝影形式，可得不同資訊，而這些資訊可提供給後續修復使用，在標準的修復前，攝影多使用正常光、紫外線、紅外線與 X 光等四種。

　　1. 可見光

　　可見光為記錄肉眼所見畫面所用，本次使用 Mamyia 645DF 中片幅相機搭配 B+W 486UV-IR CUT 濾片攝影光圈 f/2.8，曝光 1 / 15 秒 ISO-50。

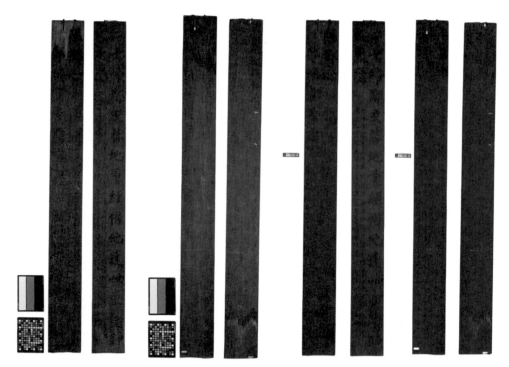

「朱材哲書聯」正面及背面。　　　　　　　　　　　「朱材哲書聯」紫外光正面及背面。

2. 紫外線

紫外光攝影則是藉由不同物質，接收紫外光反饋出不同螢光反應，得知是否有霉斑、塗層、材質差異或過去修補區域等資訊；本次使用 Mamyia 645DF 中片幅相機搭配 B+W 486UV-IR CUT 濾片攝影。

從此檢測中觀察到，書聯正面無明顯螢光反應。書聯背面最上方與最下方的標籤處，有紅色螢光反應。

3. 紅外線

紅外線攝影為記錄、協助判讀受覆蓋或清晰度不足之字跡、底稿等，透過紅外線攝影可藉由碳黑對紅外線屬於完全吸收的特性，在有效的彩繪層厚度下可觀察彩繪層對紅外線的反射圖像，本次使用鹵素燈、Mamyia 645DF 中片幅相機搭配 B+W 092 濾片攝影。

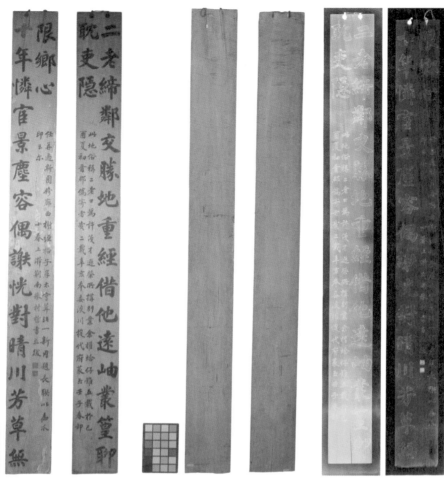

「朱材哲書聯」紅外線正面與背面。

「朱材哲書聯」上聯與下聯 X 光圖。

　　「朱材哲書聯」結構單純，肉眼即可清楚觀察其多數外貌資訊，但受水損的影響部分字體較為不清晰。觀察上聯底部「聊」字與下聯左上處「十」字字刻，為水損後造成顏料脫落粉化，紅外線攝影下可見黑色顏料層有斑駁痕跡，且更容易辨讀。

4. X-ray

　　X 光則是藉由 X 光對不同材質、厚度穿透度不同，得知文物接合方式、結構狀態以及不同材料分布等。

X 射線射源型號：MEDISON PX¬100CLK

X 射線成像儀型號：FUJIFILM FCR CAPSULA X

檢測數據：78KV ,6.4mAs

檢測距離（射源 - 成像儀）：100cm

　　從 X 光影像成果可得知，上聯下方與下聯上方有明顯開裂痕跡。文字的邊框

與印章處，較不容易被 X 射線穿透，故顯影區塊較白。從 X 光圖可明顯看出木聯由頂部中央開裂的痕跡，且肉眼未見的開裂部位較可見處長，自頂部延伸至「十」字之下。

「朱材哲書聯」下聯末端有兩處印鑑，自肉眼可見紅色字與文字邊框處下，有隱約白色的地，同一位置於 X 光影像下，可觀察出較白的顯影區塊，推測白色部位有含鉛，因此無法被 X 光穿透。

「朱材哲書聯」下聯附跋末端印鑑，右圖為 X 光。　　　　「朱材哲書聯」上下印鑑。

（二）顯微檢測與結構觀察

顯微觀察是補足肉眼的限制，藉由採樣、切片、解纖等方式，配合顯微鏡不同偏光角度、色光的觀察，可更仔細了解文物結構與簡易的材料鑑定，並可為進行後續儀器分析提供完整規劃的資料依據。

1. 從切片樣本討論彩繪結構

樣本切片（cross-section）屬於破壞性的分析方式，是理解細部結構最佳的方式之一，藉由取樣、鑲埋、顯微鏡觀察，可清楚觀察出文物的彩繪層次，而藉由層次的位置與樣態，可推知其施作時間先後，以及是否有多次彩繪的現象。

朱材哲書聯的結構，由下而上共可分兩大區塊，下方之木基層及上層彩繪層。由於下聯部分有嚴重蟲蛀現象，許多區塊已剩餘木表皮與彩繪層，以原有破損區域及不影響觀看者視覺完整處，作為採樣點，一共有木表皮、彩繪層連木基底材兩處。顯微鏡觀察時使用正交偏光、平行偏光，以及紫外光三種不同偏光角視野與光源進行觀察。

下聯「經」字藍黑色取樣部位。　　　　　　　朱材哲書聯剖面結構。

第一處為木皮部分，取樣位置位於下聯「景」字左側末端蟲蛀殘留木皮處。於正交偏光與平行偏光下為一層木質纖維組成，厚度約為 100um。而在紫外光螢光下，切片樣本隱約可見兩層結構，下層為較薄無螢光反應，上層厚度較厚且在紫外光下具螢光反應，推測可能為文物表面有覆蓋一層透明塗層。

　　第二處為藍黑色彩繪層部分，取樣位置位於下聯「經」字上半部彩繪層處，底部被蛀蟲啃蝕，因此樣本具有彩繪層與木質纖維部分，厚度約為 400um。於正交偏光與平行偏光可分為四層，包括下為鬆散深咖啡色木質纖維層，往上為淺色木質纖維層，再者為藍色顏料層；內部藍色顏料包含深藍色顆粒、淺藍色顆粒及白色結晶粒，最上方為黑色罩漆層，厚度極薄且不易觀察。而在紫外光螢光下黑色彩繪層隱約可見三層結構，下層為較淺色、厚度較薄，上層些微紅褐；藍色彩繪層呈現無螢光反應黑色。

【表 3】朱材哲書聯樣本切片採樣位置與顯微鏡剖面（取樣時間：2019/08）

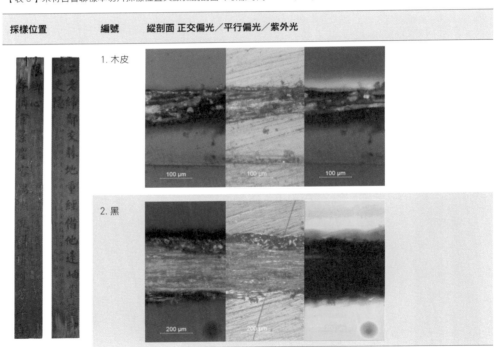

採樣位置	編號	縱剖面 正交偏光／平行偏光／紫外光
	1. 木皮	
	2. 黑	

2. 從顯微鏡色粉分析辨識顏料組成

顯微鏡色粉分析（Microscopy pigment analysis）屬於破壞性的分析方式，為分析彩繪層顏料顆粒組成的最佳方式之一，藉由以手術刀或軟毛刷等工具取下彩繪層色粉，可以清楚觀察文物顏料層內色粉的形狀、顆粒尺寸、色澤等特徵。

由上一小節中的切片樣本，結果可知朱材哲木聯彩繪結構，由單純藍色彩繪層構成。本次取樣點為下聯「晴」字表面，淡藍色顏料層粉化處作為色粉分析。顯微鏡觀察時，使用正交偏光、平行偏光及反射光三中不同偏光角視野與光源進行觀察。

於顯微鏡下可見藍色彩繪層，由兩種藍色粉組成，第一種為不透明深藍色粉顆粒，外觀呈現不規則破裂狀，顆粒大小不一致，尺寸約為 15 至 60μm，於正交偏光、反射光下皆呈現消光反應。第二種為透明淡藍色粉顆粒，外觀呈現不規則破裂狀，顆粒大小不一致，尺寸約為 10 至 25μm，於正交偏光下、反射光下皆呈現消光反應。經初步判斷，深藍色色粉可能為普魯士藍，淡藍色色粉可能為天然群青。

【表 4】朱材哲書聯下聯正面藍色彩繪層顯微鏡色粉分析對照表

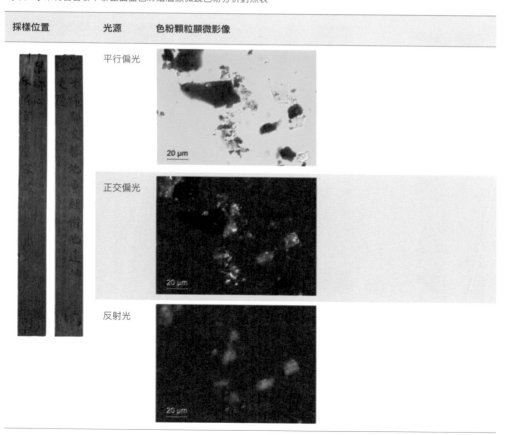

採樣位置	光源	色粉顆粒顯微影像
	平行偏光	
	正交偏光	
	反射光	

3. 木質基材鑑定

鑑定結果：福州杉

鑑定時間：2019/07/17

鑑定人：阮炯港

鑑定方式：橫切面切削

木材狀況描述：針葉木，邊心材區隔明顯，邊材呈現單黃色。年輪清晰均勻、寬闊，春秋材明顯，秋材帶狹窄，年輪界線呈現細線狀。

【表 5】朱材哲書聯木基材鑑定細部

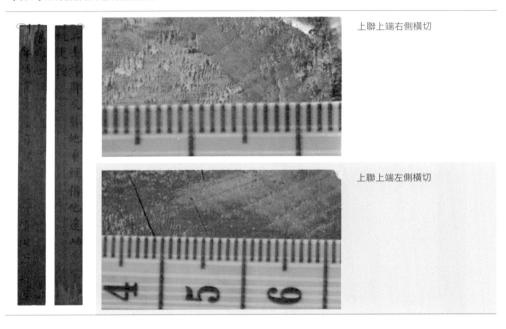

上聯上端右側橫切

上聯上端左側橫切

（三）材料分析檢測

材料分析檢測部分以儀器分析成果為主，藉由 XRF、SEM-EDX 等分析數據為依據，解讀其製作工藝中使用之材料。

1. 手持式 X 射線螢光分析儀（XRF）檢測

手持式 X 射線螢光分析儀（以下簡稱「手持式 XRF」）為非破壞性檢測的主要儀器，由於書聯尺寸較大無法進入機體，桌上型的儀器會有很大的限制，因此初步處理書聯表面顏料或金屬附件使用 XRF 進行檢測較為可行，且檢測速度不需額外製作破壞性樣本，可快速得知表層顏料的主要組成元素，但由於 XRF 所測定的結果，為半定量的元素分析，而一般文物材料的使用複雜，其他更詳細的訊息，仍需要借助其他儀器方能知曉。

（1）朱材哲書聯彩繪漆層 XRF 分析

「朱材哲書聯」XRF 檢測主要針對上下聯彩繪處以及金屬附件的部分，彩繪處希望得知以下四個問題：（1）棕紅色地、（2）黑色楹聯文字、（3）下聯題記「朱材哲」紅字、（4）下聯落款處印章；而分析時同時記錄木基材 XRF 數值，以便作為對照組使用，所得結果如下：

　　a. 木基底材：含有微量鈣、鋇元素，可能為製作過程殘留。

　　b. 黑色顏料層：上聯所得結果含較高的鉛、鈣、鐵元素；下聯亦同，含較高的鉛、鈣、鐵元素。

　　c. 棕紅顏料層：上聯元素成分與黑色顏料層大致相同；下聯含較高的鉛元素。

　　d. 附跋「朱材哲」紅色顏料：含較高的汞元素，推測可能使用朱砂。

　　e. 署印「庚辰翰林」：含鉛、汞元素，可能為鉛丹或硃砂。

【表 6】朱材哲書聯上聯彩繪漆層 XRF 分析

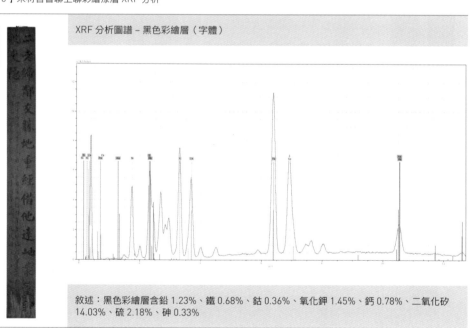

XRF 分析圖譜 – 黑色彩繪層（字體）

敘述：黑色彩繪層含鉛 1.23%、鐵 0.68%、鈷 0.36%、氧化鉀 1.45%、鈣 0.78%、二氧化矽 14.03%、硫 2.18%、砷 0.33%

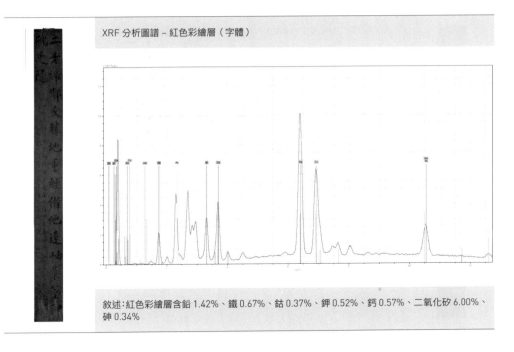

XRF 分析圖譜 – 紅色彩繪層（字體）

敘述：紅色彩繪層含鉛 1.42%、鐵 0.67%、鈷 0.37%、鉀 0.52%、鈣 0.57%、二氧化矽 6.00%、砷 0.34%

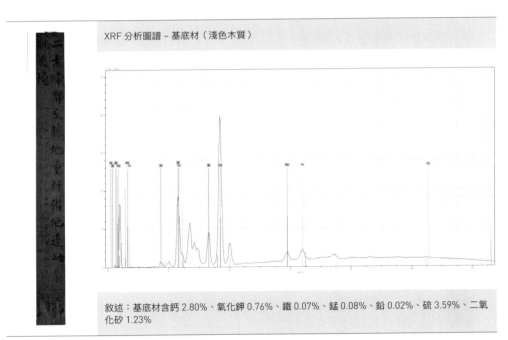

XRF 分析圖譜 – 基底材（淺色木質）

敘述：基底材含鈣 2.80%、氧化鉀 0.76%、鐵 0.07%、錳 0.08%、鉛 0.02%、硫 3.59%、二氧化矽 1.23%

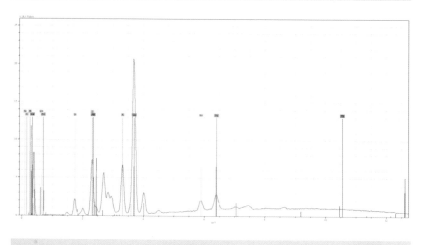

XRF 分析圖譜 – 基底材（深色木質）

敘述：基底材含鈣 2.97%、氧化鉀 1.19%、鉛 0.02%、鐵 0.11%、錳 0.10%、硫 2.75%、二氧化矽 5.50%

【表 7】朱材哲書聯下聯彩繪漆層 XRF 分析

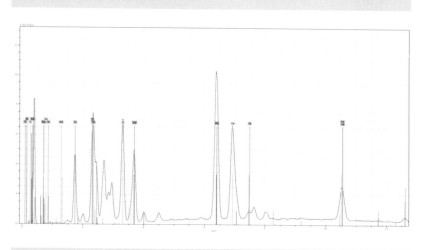

XRF 分析圖譜 – 黑色彩繪層（字體）

敘述：黑色彩繪層含鉛 2.05%、鐵 0.66%、鈷 0.34%、鎳 0.02%、氧化鉀 1.34%、鈣 0.71%、矽 13.57%、硫 2.67%、砷 0.55%

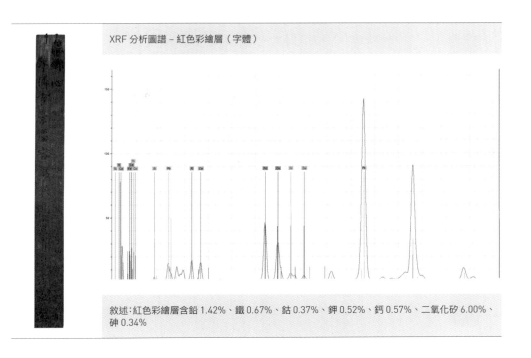

XRF 分析圖譜 – 紅色彩繪層（字體）

敘述：紅色彩繪層含鉛 1.42%、鐵 0.67%、鈷 0.37%、鉀 0.52%、鈣 0.57%、二氧化矽 6.00%、砷 0.34%

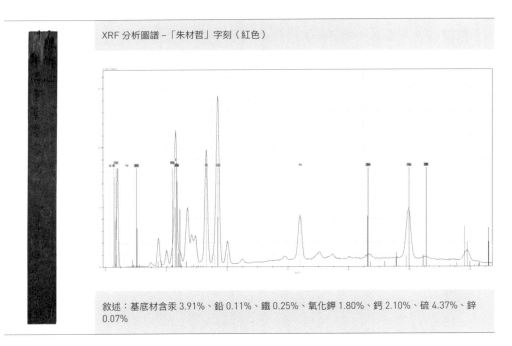

XRF 分析圖譜 –「朱材哲」字刻（紅色）

敘述：基底材含汞 3.91%、鉛 0.11%、鐵 0.25%、氧化鉀 1.80%、鈣 2.10%、硫 4.37%、鋅 0.07%

XRF 分析圖譜 – 印章

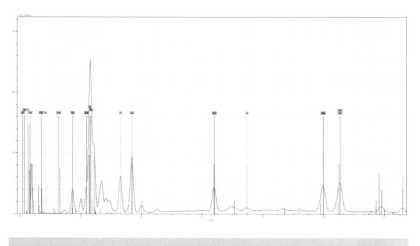

敘述：印章含鉛 12.03%、汞 3.58%、鐵 0.32%、鎳 0.06%、鈣 1.98%、氧化鉀 1.15%、氧化矽 14.09%、砷 4.37%、硫 9.24%

XRF 分析圖譜 – 基底層（淺色木質）

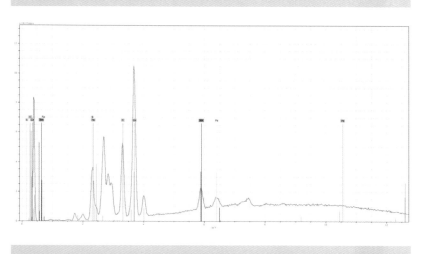

敘述：基底材含鈣 1.25%、錳 0.10%、鉛 0.02%、氧化鉀 0.87%、硫 1.29%

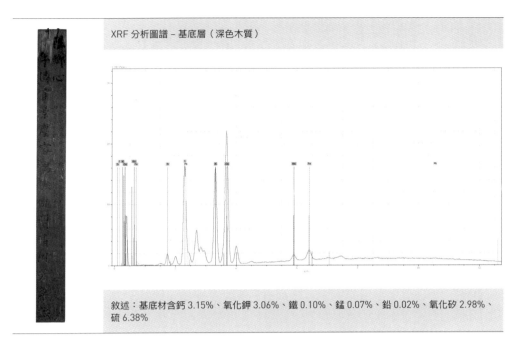

XRF 分析圖譜 – 基底層（深色木質）

敘述：基底材含鈣 3.15%、氧化鉀 3.06%、鐵 0.10%、錳 0.07%、鉛 0.02%、氧化矽 2.98%、硫 6.38%

（2）朱材哲書聯金屬構件 XRF 分析

金屬附件則是分析上端掛件，頂部金屬掛件可分作扣環與吊環等二種，根據 XRF 結果，上聯頂部金屬環釘為鐵、鋅、銅元素構成，銅、鋅元素應來自圓形裝飾扣，可判斷材質為黃銅，而鐵元素應主要來自固定用的鐵釘；下聯情況亦同。

【表 8】朱材哲書聯上聯金屬附件 XRF 分析結果

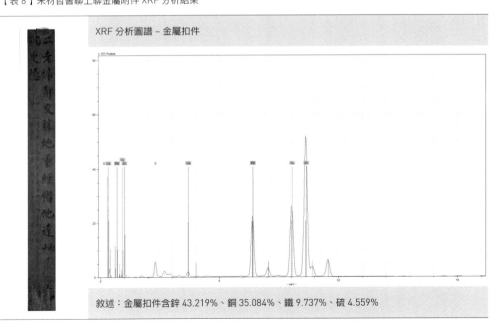

XRF 分析圖譜 – 金屬扣件

敘述：金屬扣件含鋅 43.219%、銅 35.084%、鐵 9.737%、硫 4.559%

2.掃描式電子顯微鏡（SEM-EDX）檢測

掃描式電子顯微鏡（Scanning Electron Microscope，簡稱 SEM），電子顯微鏡主要用以微觀之角度觀察物體表面現象，通常搭配能譜儀（EDX）進行科學分析。

能譜儀（Energy Dispersive X-ray Spectrometer，簡稱 EDX 或 EDS），可執行表面化學成分分析，對於物件表面可在短時間內偵測出表面元素，為光學鏡頭的像解析度極限不可或缺的分析儀器。

於此使用掃描式電子顯微鏡之檢測，主要針對切片樣本進行檢測，藉由切片樣本可觀察彩繪各層次的特性，作各層次的元素測定，以得知各層次所含之元素。分析時先使用打點的方式進行，單一層次取二點以上確認，完成單點分析後再使用帶狀掃描的方式，掃描各層次主要元素分佈情形，最後比對點分析與面分析的結果。

朱材哲書聯層次較為簡單，木質基底上僅有一層透明漆，彩繪部分於陰刻題字內，主要以藍黑色為主，下聯題字「朱材哲」為紅色字，以及印鑑部分為白底紅字。由於採樣以不破壞文物完整度為原則，紅色題字與印鑑部位不作採樣，以已有破損的木基表面與藍黑色字二處採樣製成樣品，於此單元進行分析：

朱材哲書聯樣本 1：表面漆層 + 木基層。（下聯）

朱材哲書聯樣本 2：表面漆層 + 藍黑色彩繪層 + 木基層。（下聯）

（1）朱材哲書聯樣本 1

取樣位置	木質基底 – 偏光顯微鏡攝影（正交偏光）

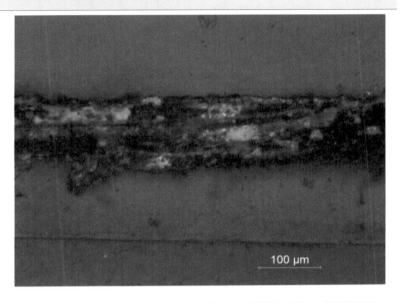

information: FOV 280 μm, Mode: 10kV - Point, Detector: BSD Full, Time: DEC 27 2019 23:19

SEM 攝影

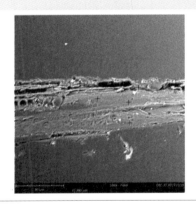

　　「朱材哲書聯樣本1」為木基底表面取樣，於一般顯微鏡下所含括為棕色透漆層、木基層等共計兩個主要層次，電子顯微鏡下可觀察不同材料差異，電子顯微鏡為背向散射電子（BSE）顯像，背向散射電子帶有成份分析的意義，樣本影像中亮度愈亮者代表該區域原子序愈大。「朱材哲書聯樣本1」中上下分層明顯，上層紅色彩繪層上下分層明顯，上層紅色彩繪層約可以分作兩層，但彼此間差異僅在鉛元素上，應有前後二次上彩，質地較細密且黑，所含材料原子序較小；下層打底層顆粒粗大不均，顯像多數偏灰，該區所含材料原子序較大。

SEM-EDX 棕色透漆層、木基層間不同點，於此自上而下測定 6 個點，由結果可知本樣本各層間內含：

棕色透漆層：由測定點（1）結果可知，基底層除碳、氧元素外，含鈣、矽元素。

木基底層：由測定點（2, 3, 4, 5, 6）結果可知，基底層除碳、氧元素外，含鈣、矽元素，與棕色透漆層結果相似。

【表 10】「朱材哲書聯樣本 1」切面 SEM-EDX 元素定量分析表

取樣編號	元素濃度（Atomic Conc.）								
	氧	碳	氮	鈣	矽	鋁	硫	汞	鐵
1	63.62	29.54		3.23	2.21				
2	63.48	32.46		2.84	1.21				
3	66.42	30.22		2.52	0.85				
4	71.59	27.00		1.41					
5	72.02	25.32		2.66					
6	69.55	28.22		1.94	0.28				

（2）朱材哲書聯樣本 2

【表 11】

取樣位置	藍黑色彩繪層－偏光顯微鏡攝影（正交偏光）
	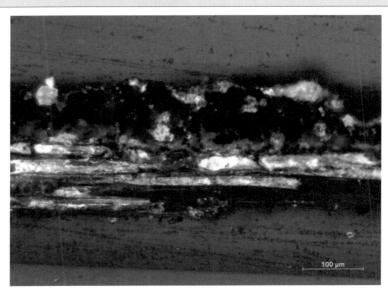 information : FOV623 μm, Mode: 15kV - Point, Detector: BSD Full, Time: DEC 27 2019 23:32
SEM 攝影	
	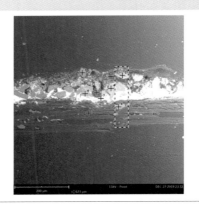

　　朱材哲書聯樣本 2 為黑色刻字上取樣，於一般顯微鏡下所含括為表面淺棕色透漆、黑色、藍色彩繪層及木質基底等共計四個主要層次，電子顯微鏡下可觀察不同材料差異，電子顯微鏡為背向散射電子（BSE）顯像，背向散射電子帶有成份分析的意義，樣本影像中亮度愈亮者代表該區域原子序愈大。「朱材哲書聯樣本 2」中上下分層界線較為模糊，上層棕色透漆層與下分層藍色彩繪層的顆粒混雜，藍色彩繪

層受棕色透漆的影響，與透漆層混合處顏色較深偏向黑色。於 SEM 影像下可見藍色彩繪層應為不同物質相互混和，一者影像偏白，所含物質成分原子序較大，主要沉積於下方；一者顆粒較大影像偏灰，所含物質成分原子序較小，主要沉分布在中段或懸浮混合於棕色透漆層。

SEM-EDX 針對透漆層、彩繪層、基底層間不同點、區域進行分析，自上而下測定 9 個點，由結果可知本樣本各層間內含：

棕色透漆層：由測定點（1、2、3、5）可知，除氧、碳元素外，含鈣、矽、鋁、鐵、鉀等元素。

藍黑色彩繪層：由測定點（4、7）可知，除氧、碳元素外，藍黑色彩繪層含鐵、鉛、鈣、矽、鋁、鈷等元素，可能由含鈷藍色顏料組成，例如鈷藍；或由含鋁藍色顏料組成，如群青。

木基底層：由測定點（8、9）可知，基底層除碳、氧元素外，含鈣、矽、鋁、鉛等元素。

【表 12】「朱材哲書聯樣本 2」切面 SEM-EDX 元素定量分析表

取樣編號	元素濃度（Atomic Conc.）														
	氧	碳	氮	鈣	矽	鋁	硫	鈦	鐵	鉀	鉛	鈷	鍶	砷	鉬
1	60.45	25.29		0.39	4.56	2.53			6.59						
2	43.36	31.15		2.20	12.88	0.79			5.37	0.76	3.48				
3	51.15	26.13		1.46	9.21	9.67	0.62		0.82	0.95					
4	56.00	19.66		1.02	12.60	0.97			1.42	1.33	6.00		0.72	0.29	
5	55.15	32.84		0.75	6.16	0.69			1.09		3.31				
6	72.78	4.78			16.82	0.51			1.27	0.56	1.46	0.91			
7	66.31	25.09		1.21	1.8	0.88			0.83		3.70				
8	65.63	28.28		1.00	2.00	1.60					1.48				
9	68.47	28.20		1.12	1.15						1.05				
map	62.67	23.14		0.51	6.76	3.54			1.14	0.48	1.76				

【表 13】朱材哲書聯樣本 2 切面 SEM-EDX 區域元素分析

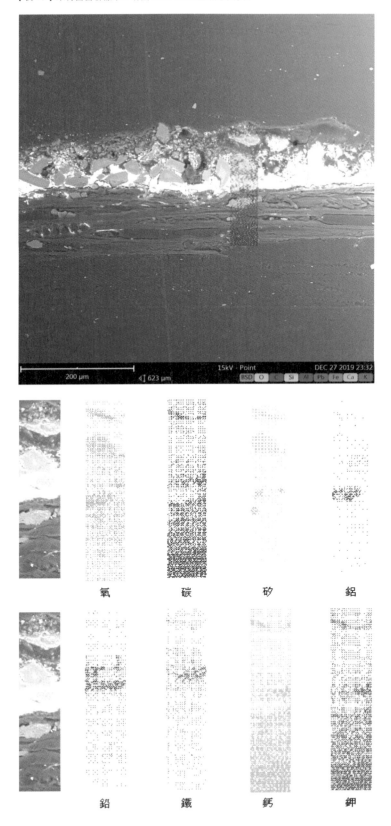

3. 傅立葉紅外線光譜儀（FTIR）檢測

傅立葉紅外線光譜屬於分光光譜儀的一種，將干涉過的光源，經過受測物，將所有波長吸收的光譜數據予以偵測器吸收，以傅立葉轉換的數學式計算後，以紅外線吸收光譜。檢測採用直接接觸的方式，將樣本接觸於晶體進行分析，測量 FTIR 圖譜，本次分析使用鍺作為 ATR 晶體，所檢測光譜波段為 800 至 4000 區間，由於 ATR-FTIR 之檢測所得為樣本所含官能基資訊，因此希望藉此將樣本分析所收集之圖譜分析比對，提出本研究對於其各層次之間所使用的黏著材料之看法。

朱材哲書聯部分進行分析者為其表面裸木塗有棕色透明漆處，以及刻字處藍黑色彩繪層等二部分，雖由前幾節分析結果可知刻字處，藍黑色彩繪層上覆蓋有棕色透漆層，若須對其進行 FTIR 分析，須了解棕色透漆層處狀況，因此需取樣透漆層處資訊同時比對：

> **書聯表面：**書聯表面分析結果，可能包含棕色透漆以及木基底所含有機物的官能基，但仍可將數據當作棕色透明漆之分析結果，與藍黑色彩繪層處比對。在伸縮震動吸收峰方面，木聯表面於 1651 cm^{-1}、1323 cm^{-1}、1069 cm^{-1}、1034 cm^{-1}、779 cm^{-1} 處有較明顯吸收峰反應，其中又以 1651 cm^{-1}、1069 cm^{-1}、1034 cm^{-1} 三處最為強烈。
>
> **藍黑色彩繪層：**藍色彩繪層 1628 cm^{-1}、1327 cm^{-1}、1111 cm^{-1}、789 cm^{-1}、756 cm^{-1} 處有較明顯吸收峰反應，其中又以 1111 cm^{-1} 處最為強烈。

兩者比較之下可見相似度極高，幾乎只有吸收峰強度不同，僅有 3400 cm-1 以後藍黑色彩繪層部分，較一般表面多出 3534 cm-1、3406 cm-1 兩支強度較微弱的吸收峰，依據前幾節討論彩繪層結構時的顯微鏡橫剖面塗，可見棕黑色透漆層有深入侵入藍色彩繪層的現象，於此次 FTIR 圖譜結果驗證，可知棕色透漆層已對藍黑色彩繪層處影響，難以使用 ATR-FTIR 或類似的分析方式，得出彩繪顏料所用黏著劑更深入的結果。

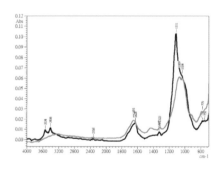

朱材哲書聯藍黑色彩繪層與書聯表面傅立葉紅外光譜分析結果。FTIR：SHIMADZU AIM-9000 / ATR 晶體：鍺（GE）

⊜ 「朱材哲書聯」後續研究建議

　　根據樣本切片與 XRF 分析結果，在結構上最底層為木基層、刻字處藍黑色彩繪層或紅色彩繪層、最上層棕色透漆層等。朱才哲書聯之藍黑色彩繪層含鈷、鋁等元素，因此可能由含鈷藍色顏料，例如鈷藍，或是鋁藍色顏料組成，如群青。在顯微鏡觀察下可見藍色彩繪層由兩種藍色份粉組成，判斷可能為普魯士藍以及天然群青。於下聯部分落款處使用處紅色顏料，根據 XRF 分析結果存在較高的汞與鉛元素，推測可能使用可能使用為鉛丹（Pb3O4）或硃砂（HgS），題字處彩繪層處混合多種色料調色所成，非僅存在單一色料。

【表 14】朱材哲書聯 XRF 各層分析結果總表

上聯藍黑色彩繪層	鉛 1.23%、鐵 0.68%、鈷 0.36%、氧化鉀 1.45%、鈣 0.78%、二氧化矽 14.03%、硫 2.18%、砷 0.33%
下聯藍黑色彩繪層	鉛 2.05%、鐵 0.66%、鈷 0.34%、鎳 0.02%、氧化鉀 1.34%、鈣 0.71%、矽 13.57%、硫 2.67%、砷 0.55%
下聯紅色彩繪層	鉛 1.42%、鐵 0.67%、鈷 0.37%、鉀 0.52%、鈣 0.57%、二氧化矽 6.00%、砷 0.34%

【表 15】朱材哲書聯 SEM-EDX 各層分析結果總表（取自朱材哲書聯樣本 2）

	各彩繪層所含元素								
棕色透漆層	氧 60.45	碳 25.29	鈣 0.39	矽 4.56	鋁 2.53	鐵 6.59			
藍黑色彩繪層	氧 56.0	碳 19.66	鈣 1.03	矽 12.60	鋁 0.97	鐵 1.42	鉀 1.33	鉛 6.00	鍶 0.72	砷 0.29

　　對於朱材哲書聯上所使用之顏料黏著劑，使用 ATR-FTIR 進行分析，表面裸木塗有棕色透明漆處，以及刻字處藍黑色彩繪層等二部分，在分析結果比較之下，相似度極高，幾乎只有吸收峰強度不同，討論彩繪層結構時的顯微鏡橫剖面塗，可見棕黑色透漆層有深入侵入藍色彩繪層的現象，於此次 FTIR 圖譜結果驗證，可知棕色透漆層已對藍黑色彩繪層處影響，難以使用 ATR-FTIR 或類似的分析方式，得出彩繪顏料所用黏著劑更深入的結果。

　　在後續研究上，目前書聯檢測結果，其使用之顏料，皆符合其年代特徵（如天然群青、硃砂等），但仍可將「朱材哲書聯」與「卯橋別墅匾」做更詳細的材料比對，包含其使用之材料與相關紀錄，更能釐清兩者之異同，且更能為兩件文物的研究，提供更深入的資訊。

1904年7月18日臺南灣裡街（今善化）旋風事件的文史跨域研究初探*

陳彥傑、陳秀琍、
王子碩、黃文亭、
陳家琦 **

摘要

臺灣有組織的現代氣象觀測，自日治時期（1895-1945）的1896年開始。以氣象科學的角度而言，120多年的氣象觀測資料，見證了臺灣氣候變遷；而以歷史、人文、社會和民生的角度而言，120多年來的氣象變化，則影響所有在這裡生活的人。每個氣象站都有其觀測歷史中極端的觀測紀錄，其常伴隨一場重大的氣象災害事件，造成百姓生命財產的損失，並重創原本的生活環境。本研究以1904年7月18日襲擊臺南灣裡街（今善化）的龍捲風事件為主要分析對象，並與臺灣南部氣象中心合作，收集相關的科學觀測記錄與氣象史料，以嘗試建立該氣象事件的自然輪廓。此外，本研究亦多方面蒐集篩選當時的相關文史資料，並以環境史的角度，來進行跨領域的資料解讀，以還原該氣象事件對當時社會民生的影響。1904年灣裡街旋風是日本統治臺灣後較大的旋風事件。其損害或許不如其他大型颱風，但卻是在最短的時間，造成最大的傷害。當時的報紙，藉由此事件傳達何謂旋風、旋風災害的範圍、旋風的歷史、災害應變及災後的救助等氣象科普資訊，有助於民眾對旋風現象的了解，亦對氣象科普教育有正面的作用。

關鍵字：旋風、臺灣南部氣象中心、環境史、氣象科普

一 前言

臺灣有組織的現代氣象觀測，始自日治時期。日本治理臺灣的第二年，1896年（日明治29年），當時的臺灣總督府，於當年7月公布了臺北、臺中、臺南、恆春及

* 本研究為交通部中央氣象局委託辦理研究計畫編號 MOTC-CWB-108-M-07 之部分成果，由於交通部中央氣象局的經費與行政支持，使本研究得以順利進行，特此致上感謝之意。本研究亦感謝國立嘉義大學應用歷史學系暨研究所吳建昇教授、中央氣象局臺灣南區氣象中心吳福悠主任、中央氣象局恆春氣象站薛全義主任等對本研究費心審閱並提供諸多寶貴的意見。

** 陳彥傑，嘉南藥理大學應資系副教授（通訊作者）；陳秀琍，自由工作者兼嘉南藥理大學觀光系計畫協同主持人；王子碩，聚珍臺灣總監兼嘉南藥理大學觀光系計畫協同主持人；黃文亭，中央氣象局臺灣南區氣象中心技正；陳家琦中央氣象局臺灣南區氣象中心技士

澎湖等五個測候所的位置與名稱。這一批臨時測候所（日文：假測候所）開始觀測作業至今已超過 120 年的時間。以氣象科學的角度而言，120 多年的氣象觀測，見證了臺灣長期的氣候變遷。然而以歷史、人文、社會和民生的角度而言，120 年來每天的天氣變化，卻是扎扎實實的影響著每一位在這塊土地生活的人們。[1]

每個氣象站在其觀測歷史中，都有機會紀錄到許多重大甚至「極端」的氣象事件，而這些重大甚至極端的氣象事件，亦常造成許多嚴重的災害。2006 年 11 月中央研究院舉辦環境史研究第二次國際學術研討會，隨後於 2008 年 12 月修改集結成書以《自然與人為互動：環境史研究的視角》為題刊行，[2] 在導論中劉翠溶[3]引述美國史家伍斯特（Donald Worster）所說：「環境史研究目的在於加深我們了解在時間過程中，人類如何受自然環境的影響，以及他們如何影響環境和得到了什麼結果。」[4] 以及歐洲史學家摩爾（R.I.Moore）所云：「要對過去產生新透視，幾乎沒有比環境史更好的例子。它與當代迫切的憂慮有關是很清楚的，但他也刺激了對世界上很多地方很多時期，甚至是遙遠的過去重新評價。」[5] 所謂極端氣象事件，一般是指超過或嚴重偏離平均狀態，造成較大社會和經濟影響的天氣異常。諸如風暴、降水、乾旱、低溫、冰雹、雷擊、洪澇、沙塵暴等氣象災害超過平均狀態，都可能造成極端氣象事件。用通俗的說法，極端氣象事件就是一般所謂「十年一遇」、「五十年一遇」或「百年一遇」的異常天氣。極端氣象事件所呈現的特性是：災害性、突發性、不可測性。[6] 為了給極端氣象事件一個明確的定義，聯合國政府間氣候變化專門委員會（Intergovernmental Panel Climate Change, IPCC）在 2001 年的第三次評估報告指出，[7] 對一特定地點和時間，極端氣象事件就是發生概率極小的事件，通常發生概率只佔該類天氣現象的 10% 或者更低。從這樣的定義來看，極端氣象事件的特徵是隨地點而變的。而極端氣候事件就是在一定時期內，大量極端氣象事件的平均狀況。由此定義來看，任何地區、任何時期都可能出現極端氣象乃至氣候事件，

1 陳彥傑、陳秀琍、王子碩，《歷史極端氣象事件之文史資料跨域研究（1/2）》，（臺北：交通部中央氣象局委託研究計畫期末成果報告，2019）。

2 蔡昇璋，〈日治時期臺灣的颱風災害與防救災措施〉，《臺灣文獻》60 卷 4 期，2009，頁 253-298。

3 劉翠溶，《自然與人為互動：環境史研究的視角》，（臺北：中央研究院、聯經，2008 年）。

4 Worster, D., The Ends of the Earth: Perspectives on Modern Environmental History. New York,USA：Cambridge University Press, 1988.

5 Moore, R.I., New Perspectives on the Past, UK：Blackwell, Oxford, 1983.

6 吳漢，〈極端天氣氣候事件與大陸洪澇災害〉，《展望與探索》8 卷 8 期，2010，頁 26-32。

7 Intergovernmental Panel on Climate Change (IPCC), Climate change 2001: third assessment report, impacts, adaptations and vulnerability of climate change, McCarthy, J.J. et al. eds., Cambridge, UK：Cambridge University Press, 2001.

只是其強度以及影響幅度不同而已。[8]

　　過去國內歷史學界對於臺灣相關重大或極端的自然災害事件，以及該事件造成後續影響的相關研究，大多以地震災害與水災為主。[9] 至於龍捲風風災、寒旱災、極冷極熱效應等重大或極端的氣象事件與災情，則大多散見於各相關觀測記錄或媒體報導等史料中。以龍捲風為例，龍捲風在臺灣日治時期又稱為「旋風」，志書記載中也出現過「蛟龍」的稱呼。臺灣人又稱為「鵄尾」（tshí/tshú-bué；鼠尾風）、捲螺仔風等。[10] 臺灣發生龍捲風的次數不多，規模也不大，且因其形成速度較快，消失的速度也快，一般都沒有充足的時間可以預測路徑。雖然龍捲風形成的災害不若大型颱風來得大，但從其所造成的民眾傷亡與財產損失來看，也具有相當大的破壞力。例如：1904 年（日明治 37 年）的臺南灣裡街（今善化）旋風造成當時安平支廳外至善化支廳地區（今安南區、安定區及善化區）房屋全毀達 245 戶，半毀也有 354 戶之多，可見其威力。[11] 由於 1904 年臺南灣裡街旋風事件，是日本統治臺灣以後較大的龍捲風風災，且其有臺灣氣象史上第一次官方氣象專業人員的完整勘災記錄，因此，本研究即以此風災為主要分析對象，期能透過以量化的「氣象觀測資料」，輔助質性的「文史報導資料」方式，進行「跨域」解讀。解讀的結果，亦嘗試以環境史的角度來審視與檢討，讓我們得以重新透過與過去歷史的對話，了解臺灣與自然環境的互動歷程，以及從中所獲得的教訓與經驗為何？

◎ 二　文獻探討

　　臺灣氣象觀測約始於清代的 1885 年（清光緒 11 年）前後，而有規模、有制度的科學化氣象觀測，則始於日治的 1896 年（日明治 29 年）。該年的 3 月，臺灣總督府頒佈「臺灣總督府測候所官制」，規範測候所的職掌、組織及隸屬等，並隨即著手臺灣島上氣象測候所的設置。[12] 而至今超過 2 甲子的氣象觀測記錄已累積成一資料量相當可觀的資料庫。[13] 此一氣象觀測記錄資料庫記錄著許多氣象觀測的日常與極端。

8　吳漢，〈極端天氣氣候事件與大陸洪澇災害〉，《展望與探索》8 卷 8 期，2010，頁 26-32。

9　蔡昇璋，〈日治時期臺灣的颱風災害與防救災措施〉，《臺灣文獻》60 卷 4 期，2009，頁 253-298。

10　連橫，《雅堂文集》，（臺北：臺灣銀行經濟研究室，1964）。

11　陳彥傑、陳秀珮、王子碩，《歷史極端氣象事件之文史資料跨域研究（1/2）》。

12　臺灣總督府臺北測候所，《臺灣氣象報文第一冊》，（臺北：臺灣日日新報社，1899 年），頁 2-3。黃文亭，《臺南極端觀測事件之相關資料彙整》，（臺北：交通部中央氣象局自行研究計畫，2017 年）。黃文亭，《1911 年 B051 颱風對臺南影響之初步研究》，（臺北：109 年天氣分析與預報研討會，2020），A4-8。

13　范燕秋、張幸真、洪致文，《臺灣氣象科技史料研究（1/2）計畫》，（臺北：交通部中央氣象局委託研究計畫期末成果報告，2019）。

而透過此資料庫不僅能建構出臺灣長期的氣候變遷歷史，亦能在分析歷史極端氣象事件如何影響人民生活時提供科學的量化數據。

　　過去有關極端氣象事件之研究，大多是以自然科學相關學者為主，著重在於自然災害的形成原因、破壞、影響等分析。如王京良、陳榮波、盧堅、劉鴻喜等，分別於 1960 年代在《臺灣銀行季刊》及《臺灣研究叢刊》中，發表一系列有關臺灣自然災害之相關文章。[14] 而晚近 2004 年，林俊全所著《臺灣的天然災害》一書，則以較全面性、整體性的來剖析臺灣主要之天然災害等，[15] 此均屬於科學實證性之研究成果。[16] 又如 1989、1990 年黃俊傑、古偉瀛應行政院國科會企畫處之約，開始執行「第二期五年防災科際整合研究」大型計畫而提出，[17] 分別以量化分析、個案分析為研究方法完成《日據時代臺灣社會民眾對天然災害的認知與反應（1895 至 1945 年）》、《日據時代日本殖民政府在臺灣防災與救災措施的分析（1895 至 1945 年）》兩份研究報告，該報告中主要是利用日治時期出版的報紙，尤其是《臺灣日日新報》。此外，亦運用日治學者對於天然災害之成果為輔佐資料。從民眾對天然災害的反應與天然災害的量化分析，到報載中政府預防措施、善後措施（災情稽查與復舊、視察、慰問、救恤、衛生消毒、警戒、募賑、御下賜金）、民間反應等，進行量化分析與個案分析，呈現此歷史現象，並對其反應模式的細節，描述及其意義，以及日治政府防災救災措施作整體之觀察。[18]

　　以本研究 1904 年 7 月 18 日的臺南灣裡街旋風事件而言，在《臺南測候所沿革史》的記錄中，1904 年 7 月記錄到當時臺南測候所所長遠藤外與吉，於 7 月 20 日前往灣裡街旋風調查出張（出差），21 日歸。為什麼要特別記錄這件事？當時灣裡街旋風是什麼樣的事件？臺南灣裡街旋風是 1904 年臺南廳所發生的重大旋風災害。這次的旋風造成臺南地區曾文溪以南的安南區、安定及灣裡近百人傷亡，及十幾個庄頭約有 600 戶房屋毀壞。這是日治以來臺灣較重大的旋風事件，當時《臺灣日日新報》，亦對此旋風連續追蹤報導。這次的旋風事件，無論是臺北測候所所長或是臺

---

14 王京良，〈臺灣之地震及其災害〉，《臺灣銀行季刊》15 卷 2 期，1964，頁 103-147。王京良，〈臺灣之地震與建築物〉，《臺灣銀行季刊》16 卷 4 期，1965，頁 258-268。王京良，〈臺灣之颱風及其災害〉，《臺灣銀行季刊》17 卷 3 期，1966，頁 91-134。陳榮波，〈臺灣農作物與颱風之關係〉，《臺灣銀行季刊》14 卷 1 期，1963，頁 163-187。盧堅，〈臺灣之暴雨〉，《臺灣銀行季刊》14 卷 3 期，1963a，頁 182-217。盧堅，〈臺灣之乾旱〉，《臺灣銀行季刊》14 卷 4 期，1963b，頁 56-84。劉鴻喜，〈臺灣暴雨量及洪水預報之研究〉，《臺灣銀行季刊》，13 卷 3 期，1962，頁 213-247。

15 林俊全，《臺灣的天然災害》，（臺北：遠足文化，2004）。

16 蔡昇璋，〈日治時期臺灣的颱風災害與防救災措施〉，《臺灣文獻》60 卷 4 期，2009，頁 253-298。

17 黃俊傑、古偉瀛，《日據時代日本殖民政府在臺灣防災與救災措施的分析（1895 至 1945 年）》，（臺北：行政院國家科學委員會防災科技研究報告 79-05 號，1989）。黃俊傑、古偉瀛，《日據時代臺灣社會民眾對天然災害的認知與反應（1895 至 1945 年）》，（臺北：行政院國家科學委員會防災科技研究報告 78-05 號，1990）。

18 蔡昇璋，〈日治時期臺灣的颱風災害與防救災措施〉，《臺灣文獻》60 卷 4 期，2009，頁 253-298。

南測候所所長，在報紙媒體《臺灣日日新報》上都有提出說明，並將其做為防災教育知識的宣導。在《臺灣總督府檔案》中亦有內容相當完整的《灣裡街附近ヲ通過シタル旋風況況臺南測候所長報告》[19] 以及《三十七年七月中風水害被害內務大臣ヘ報告》，300多頁的檔案中，有一篇是臺南廳長針對此事件呈上的〈旋風被害ノ件報告〉，[20] 可見此旋風事件的重要性。

《臺灣日日新報》1904 年 7 月 21 日〈灣裡附近旋風詳報〉。

⊜ 研究方法

　　作為一個兼具歷史與氣象方面的議題，本研究主要採用一般的歷史研究法與文獻分析法，並透過歷史學與氣象學來進行探討。先由史料蒐集和舉證，再利用歸納法推演出合理的解釋與結論。[21]

（一）歷史研究法

　　歷史研究法主要在蒐集過去的史實、考證正確性和價值，加以分析綜合，尋求變化關係，予以合理的詮釋。歷史研究法的過程有調查、綜合、詮釋等，這三個步驟，目的是達成對目標的釐清、敘述和詮釋。[22] 而歷史研究法不能像實驗法一樣操

---

19 灣裡街附近ヲ通過シタル旋風況況臺南測候所長報告（1904 年 08 月 01 日），〈明治三十七年十五年保存第二十三卷〉，《臺灣總督府檔案》，國史館臺灣文獻館，典藏號：00004810003。

20 《三十七年七月中風水害被害內務大臣ヘ報告》（1904 年 08 月 01 日），〈明治三十七年十五年保存第二十五卷〉，《臺灣總督府檔案》，國史館臺灣文獻館，典藏號：00004812001。

21 章弘傑，〈民國時期上海地區報紙出版發行研究〉，（臺北：輔仁大學圖書資訊學系碩士班碩士論文，2020）。

22 謝寶煖，〈歷史研究法及其在圖書資訊學之應用〉，《中國圖書館學會會報》62 期，1999，頁 35-55。

弄、控制研究變項，更特別的是歷史研究法所關心的是過去發生的事，盡可能完整且正確的重建過去，解釋過去所發生的種種。[23] 這說明研究者對文獻資料的蒐集、考證，需要細心外，進行歷史研究時，要從文獻中進行詮釋，所以，還必須要更加的小心、謹慎，才能在此研究主題找上到解答。[24]

（二）文獻分析法

文獻分析法為所有研究工作都會使用的研究方法，[25] 其定義為：「以有系統而客觀的界定、評鑑、並且綜括證明的方法，以確定過去事件的確實性和結論。其主要目的，在於瞭解過去、洞察現在、預測未來。」[26] 而本研究亦以此法對文獻進行蒐集、摘錄、整理，並且做出結論。[27]

由於本研究主要在進行 1904 年 7 月 18 日臺南灣裡街旋風事件的文史跨域研究，因此需蒐集氣象觀測資料與文史報導資料等文獻史料。在氣象觀測資料的蒐集方面，主要由臺灣南部各氣象站等歷史觀測資料中，篩選蒐集與上述歷史極端氣象事件相關的氣象觀測數據圖文等資料，如：觀測月報表、天氣圖、預報資料、暴風報告等。而在文史報導資料的蒐集方面，主要由交通部中央氣象局臺灣南區氣象中心的《臺南測候所沿革史》、恆春氣象站的《恆春測候所沿革史》、《恆春測候史話》、日治時期的報紙（如：臺灣日日新報、臺南新報、臺灣日報等）資料庫、臺灣總督府府報資料庫，以及中央研究院之古籍資料庫[28] 等相關文獻，篩選蒐集與上述歷史極端氣象事件相關的文史報導分析圖文等資料，如：災損報告、賑災資料、新聞報導等等。

四 結果與討論

（一）事件概述

1904 年 7 月 18 日傍晚 5 點多近 6 點，安平海面西北方向（四草海面）烏雲密

23　謝寶煖，〈歷史研究法及其在圖書資訊學之應用〉，《中國圖書館學會會報》62 期，1999，頁 35-55。

24　章弘傑，〈民國時期上海地區報紙出版發行研究〉，（臺北：輔仁大學圖書資訊學系碩士班碩士論文，2020）。

25　王錦堂，《大學學術研究與寫作》，（臺北：東華書局，1992）。

26　葉至誠、葉立誠，《研究方法與論文寫作》，（臺北：商鼎數位出版有限公司，2011）。

27　章弘傑，〈民國時期上海地區報紙出版發行研究〉，（新北：輔仁大學圖書資訊學系碩士班碩士論文，2020）。

28　曾獻緯，〈臺灣史資料庫演講紀錄〉，《歷史學資料庫工作坊第四場：臺灣史》，2014，網址：https://ntuhaa.wordpress.com/2014/04/18/%E6%AD%B7%E5%8F%B2%E5%AD%B8%E8%B3%87%E6%96%99%E5%BA%AB%E5%B7%A5%E4%BD%9C%E5%9D%8A%E7%AC%AC%E5%9B%9B%E5%A0%B4%EF%BC%9A%E8%87%BA%E7%81%A3%E5%8F%B2/。李承機，〈日治時期的報業發展〉，《臺灣學通訊》85 期，2015，頁 4-7，網址：https://www.ntl.edu.tw/public/Attachment/512910125196.pdf

佈，突然間由海面捲起一陣漏斗狀的旋風，風聲隆隆，穿過四草，沿著曾文溪南往本淵寮聚落前進。首當其衝的本淵寮損傷慘重，旋風從該聚落中心穿過，造成整個聚落房屋損毀達 76 棟。其後旋風快速橫掃過新宅庄、新寮庄、中州寮庄等庄，其中在新寮庄也造成傷亡。旋風往中崙進到安定大聚落港口庄，造成房屋全毀 100 多棟。再沿著許厝寮到灣裡街。灣裡街的災情也十分慘重，房屋全毀有 68 棟，不同程度損壞則達 200 多棟、30 人輕重傷。旋風從形成到消失，越過曾文溪消失於今六甲區，時間短短 20 至 25 分鐘，卻造成當時臺南廳安平支廳及善化支廳極大的災害。

　　7 月 18 日當天其實共有兩個旋風，一個是傍晚 6 點 10 分到達灣裡威力強大的旋風；同一天晚上 9 點，第二個旋風形成於外武定里的新宅庄附近（今安南區），經過港口庄往嶺寄庄方向越過曾文溪後消失，還好這只是一個小型旋風，但也造一些損害。對同一天遭遇 2 個旋風侵襲的港口庄庄民來說，這天真是飽受驚嚇。因為災害重大，所以臺南測候所長遠藤外與吉及臺南廳長山形脩人都要前往現場勘災，並上呈災害報告。

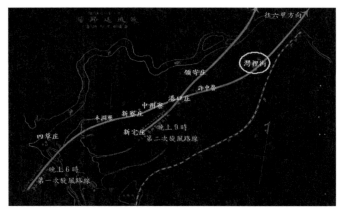 

從「旋風進路圖」可知旋風通過灣裡街（今善化）附近；黃圈處為灣裡街。[29]

1904 年 7 月 18 日臺南灣裡街（今善化）旋風事件臺南測候所長勘災。[30]

（二）事件氣象觀測資料分析

　　以「中央氣象局網站 - 知識與天文 - 氣象百科 - 氣象常識 - 龍捲風」的說明指出：龍捲風的英文名稱為「tornado」，在大氣之中，龍捲風是一種小範圍、威力很強且

29　資料來源：《灣裡街附近ヲ通過シタル旋風況況臺南測候所長報告》。

30　資料來源：《三十七年七月中風水害被害內務大臣へ報告》。

極具破壞力的空氣旋渦，其直徑由數十公尺至數百公尺不等，平均而言約 250 公尺。自遠處看，它狀似一暗灰色的漏斗或象鼻，自雲底向下伸展至地面，整個漏斗狀雲柱本身繞著一近似垂直的中心急速旋轉，同時向前行進。雲柱有時在空中迴盪，有時降低及於地面，所經之處常造成嚴重災害。龍捲風路徑的長度，平均在 5 到 10 公里之間，然而亦有長達 300 公里的紀錄；龍捲風的壽命有些不到 1 分鐘，但有些則可維持數小時，平均歷時約不到 10 分鐘。因為龍捲風所伴隨的風力太強，普通測量風速的裝置，無不被摧毀無遺，所以很難得到可靠的紀錄。根據建築物的損壞程度，以及飛揚物體的撞擊力來估計，其風速大致在每秒 100 公尺左右，甚至可能到達每秒 200 公尺以上。就歷年來侵襲臺灣的強烈颱風來說，中心附近最大風速亦極少超過每秒 80 公尺者，足見龍捲風威力之大，[31] 這也是為什麼 1904 年臺南灣裡街旋風事件災情慘重的原因。

龍捲風的基本生成條件，是必須具有強烈的向上氣流和不穩定的空氣擾動；暖、濕空氣上升，乾、冷空氣下降，於兩股氣流交會處大氣極不穩定，極容易生成對流胞，加上因高度而改變的風速風向的垂直風切；在劇烈輻合作用下造成龍捲風。[32] 因此，它們大多發生在強冷鋒和颮線（鋒面前雷雨帶）附近，亦有伴隨颶風出現。臺灣 5 至 7 月份的春、夏季，在下午 3 至 6 點的午後，不穩定大氣伴隨旺盛對流等符合龍捲風形成的氣象條件下，偶有龍捲風發生，且主要集中在臺南、高雄以及屏東的平坦地帶。還好因其範圍小，路徑短，僅少部分造成重大災害。

現在的科技，仍無法預測龍捲風，更何況此事件發生在 110 多年前，其發生的速度快速，根本無法監測，只能由當時氣候去推論產生的原因。由於災情慘重，所以在〈灣裡街附近ヲ通過シタル旋風況況臺南測候所長報告〉中，當時的臺南測候所長遠藤外與吉在復命書中提及：此旋風形成時，臺南正逢夏季南風吹拂，高溫且溼氣重。臺南附近從 7 月 15 日開始下大雨，18 日當天除了下雨還有打雷電。此外，13 日時石垣島南方產生一低氣壓（颱風），而此低氣壓 15 日移往福州附近滯留。於是他推估此旋風應與以上氣象有關。而依據侵臺颱風資料庫的資訊，[33] 1904 年 7 月 14 日 B026 颱風從臺灣北部海面通過。颱風接近臺灣時南部降雨並不明顯，但 15 日

31　中央氣象局，〈龍捲風〉，2020，網址：https://www.cwb.gov.tw/V8/C/K/Encyclopedia/nous/weather_list.html#weather-03。
32　劉清煌，〈臺灣龍捲知多少〉，《科學研習》第 51 卷第 4 期，2012，頁 42-48。
33　侵臺颱風資料庫，〈B026〉，2020，網址：http://photino.cwb.gov.tw/tyweb/tyfnweb/table/1897-1948.htm。

颱風遠離後，降雨反而比 14 日更多，17 日的日累積雨量更有 217.1 mm。顯見在颱風遠離後，臺灣南部在偏南風的暖溼空氣影響下，天氣變得相當不穩定，也造成 7 月 18 日龍捲風的產生。另外，在南區氣象中心保存的氣象月報中，1904 年 7 月 14 日至 19 日都記錄著天氣是受到暴風的後續影響。而這些氣象觀測數據與資料，正佐證了臺南測候所長遠藤外與吉在復命書中，對當時氣象狀況的描述與推估。

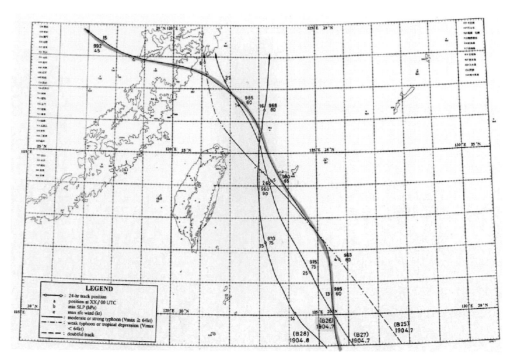

1904 年 7 月 12-14 日 B026 號颱風逐時路徑圖。
（http://photino.cwb.gov.tw/tyweb/tyfnweb/image/track-1/1904b026.gif）

【表 1】1904 年臺南測候所逐日雨量表。

日/月	1	2	3	4	5	6	7
1	-	-	-	-	-	-	-
2	-	-	-	-	-	-	-
3	-	1.8	1.3	-	-	-	-
4	T	6.2	0.9	5.8	-	-	-
5	0.3	0.9	1.0	2.2	4.5	T	12.3
6	-	0.2	33.9	-	26.0	0.1	T
7	-	1.0	7.2	-	1.1	36.6	2.1
8	-	8.6	0.1	-	-	139.8	17.7
9	-	-	-	-	-	1.0	47.0
10	19.3	-	0.5	-	-	31.7	1.4
11	1.4	-	-	-	-	15.7	2.9
12	0.5	-	-	-	-	0.8	20.2
13	0.4	-	-	-	T	T	2.8
14	-	0.1	-	-	-	0.3	8.1
15	0.2	-	-	0.3	-	0.2	114.2
16	-	-	-	-	-	27.2	95.5
17	-	-	0.9	-	-	1.9	217.1
18	-	-	0.4	-	-	5.6	74.5
19	-	-	9.5	-	-	13.8	13.8

表中紅框為 7 月 15 至 18 日之逐日雨量紀錄。

臺灣南區氣象中心保存的氣象月報對 1904 年 7 月 14-19 日的記錄。

（三）事件文史報導資料分析

　　這次龍捲風造成的災害，依臺南測候所統計：安平支廳及灣裡支廳（依當時的行政劃分，其範圍為今安南區、安定區及灣裡區）共有 16 庄傳出災情，死亡人數 5 人，輕重傷共 80 人。房屋全毀共有 245 棟、部份損壞 354 棟。其中傷亡損害最重的三個聚落分別是：本淵寮 76 棟全毀，4 人死亡，30 人受傷；灣裡街全毀 68 棟，但半毀則有 241 棟，受傷人數則 20 人。港口庄 51 棟全毀，53 半毀，11 人輕重傷。灣裡支廳廳長的官舍，也被風翻倒。

【表 2】《灣裡街附近ヲ通過シタル旋風況況臺南測候所長報告》之 1904 年灣裡旋風災害統計表

　　在這個龍捲風事件中，《臺灣日日新報》的報導，提供了一個給一般民眾了解龍捲風的歷史資訊。此外，《臺灣日日新報》還特別追溯了臺灣歷史中重大的龍捲風，其中提到清光緒 4 年（1878）的臺南龍捲風記錄。

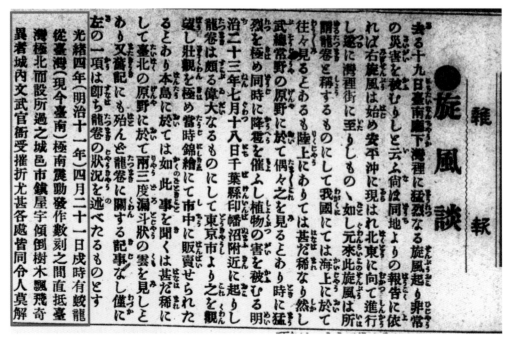

《臺灣日日新報》1904 年 7 月 22 日第 5 版旋風談中，提到清光緒 4 年龍捲風對臺南的影響。

　　再從中央研究院的「臺灣文獻叢刊資料庫」查詢，可知臺灣文獻資料中龍捲風的記錄有幾則，其中有二起與臺灣相關，分別發生在清光緒 3 年（1877）及 4 年（1878）。在連橫撰寫的《雅堂文集》卷三，寫到一則清光緒 3 年 6 月初三發生於臺南安平的龍捲風（捲螺仔風）故事。[34] 內容引文如下：「……光緒三年六月初三過午，有旋風起自安平，由南勢街越城入，向北去呼呼嘯而過，當城內人們抬頭望只風行極速，閃爍如銀像龍。旋風過處，屋瓦盡撤。當時鎮渡頭之古榕，被拔數十丈外。而演武亭屋蓋，也在飛舞空中。時喜樹莊人某漁於海，為風所捲，人筏俱去。眾以為死矣，其家設靈，朝夕奠。越十餘日，某忽歸。眾來問訊。某言，被風時昏迷不知，及醒，則已在山中，古木甚茂，唯聞鳥聲。已而腹饑，覓路行，見炊煙，喜就之，是番人屋。男婦數人聚語戶外，亦不諗其為野番否。向之乞食。番能漢語，問何事至此。具告之。番驚愕，謂此為阿里山，距府城二百餘里。留宿其家，款待備至。又數日，炊乾芋，充糧糧，送之出，故得無恙。」內容大意為：旋風襲來當

34　連橫，《雅堂文集》，（臺北：臺灣銀行經濟研究室，1964）。

時，喜樹庄有漁人正在竹筏上捕魚，沒想到突起的旋風，連人帶竹筏都被捲走，幾天無音訊。就在親人為其設靈堂十幾天後回到家。原來他被風捲到阿里山，竟然還能活命。幸運的是在阿里山原住民的協助下，帶著食糧回到府城，真是十分命大的傳奇故事。另在上述引文之後的內容，有提及這場旋風從安平海面沿著南勢港（今水仙宮以西的民權路段）進到府城，南勢港渡鎮頭（今接官亭前）老榕樹都被連根拔起，官署也毀壞，當時演武亭的屋頂在空中飛等等，可見此旋風破壞力不小。

另外，清光緒 4 年的龍捲風事件，發生於農曆 4 月 21 日晚 7 點鐘。在《清季申報臺灣紀事輯錄》輯錄（七）提到：「……臺灣府城猝遇旋風；所過處所，如昆陽巨戰，屋瓦皆飛。蓋由數日前大雨如注，通宵不輟，水潦漲發，街道成溪；故風息後，莫得而查其實在情形也。初傳斃命者約百餘人，受傷者莫悉其數；後又傳死者數百人。而西人謂風災不甚鉅，意死於是役者或僅二十人耳；然城中屋宇櫛比，居民甚眾，究難稽其實數也。風過之後，雨亦頓止，海面亦頗覺浪靜瀾安。溯其肇禍之初，在五點鐘後，即陰霾四布，日色無光；有黑雲由北而起，風勢隨之，揚沙飛石，令人畏怖。後轉而西，若向城垣繞之數匝；風聲起處，雲氣夭矯如龍，究不知中有何物也！幸為時未久，即捲向東方而去。」[35] 這段引文是郵電的報告，因為龍捲風發生的地點在府城，人口與房屋密集，造成重大損失。一開始資訊不清楚，因而誤傳有上百人死亡，後來有外國人前往查看與統計死亡人數大概十幾二十人，但其實災情也是相當慘重。比較奇怪的是沒有見到官方的統計。這邊值得注意的是，由記載中看龍捲風的走向，與一般由海上往臺灣島內陸移動的龍捲風不太一樣，而是從北面來，在城內環繞才會造成嚴重災情。

由以上兩則清代的臺南龍捲風記錄可知，在有組織的現代氣象觀測之前，臺灣人民對龍捲風（蛟龍）的認知，多止於其形成後的質性致災過程。而自日治之後，還能利用量化的氣象觀測數據，回推龍捲風（旋風）發生當時的大尺度氣象環境。然而即便是氣象觀測科學發達的今日，致災性龍捲風的預警與致災性地震一樣，只能監測其形成的中大尺度自然環境狀況，並無法知道其確切何時會發生！[36] 例如：2007 年臺南安南龍捲風，2007 年 4 月 18 日凌晨 1 至 2 點間，安南區部分民眾在睡

---

35 臺灣銀行經濟研究室，《清季申報臺灣紀事輯錄》，（臺北：臺灣銀行經濟研究室，1968）。

36 劉清煌，〈臺灣龍捲知多少〉，《科學研習》第 51 卷第 4 期，2012，頁 42-48。

夢中被罕見的強風驚醒；翌日，根據當晚的雷達回波圖與徑向速度場資料分析，發現2007年4月17日晚間至18日凌晨有一道颮線通過臺灣，並在此颮線前方觀測到勾狀回波及逆時針旋轉的中尺度渦旋。從這些觀測資料配合學理分析，可判斷出該中尺度渦旋即應於後來發展出臺南安南龍捲風。這是臺灣氣象史有記錄以來壽命最長的龍捲風，其持續時間長達約40分鐘，路逕總長約47公里。此次相當於輕度颱風十級風力的龍捲風，經過地方包括安南區、安定區、善化區、大內區等。其中受創最嚴重的安定區管寮里，有60多戶舊式平房屋瓦被掀開、四處飛落，樹木和果樹不是被連根拔起，就是枝幹折斷。最後龍捲風進入玉井山區消失無蹤。

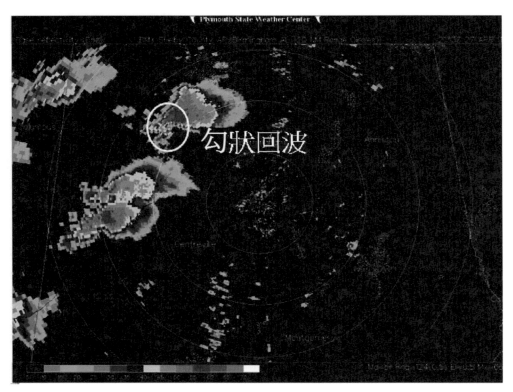

在預報雷達螢幕上，龍捲風出現區域會有勾狀回波反應。（劉清煌，2012）

在災後救助方面，對於龍捲風這種無法預測、小規模但會導致嚴重災損的風災，當時政府一般就是進行就地庇護安置，進行緊急急救，以及提供災民食物等措施。

《臺灣日日新報》1904 年 7 月 27 日第三版報導臺南灣裡街旋風的災後救助與賑災。報導中描述由於災損嚴重，甚至一時連個安置煮飯的地方都找不到。

媒體氣象教育圖：《臺灣日日新報》1904 年 7 月 23 日第三版旋風避難方法。

《臺灣日日新報》的報導，除了旋風災害的形容與損害統計（該報導在旋風日期上有錯誤，將旋風發生時間寫成 7 月 19 日，應與電報及一開始資訊不清有關），及列出清代的旋風記錄之外，還特別企畫了對大眾防災知識的傳播，為此，特別訪問臺北測候所所長，並在報紙中提供旋風避難應變方法。如：「地上的建築物，雖堅如鐵箱，但不足保命。」「若旋風進行北東就要避在北西。」「若在草原遇到旋風要判定風吹的方向，選擇直角方向躲避。」「躲屋內危險，若有地窖躲到地窖較為安全。」並特別強調旋風威力強大，就是城牆也難敵等等。透過報紙宣導，讓民眾知道龍捲風因無法預測，只能將其發生後如何應對的知識銘記在心，未來若再遇到龍捲風來襲，則能有應對的方法。亦即此一作法將「對於龍捲風風災應有居安思危的觀念」深植民心，亦可視為是 1904 年臺南灣裡街龍捲風事件所帶來的後續影響。

另外，在媒體報導中提到旋風的直徑，因為無法測量，只能以目測，推估約 40 間（約 72 公尺）；此外，也提到旋風發生前臺南測候所的氣壓，在下午 4 點多曾下降，到晚上 8 點才恢復正常的氣壓之事。

《臺灣日日新報》1904 年 7 月 26 日第五版報導提到 18 日的旋風直徑測量與氣壓變化。

臺灣南區氣象中心保存的臺南測候所氣象月報中，於 1904 年 7 月 18 日的氣壓記錄。

　　而在中央氣象局臺灣南區氣象中心所保存的臺南測候所氣象月報中，也可看到 1904 年 7 月 18 日當天每 4 小時一筆的氣壓記錄。當天氣壓在下午 2 點（2 p.m.）為 525 mmHg，到了下午 6 點（6 p.m.）降到 516 mmHg，而到了晚間 10 點（10 p.m.）則回到 526 mmHg。此一臺南測候所的歷史觀測紀錄，正好可與當時媒體報導的內容，進行相互比對。

⑤ 結論

　　本研究以 1904 年灣裡街龍捲風事件為主要分析對象，結合了量化的「氣象觀測資料」與質性的「文史報導資料」，初步得到了一個以「量」輔「質」進行「跨域」解讀環境史的分析模式。而所完成的 1904 年灣裡街龍捲風事件文史跨域分析成果，以及本文中許多典藏於氣象局中尚未數位化供查詢的氣象觀測史料，除能充實相關氣象災害的歷史資料之外，更能透過跨域詮釋龍捲風等重大（極端）氣象事件，讓我們能更了解這片土地的歷史，也讓量化的氣象觀測紀錄與生活感受及經驗更貼近，並可作為氣象單位未來在相關在地氣象，進行應用推廣的重要教材。

1904 年灣裡街龍捲風事件是《臺灣日日新報》自創刊以來，首度針對臺灣單一龍捲風事件給予多篇幅報導，分別於當年的 7 月 22 至 26 日。從電文到事後的分析，足以了解這應是日本統治臺灣後較大且記錄完整的龍捲風事件。藉由此事件，當時報紙亦傳達何謂旋風、旋風災害的範圍、旋風的歷史等氣象科普資訊。例如：在事件的後續報導中，提到氣象觀測資訊—臺南測候所，觀測當時氣壓於下午 4 點急降至 8 點才恢復。像這樣的氣象訊息傳達，有助於民眾對旋風現象的了解，亦對氣象科普教育有正面的作用。此外，當時政府亦傳達與進行龍捲風風災的災害應變方法與災後的救助，以期待民眾能夠了解龍捲風氣象事件，從過去到當下是如何影響日常生活，並進一步將風災的應變之道，內化成生活中的一部分。

　　另外，雖然臺灣所形成的龍捲風，其規模和美國的龍捲風比較起來小很多，造成的災害範圍也較小。但回顧歷史，無論是清光緒 4 年（1878）或是日明治 37 年（1904）的旋風，雖然只是小範圍，發生的時間亦短，但因其無法預測及其快速強烈的破壞性，對小區域還是造成很大的傷害。以氣象局的統計中 1998 至 2010 年，發生於臺灣的龍捲風次數（包括陸龍捲、水龍捲及未觸及地面的漏斗雲），較確定的案例有 55 次，平均每年約 4.2 例，且出現的地點以西南部（臺南、高雄及屏東）地區最多。雖然近年來的龍捲風，沒有造成太大傷亡，但從歷史資料可知，在適合龍捲風發展的氣候條件下，其威力也能十分驚人。雖然百年前的建築，主要以木造、茅草屋、磚造等房屋較多，或許較為脆弱，但較強的龍捲風伴隨著強風、驟雨、冰雹、雷電等現象，其所行經路線，常見樹木被連根拔起，屋頂吹走，人、車、牲畜都會被捲摔，結構較差之建築物也會被摧毀，更會造電力中斷，或瓦斯管線破裂而引起大火或是氣爆等等，很難說不會造成嚴重的傷亡與損失。110 多年前灣裡街龍捲風的路線上，這些聚落現今人口密度更高，房子更多。或許現代建築是較堅固了，但風災的嚴重，不在大風吹垮房子而在於無論鐵皮、車子、樹木或是玻璃在空中翻攪，對人的傷害，也是難以估計。

　　最後，在臺灣的大大小小的氣象歷史中，日明治 37 年（1904）7 月 18 日臺南灣裡街旋風事件，損害或許不如其他大型颱風，但卻是在最短的時間，造成最大的傷害。幾個小時內的時間，旋風來去，有如一場夢境，還是一場傷痕累累的惡夢。藉由此事件讓人了解不能以為臺灣只有小龍捲風而產生輕怠，畢竟大自然氣候變化難測。

西港刈香2021年辛丑香科防疫日記

謝武昌[*]

編按

西港刈香三年一科，辛丑香科原定於 2021 年國曆 5 月間盛大舉行，惟因武漢肺炎疫情突然於 5 月 15 日升級至三級警戒，西港慶安宮配合政府防疫政策，刈香全面喊停；惟因王府、王船已造，有若箭在弦上，後續仍得請王、送王（燒王船），廟方遂有一些變通措施。此為歷科特例，經驗難得，特請執行其事核心成員之總務組長謝武昌兄，以「日記」形式，敘述調適與轉變過程與結果，留作歷史紀錄與後人參考。

原本引以為豪「香醮合一」的西港辛丑年香科，因疫情擾亂，首先把「香一遶境部分」、「醮一五朝王醮」分開辦理再；配合疫情逐漸降溫，再把「醮」分成「王醮」、「送王」兩大部分。因為慶安宮有不得不做「醮」的壓力，信徒期待能請回鯉魚公、王令、神像等等祀神，又有燈篙不謝怕颱風，王船沒送則衙門、吹亭炮亭、廣播臺無法拆除、歸位，日後普度無法舉行等等壓力，遂有一些應變與調適，以下以「日記」形式，略作紀錄。

⊖ 5 月 11 日

中央流行疫情指揮中心發佈，因應國內出現感染源不明之本土病例致社區感染風險增加，為防範發生持續社區傳播，自即日起至 6 月 8 日共 4 週，提升疫情警戒至第二級。原則上停辦室外 500 人以上，室內 100 人以上之集會活動。得提報防疫計畫報請地方主管機關核准後實施。

---

* 西港慶安宮總務組長

⊜ 5月12日上午

臺南市政府民政局副局長、衛生局副局長、西港區長率數位隨從等蒞臨慶安宮，商討刈香後續問題。慶安宮當場提出一些計畫因應：

在預報雷達螢幕上，龍捲風出現區域會有勾狀回波反應。（劉清煌，2012）

（一）縮小規模原則

1. 請仙姑娘媽（八份姑媽宮）、請保生大帝（佳里青龍宮）、請王等縮小規模，僅由五角頭參加。特別商請南巡時人數控制在 250 人以下。新市榮安宮縮小規模辦理三王二佛大會親，人數一定要控制在 500 以下。無法控制則停辦。

2. 神轎允許用車拖行前進；排班、馬隊取消。

（二）禁止共食原則

1. 所有 96 村鄉宮廟，加大進食空間，做好隔離。政府規定，各宮廟只能提供隨帶隨走的食物、飲料，務必共同遵守。

2. 慶安宮取消四日香路最後入廟的供餐區。

3. 慶安宮取消四日香路，王轎段所有供餐點，改請廚師做分食包裝，依規定時間直接送食。

（三）避免群聚原則

1. 出香時，帶旨除外，免參拜，直接上路關第一站。

2. 入香時，簡單謁禮快速離開。廣播組強力宣導戴口罩，沒戴口罩，交通組強力驅逐。

3. 取消四日香白天廟前表演。

4. 拉大陣頭、神轎距離，原則上 10 頂神轎一個 GROUP。

5. 各宮廟廟前表演文武陣頭或人潮聚集時，須有流動招牌宣導戴口罩、保持距離。送王時亦同。

（四）遶境縮時原則

仿照臺江迎神，雖然出發很慢，但是隊伍一拉開，還是能於時間內完成入廟。落實過庄「一路入一路出」，路線不重複。縮短群聚時間。（當場這些官員都也覺得 OK！）

⊜ 5 月 12 日下午

臺南市政府民政局局長、衛生局局長、西港區長等再次拜訪，這次見面提出兩個問題：①你說你們是臺灣第一香，你叫我們政府官員如何相信你都能控制在 500 人以內。聽說第一天去鹿耳門天后宮，點心吃了幾萬份。你叫我們能相信你可以控制在 500 人以內。大家啞口無言。只能同意發佈遶境（刈香）延期，王醮及王府行儀、開舘照常舉行。晚間並同意記者發佈上述消息。

（四） 5月15日

　　雙北發佈三級防疫開設。同日下午 3：15 塭內蚶寮永昌宮金獅陣開舘取消，後面所有準備開舘者，隨後也都宣布取消。

　　同日下午 2：00，召開 96 村鄉香科會會議，受限於室內集會 100 以內，每宮廟只能推派一人參加。會中達成如下的共識：截至目前香科已經確定是：遶境延期，王醮、王府行儀盡可能如期舉行。香、醮分離，已有前例（1925 年，日大正 14 年南海埔發生腦膜炎疫情，也曾延期一個月建醮）。今年二月份玉皇宮五朝祈安已謝燈篙，但受「部桃事件」影響也不得不終止遶境。

　　王醮、王府行儀大部分是靜態活動，雖如期舉行，但是疫情瞬息萬變，也有可能演變成延期辦理，目前採如下措施：①規模限縮，如請王陣頭不參加。②南巡停辦。③送王謝絕外來宮廟，空曠的王船地控制觀眾、帶職人員在 500 以下，嚴禁擺攤。④ 5/23-5/27 擬邀請四日香路相關的宮廟主事，入王府參拜。⑤普度照常、謝燈篙照常（96 村鄉都照常謝燈篙）。⑥ 96 村鄉宮廟有文武陣者，可寄舘，也可謝舘；請自行評估。⑦個別宮廟的問題，私下與慶安宮協調。⑧疫情瞬息萬變，即日起之後的狀況：其一，三級防疫啟動，香科全部延期。其二，維持二級防疫，俟解封後辦理祈安遶境（刈香）。

　　會中並通過如下議案：

案由：解封後恢復遶境之辦理規模，敬請公決。

說明：

規模一：僅開路先鋒、五角頭陣頭、三頂王轎遶境祈福。

規模二：開路先鋒、左先鋒、右先鋒、刀兵教主、駕前副帥、五角頭陣頭、三頂王轎遶境祈福。

規模三：依資料冊所載，陣頭、神轎都恢復參加。

新增選項四：遶境全部停止。

辦法：可否敬請各位宮廟代表議決。

審查意見：表決結果：規模一，1 票。規模二，21 票。規模三，17 票。新增選項四，10 票。

議決：依多數決進行規模二選項進行遶境。

總幹事補充報告：

即使恢復遶境，還是要朝下面的原則辦理：禁止共食原則，盡量發放可攜式餐盒。避免群聚原則，觀眾的管控、量額溫、噴酒精等。這次文武陣頭補助款，照以往全數發放；神轎補助款，則限定有參加遶境的宮廟。

㈤ # 5 月 19 日

中央流行疫情指揮中心發佈全國防疫三級警戒。

㈥ # 5 月 21 日

正式收到中央流行疫情指揮中心公文（所民人字第 1100345824 號函）：

（一）宗教集會活動部分：請暫停辦理。

（二）宗教場所部分：寺廟、教會（堂）等宗教場所請暫停開放民眾進入。但倘能落實實聯制、全程佩帶口罩、維持社交距離、禁止飲食、加強清消及其他各項防疫措施，民眾仍可在不群聚之情形下，於宗教建築物外之廣場、廟埕等空曠地點參香、禮拜。

㊆ 慶安宮辛丑香科因應疫情三級開設後應變計畫

（一）王醮、王府行儀順延至疫情降至二級時舉行。

（二）所有鑒醮者告知疫情二級開設後，一週後可以請回。

（三）王醮重新看日課：火醮（打火部衙門外舉行，需管制）→淨殿（不過油）→請王（設在衙門內進行）→限縮為三朝王醮→普度→謝燈篙。其間送火王、放水燈等雖戶外，但應不會超過人數限制。

（四）大戲取消，以一人布袋戲取代；王船祭改取消；吹班、炮亭取消。

（五）王府行儀一切從簡。請王府組補充說明防疫專案（略）。

（六）請王前更鼓繼續。

（七）五主會、旗牌官、王船長、大副、二副牌樓可拆除，但是案桌勿撤，續拜。做牙改每月初二一次，賞兵則每主會負責二道熟食簡單祭拜，拜完各主會各自帶回。

（八）廠官廳、王船廠的花、果繼續輪流至請王。

（九）颱風天則帥旗、燈篙燈暫時降下，並加強固定。

（十）5 月 25 日發文如下：

⑧ 5月28日

全臺三級疫情開設，至此刈香活動全面停止。疫情警戒至 6 月 8 日止。此段期間，禁止入廟參拜，慶安宮只能在廟外參拜，所有鯉魚公、王令、神像等都被鎖在慶安宮。令人頭痛，接電話詢問接到手軟。

⑨ 7月9日

中央流行疫情指揮中心宣布全國疫情三級警戒延長至 7 月 26 日；但是依據部定的〈宗教場所防疫管理指引〉，得有條件向相關主管單位提出防疫計畫，開放一般民眾入內參香、禮拜、誦經等小型靜態宗教儀式。據此慶安宮馬上提出防疫計畫，並獲准室內容留人數 60 人，室外容留 100 人的官方核定。請林清隆道長馬上看日課；安排 7 月 14 日晚間 8：00 請王開始。

2021 年西港玉勅慶安宮辛丑香科補做三朝王醮活動資料冊：

【表 1】活動時程（含時間、地點）

國曆	農曆	星期	行事	說明
7/15	6/6	四	火醮起鼓 恭送火王 煮油淨殿 請王 王醮引鼓入醮 王醮發表、列聖開光	未時下午 2 點 申時下午 4 點（王船地） 下午 4 點起連工大吉 戌時 7 點起大吉 下午 11 點 15 分（子時） 下午 11 點 50 分（子時）
7/16	6/7	五	一朝醮（含安置天旗、平安軍）	廟前燈篙下
7/17	6/8	六	二朝醮	放水燈（在曾文溪旁）
7/18	6/9	日	三朝醮、普度	下午 2 點普度、登棚拜表
7/20	6/11	二	恭送千歲登舟 謝燈篙（本宮及所有燈篙）	上午 3 點起大吉（王船地） 午時 11 點起大吉、 篙尾倒向東北

【表 2】工作人員造冊

序號	職稱	姓名
01	會 長	黃勝家
02	副會長	李子榮
03	執行長	方一峰
04	道士團	林清隆、莊銘旭、楊博全、楊軒庭、黃炳樹、陳俊欽、吳明哲、林祐靈、曾秋雄、郭翰融、吳強生、張榮瑞
05	王府組	吳坤城、王李子峯、王李中泰、劉鳳群、徐玉霖、許語宸、張士晉、邱金莖、李坤和、徐江山、鄭清才、方金和、李政勇、李玉坤、張睿琦、郭芳銘
06	總務組長	謝武昌
	顧壇組	陳益彰、謝文宗、陳春福
	鑒醮組	張英揮、張聖平、張文財、林華宗、張玄杰
	醮壇組	吳明欽、謝慶棟、李銀和、李宗雄、陳建銘、郭明進
	服務員	陳式穀、方品蓁、馮麗錦、蔡斯文、邱清泉、曾建誌、郭良壤、邱振益
	吹亭	楊君豪
	炮亭	黃國華
07	安全維護與交通組長	陳保后
	組員	黃榮黃榮進、戴春達、方毓章、陳福裕、陳福生、黃憲章、謝料泰、方同初、張景富、蔡泰良、黃銀樹、曾志忠、陳犍州、邱銘育、方文順、陳銘偉、黃清典、黃棨達、黃華國
08	防疫組長	黃惠玲
	組員	侯蘊庭 侯蘊庭、陳丁山、林致任、謝明松、呂韻如、吳泳霆、李和倧、吳安菘 吳安菘、賴建安、謝湘湲、張銘哲

（三）活動參與實際人數

1. 王府內一般維持 6 人運作。
2. 一般科儀在二樓醮壇：道長 5 ＋樂器 1 ＋醮壇 3 ＝ 8 人。
3. 戶外科儀：一般在廟埕及衙門內舉行，送火王、放水燈、巡庄查夜除外。

   請王：道長 5 ＋樂師 1 ＋帶職 10 人 ＝ 16 人。

   普度：道長 5 ＋樂師 1 ＋主會 5 ＋爐主 5 ＝ 16 人。

打火部：道長 5 ＋王府內班 3 ＝ 8 人。

安平安軍：道長 5 ＋吹亭 1 ＝ 6 人。

送火王：道長 3 ＋醮壇組 4 ＝ 7 人，移動至王船地舉行。

放水燈：道長 3 ＋醮壇組 4 ＝ 7 人，移動至曾文溪舉行。

登棚拜表：後殿舉行，道長 5 ＋樂師 1 ＋醮壇 3 ＝ 9 人。

旗牌巡庄查夜：旗牌官 1 ＋馬夫 1 ＋排班喝路 16 ＝ 18 人，地點五角頭各角落。

4. 送王：主會 5 ＋拖王船 20 ＋王船長、大副、二副、造船師 4 ＋內班 5 ＋旗牌官 17 ＋押船道士 1 ＋吊車 1 ＋電器組 1 ＋貨車司機 6 ＝ 60 人。

（四）活動細則

1. 請王在廟埕舉行。只開放會長、五主會、旗牌官、王船長、大副、二副參加。

2. 不請仙姑娘媽、保生大帝；王府內保生座，由本宮保生座鎮。

3. 原則上醮壇還是設在禹門亭二樓，戶外的科儀：請王、普度、打（拍）火部、送火王、放水燈、登棚拜表等，盡量低調，並管制群眾圍觀。工作人員含道士都控制在 10 人以內。

4. 普度在廟前只設總壇及五主會、爐主壇。五角頭戶民，在自家擺普。控制在 20 人以內，嚴禁圍觀。（最後普度壇設在廟後。）

5. 送王時間訂在早上 3 點起千歲登舟，由督陣、交通、轎班負責拖行，及維護觀眾不得靠近。（最後因疫情考量，送王還是延期了。）

6. 謝燈篙後五角頭下午 2 點在自家拜門口。

7. 旗排官巡庄查夜，配備排班喝路 16 人、巡視五角頭。（疫情考量旗牌官只安排日後送王時，不騎馬改坐吉普車，遶王船三圈，巡庄查夜取消。）

✚ 7 月 27 日

中央流行疫情指揮中心宣布全國疫情自 7 月 27 日至 8 月 6 日調整為二級；依據部定的〈宗教場所防疫管理指引〉，一般開放室內 50 人、室外 100 人。特殊情形得有條件向相關主管單位提出防疫計畫，開放室內容留 100 人、室外容留 500 人的官方核定。據此慶安宮請林清隆道長馬上看日課；安排 8 月 4 日凌晨 4 點送王。

⊕ 8月4日（農曆 6.26）

（一）送王時程

1. 4：00 ～ 5：00 和瘟拍船醮、千歲登舟：在王船廠前舉行。

2. 5：00 ～ 6：00 王船由王船廠移動至王船地。

3. 6：00 ～ 7：00 火化前準備工作。

4. 7：00 ～ 9：00 王船火化需要的時間。

2021 年西港刈香之送王，因疫情一延再延，最後低調於 8 月 4 日冒著風雨舉行。（黃文博／攝）

（二）工作細則

1. 管理委員、監察委員可以跟隨押船道士後面送王，或者參加王船拖行隊伍。礙於政府政策限 100 人內，觀眾禁止參加。（本份資料請勿對外公佈。以免增加防疫工作的困難。）

2. 五主會著禮服、彩帶，在王船最前面開水路。結束後到二樓找鑑醮組長張英揮請回本科王令。另外主會首除王令外，另加發一座廠官令。

3. 旗牌官、王船長、大副、二副等，著官服、彩帶；旗牌官備妥排班喝路 8-12 人。王船長、大副、二副出發時須站立王船上；王船長準備的沿路丟放禮物，先行保留，待適當時機再行發放。結束後回慶安宮找鑑醮組長張英揮請回本科王令、二八宿。

⊕ 最後的遶境，待續。

（可能時機：過年、千歲爺聖誕）。

西港慶安宮五角頭的祭典
分工與運作

方志維 *

➊ 前言

　　角頭是村庄、街鎮、城市等人群組織內部再分割的組織，而角頭一詞又常見於幫派類型及傳統聚落的社會組織，角頭為一個聚落行政、祭祀或宗族的重要組織，但在現今社會因媒體的傳播等因素，許多人會直接與幫派來作連結，而忘了它也有傳統聚落組織的意義在，重要民俗西港刈香的主辦廟宇西港慶安宮，內部便包含有五個角頭，分別為西港街角、南海埔角、堀子頭（窟仔頭）角、茄苳腳角、瓦厝內角，各個角頭除了在刈香儀式中有其所屬的職務分配之外，平時也須負責慶安宮神祇聖誕的祭祀，各角頭也因各式條件的差異及歷史演變，分配到不同職務及祭祀的神明。本文論述內容包含慶安宮管理委員會的組成、刈香主會及角頭爐主遴選方式、各角頭神祇祭祀方式、刈香職務分配等方面，藉以探討慶安宮五角頭的運作。

➋ 五角頭概述

　　慶安宮原始香境範圍包含五個角頭，分別為西港街角、南海埔角、堀子頭角、茄苳腳角、瓦厝內角等。

（一）南海埔角

　　南海埔角大致位於港明中學南邊一帶，內部又分為東爿黃、西爿黃、什姓柱、林厝柱、李厝柱等五柱，主要是依宗族來分，東爿黃與西爿黃皆以黃姓為主，但兩柱屬於不同宗族，什姓柱為黃姓、林姓、李姓以外姓氏組成，主要為邱姓及葉姓，

---

*　臺南大學文化觀光資源碩士班研究生

而李厝柱因人數較少，角頭事務主要由前面四柱來負責，[1] 包含爐主及主會的梄選，負責祭祀的神明為城隍境主，建有公厝南海埔境主公殿。

南海埔境主公殿。

（二）西港街角

西港街角範圍包含慶安宮周遭及中山路往佳里方向一帶，為「西港」一詞之來源，過去為臺江內海之內港，推測因位於直加弄港（今安定）以西而得名；[2] 由於屬商業中心，許多外地人遷移至此做生意，因此角頭內姓氏較為複雜，無單一大姓，負責祭祀的神明為文衡聖帝，以慶安宮內文衡殿作為祭祀場所。

（三）茄荖腳角

茄荖腳角約略位於西港國中及保安宮樹王公廟一帶，因先民依樹叢築屋居住而得名，[3] 主要姓氏為李姓，是慶安宮五角頭中規模最小的，負責祭祀的神明為媽祖。

1　口訪境主公殿主委黃瑞亨。

2　西港鄉公所，《珍藏西港・常民文化卷》（臺南：西港鄉公所，2005），頁 42-43。

3　西港鄉公所，《珍藏西港・常民文化卷》，頁 42-43。

（四）瓦厝內角

　　瓦厝內角大致位置為西港市場以南至西港大橋一帶，因當地舊時有一大瓦厝而得名，[4] 主要姓氏為李姓及吳姓，負責祭祀的神明為中壇元帥。

（五）堀子頭角

　　堀子頭角大致位置為中山路以東、玄天宮一帶，因舊時聚落北邊有一池塘而得名，後來填平而不復見，[5] 主要姓氏為徐姓，早期分為頂中柱、下中柱、後壁柱、什姓柱等四柱，[6] 前面三柱皆以徐姓為主，什姓柱則有邱、鄭、林等姓氏，後來漸漸打破柱的隔閡，現今已較少使用柱來做為內部運作區分，建有公厝玄天宮，主祀玄天上帝，負責祭祀的神明為境主媽。

堀子頭玄天宮

五角頭位置簡圖

● 西港慶安宮管理委員會及董事會

　　西港慶安宮為西港五角頭共同管理，以管理委員會來作為廟務管理的組織，管理委員組織章程中訂定的的信徒代表、委員、常務委員，皆以五角頭為主，輔以香境內各行政區代表，其中信徒代表分為十個選區，其中第一至第五選區為南海埔、西港街、堀子頭、瓦厝內、茄苓腳等五個角頭，分別有 18、16、10、8、6 名的名

4　西港鄉公所，《珍藏西港・常民文化卷》，頁 42-43。
5　西港鄉公所，《珍藏西港・常民文化卷》，頁 42-43。
6　口訪堀子頭玄天宮總幹事徐國安。

額；第六至第十選區則是刈香香境所包含的行政區，分別為西港區（五角頭外）、佳里區、七股區、安南區及安定區等，除了安定區為 6 個名額外，其餘各區皆有 8 個名額，總計 96 名信徒代表，五角頭就佔了 58 名的席次。管理委員則是由各選區信徒代表互相選舉出，南海埔、西港街各有 3 名委員、1 名候補委員，堀子頭、瓦厝內、茄苳腳各有 2 名委員、1 名候補委員，其餘西港區（五角頭外）、佳里區、七股區、安南區及安定區則有管理委員、監察委員、候補委員各 1 名，17 名委員中，五角頭有 12 名的席次，常務委員 5 名則由五角頭選區的管理委員中各選出 1 名，再由 5 位常務委員互選出主任委員及副主任委員，主委及常務委員名義上，雖然以章程中的投票方式選出，但實際上在投票前便已先協調出人選。

董事會為慶安宮另一個管理組織，主要運用於協調香科事務上，董事會包含會長 1 名、常務董事數名、董事 21 名，其中管理委員會的主任委員為當然會長，五角頭各有一席常務董事，其餘五角頭外常務董事則有數名，通常為香境內各區域具有影響力的人士或廟宇執事為常務董事，如廟宇主委、里長等，作為慶安宮與各廟宇在協調香科事務時溝通的橋樑。除此之外，對香科有過貢獻者，亦會任命為常務董事，如同顧問一職。董事皆為五角頭擔任，各角頭名額分配如下：西港街角 6 名、南海埔角 5 名、堀仔頭角 4 名、瓦厝內角及茄苳腳角各 3 名，其中沒有角頭廟的西港街角、瓦厝內角及茄苳腳角，多以此董事及常務董事作為該角頭管理執事，南海埔角、堀仔頭角有些則於廟中擔任委員。

西港刈香香境遍及六個行政區，組織章程內的管理人員，以五角頭為基底，再加上周遭各行政區代表，不僅在廟務管理上能獲得更廣泛的意見，在籌辦刈香的各類事務時，也可以有全面性的討論，藉以取得最佳的運作方式。

四 刈香五主會

西港刈香屬於香醮合一祭典，通常醮典都設有主會作為祭祀的代表，慶安宮建醮時主會共有五位，分別為主會首、副會首、協會首、都會首、讚會首等，五主會的選出方式，為各角頭推派出一名主會，在刈香前一年千歲爺聖誕時，擲筊以桮數高低來定出五主會順序，五主會除了作為刈香中各儀式的代表之外，從請舟參 後到請王之間，逢初二及十六凌晨都需在廠官廳「做牙」，來答謝廠官爺、王船媽祖、總管公及拜天公，下午再進行賞兵。

南海埔角會在刈香前一年的正月初一，在境主公殿請示城隍境主，由四柱中哪一柱的人擔任，再由該柱自行決定推派的方式及人選。茄茇腳角、西港街角及瓦厝內角則皆開放有意願戶民自行報名栦選。

茄茇腳角是在刈香前一年媽祖聖誕回慶安宮祝壽時評栦，西港街角及瓦厝內角則是在千歲爺聖誕前幾週到慶安宮文衡殿及大殿，在文衡聖帝及中壇元帥前評栦。

堀子頭角早期是由四柱輪流擔任，但在約 1990 年代時打破規定變成戶民自行報名參加栦選，栦選時間為刈香前一年三月底前，於玄天宮請示玄天上帝。由於主會為角頭的代表，各角頭也會自燈錢中撥出一筆錢來贊助主會。在刈香結束後，主會的任務並未跟著結束，在選出次科主會前這段期間，五主會仍是各角頭參與慶安宮各祭典的代表，包含每年媽祖聖誕宴王、千歲爺聖誕宴王、中元普度等。

各角頭評選出主會的方式不盡相同，其中南海埔由於需經過兩階段評選，時間較早，在刈香前一年的正月初一來評選，相較於其他四個角頭為請示負責祭祀的神明，堀子頭則是在公厝玄天宮請示角頭廟主神玄天上帝。

西港街角於文衡殿栦選主會。　　　　　　刈香前一年千歲爺聖誕，各角頭主會評栦及結果。

刈香過程每個儀式，五主會皆須出席。　　　五主會參與做牙拜天公。

（五）各角頭刈香負責職務

　　慶安宮為西港刈香主辦單位，需要辦理的事務相當繁雜，因此各角頭除了在「醮」的部分，選出主會之外，在「香」的部分，也須負責許多重要的事務；早期的大老，在籌辦刈香時，會將一些事務交給各角頭來執行，多年下來就變成該角頭參與刈香的使命。

（一）王轎班

　　遶境香陣隊伍最受重視的，是位列最後三頂俗稱「王轎」的神轎，第一頂由佳里青龍宮及慶安宮保生大帝乘坐的「保生大帝轎」，第二頂為由慶安宮城隍境主及千歲爺乘坐的「千歲爺轎」，最後一頂為鹿耳門天后宮及西港慶安宮媽祖乘坐的「天上聖母轎」，這三頂轎的轎班，便是由慶安宮各角頭所負責；天上聖母轎由堀子頭角負責，由角頭內選出四名轎班頭來指揮；千歲爺轎由南海埔角負責，由角頭內四柱各選出一名轎班頭來指揮；保生大帝神轎則由茄苳腳角及瓦厝內角共同負責，兩角頭各出兩名轎班頭來管理指揮。王轎位於香陣的最後，每每入廟回到慶安宮安座都已是凌晨，甚至發生過先鋒官已在廟前等待領令準備出發進行新一日的路程，千歲爺還在前一日的路程中，因此王轎班通常有輪班，由各角頭轎班頭去溝通協調。

千歲爺王轎由南海埔王轎班負責。

正請單位會於開館陣頭陣旗上貼上紅紙。

（二）正請

　　刈香前，香境內的各文武陣頭，會到慶安宮進行開館，將訓練成果展現給千歲爺看，在開館結束後須由「正請」負責該陣頭的午餐，以展現待客之道，通常以辦桌方式舉行，西港街角所負責的，即是陣頭開館「正請」的媒合，及引導陣頭前往宴請地點，西港街角通常會尋找西港街附近與該庄頭有關係的居民或公司來擔任「正請」，若無人擔任則由西港街角文衡殿自己擔任來宴請；之所以會由西港街角負責，推測可能原因為西港街角為慶安宮所在地，早期交通不便，結束開館後可就近進行午餐，以避免舟車勞頓。

（三）陣頭

　　陣頭是西港刈香最為人津津樂道的話題之一，也是西港刈香得以登錄為重要民俗的原因之一，慶安宮的角頭中也組有陣頭，分別為南海埔的將爺團及水族陣、堀子頭的帥爺團，以及由「西港街出錢、瓦厝內出人」的吉善堂八家將。

　　南海埔角的將爺團歷史悠久，已無法考證從何時開始，謝范將軍平時隸屬於城隍境主，刈香時受千歲爺榮封為「羅德君大帝」，為千歲爺轎的駕前護衛，也因其原先隸屬於城隍境主，因而由負責城隍境主祭祀的南海埔角來負責，將爺團除了負責將爺的出陣之外，亦負責兩位將軍聖誕的祭祀。

南海埔將爺團。

南海埔水族陣。（曾福樹／提供）

　　水族陣，俗稱「海反仔」，成立於1967年丁未香科，在此之前南海埔的陣頭為北管，因當時無法出陣後便決議改出水族陣，近年因內部因素已有兩科（2018、2021）未出香。

　　堀子頭的帥爺團，源自於1970年庚戌香科，臺南慶福堂捐獻康辛二元帥神將予慶安宮，作為千歲爺駕前護衛，當時執事決議由堀子頭來負責帥爺的出陣，一直延續至今；帥爺聖誕的祭祀和將爺團一樣，由堀子頭來負責。

堀子頭帥爺團。

吉善堂八家將及其陣旗（上書西港街角及瓦厝內角的名稱）。

　　吉善堂八家將成立於1976年丙辰香科，當時西港街與瓦厝內執事共同決議，往三五甲鎮山宮吉興堂聘請其教練林木來教導家將，[7] 作為千歲爺的先鋒，並議定由西港街出經費、瓦厝內出人，組成吉善堂八家將，至今西港街及瓦厝內每逢刈香，仍有提供經費給吉善堂作為訓練、出香之用，但管理及人員招募則由吉善堂自己的管理委員會來執行。

7　黃文博、黃明雅《臺灣第一香──西港玉勅慶安宮庚辰香科大醮典》（臺南：西港玉勅慶安宮管理委員會，2001），頁143。

（四）普度

　　在醮典的最後，通常都會進行普度，來達到建醮冥陽兩利的目的，西港刈香的普度，是由五角頭辦理，五角頭各自境內皆有一個普度場：南海埔在境主公殿，西港街在西港市場旁，瓦厝內在新興街的停車場，堀子頭在玄天宮旁，茄苳腳則在樹王公廟的籃球場，由主會及爐主負責壇頭供品，居民自行準備普度品出盆。舊時舉辦普度的時間，為第三日香下午，後來因人手不足，遶境及普度無法同時兼顧，便將普度改至送王日的下午舉行。2021年辛丑香科因新冠肺炎疫情的關係，刈香縮小規模舉辦，普度時間恢復到醮典的最後一日下午舉行，但五角頭普度集中於慶安宮廟後停車場舉行，由五主會及各角頭爐主負責辦理，居民則是自行在家拜門口。

辛丑香科五角頭普度受疫情影響集中辦理。

繳交燈錢住戶，角頭會給予八仙綵掛在門口。
（謝維哲／提供）

（五）收丁錢

　　各角頭於刈香中，所需負責的業務眾多，除了人力外，費用的支出也相當龐大，因此在刈香前，各角頭會向各自境內的住戶收取丁錢，由於目前各角頭收取丁錢不再以人頭為單位，皆以戶為單位，有些角頭因會發給有繳納的住戶燈籠，便以臺語同音字「燈錢」來做為稱呼。各角頭會派頭家、幹事或者委員到各住戶收取，住戶可自行決定是否繳納、不強迫；丁錢的金額，由各角頭自行訂定，每戶收取的費用，大約為3000元，角頭間差異不大，有繳交丁錢的住戶，角頭會給予八仙綵、燈、臉盆、萬國旗等物，各角頭給的東西不盡相同，基本上會有八仙綵與臉盆，八仙綵讓住戶懸掛以恭迎千歲爺的蒞臨，臉盆則是普度時所用。收取的丁錢，由各角頭自行運用，主要開銷包含轎班、主會補助、陣頭開銷、普度回禮、發放物品的開銷等等，西港街則需再負擔各陣頭的「正請」。以近幾科收取丁錢的戶數來看，西港

街約 670 戶為最多，最少為茄苳腳約 230 戶，若丁錢在刈香結束後尚有盈餘，則會作為後兩年神明聖誕的祭祀經費。

㊅ 各角頭爐主推選及平時祭祀活動

各角頭除了有一名主會為刈香及參與慶安宮祭典的代表之外，還有選任一名爐主來作為該角頭神明祭祀活動的代表，各角頭選任爐主及神明祭祀的方式也不盡相同。下列依各角頭分別論述。

（一）南海埔角

南海埔角負責祭祀的神明為城隍境主，聖誕為農曆 5 月 11 日，早期南海埔自己有大、二、三境主各一尊，謝范將軍一對，大境主為王轎班成員自行集資雕塑，二、三境主為慶安宮請回之副駕，在 2011 年境主公殿落成前，每年生日會請回慶安宮祝壽，並桮選爐主，三尊境主公便在聖誕過後至新爐主家鎮宅一年，隔年聖誕再請到慶安宮祝壽，謝范將軍則是在乩身家中。境主公殿落成後，三尊境主公及謝范將軍，與新雕三尊鎮殿境主公及謝范將軍，便固定奉祀於境主公殿，南海埔的祝壽儀式，也改在境主公殿來舉行，在聖誕前幾天，會恭請平常供奉在慶安宮的老大境、二境、及老三境及謝范將軍到境主公殿，於前一天 5 月 10 日晚上拜天公，5 月 11 日上午祝壽，下午進行賞兵，晚上桮選爐主及頭家，頭家共 9 名，由東爿黃、西爿黃、什姓柱、林厝柱等四柱各分出上下柱，再加上李厝柱，共九柱，從賞兵會名單中桮選出九位頭家，爐主則是由東爿黃、西爿黃、什姓柱、林厝柱等依序輪流擔任，假如今年為東爿黃擔任，便從該柱內上下柱頭家評桮，桮數高者即為該年度爐主，又稱為「大頭家」。[8]

南海埔在境主公聖誕時，還有「捧龜」的習俗，該年有出男丁的人，會準備紅龜至境主公殿祭拜後，發放給該柱內各戶人家，透過這樣的儀式，來象徵該新生兒成為境主公的契子。

在境主公殿落成後，每逢雙數月皆會舉行賞兵儀式，以賞兵會模式舉行，每半年繳交 1000 元，可參加三次的平安宴，農曆七月除了十五慶安宮普度之外，境主公殿在月底也會舉辦普度，境主公生時，擲出的頭家爐主，則在普度過後八月初一交接。

8　口訪境主公殿主委黃瑞亨。

境主公殿落成後原先輪祀的三尊境主公，固定供奉於境主公殿內。

慶安宮老大境主（中）、二境主（右）、老三境主（左）。

（二）西港街角

西港街角負責祭祀的神明為文衡聖帝，西港街角有一組文衡聖帝、關平、周倉神尊、香爐及一組五營旗，平常供奉在爐主家中，農曆 6 月 24 日聖誕前夕及刈香等特殊的日子」才會請回慶安宮，聖誕前一日晚上敬拜天公，聖誕當日下午在廟埕舉行賞兵儀式；因接近農曆七月，賞兵後會進行收兵儀式，待八月初再請三壇放兵，年底送神前還有一次賞兵的儀式，會請營旗至文衡殿前進行。爐主任期為一年，角頭內戶民皆可參加栶選。

西港街角文衡聖帝、關平、周倉爐主佛。

境主媽。

（三）堀子頭角

堀子頭角負責祭祀的神明為境主媽，境主媽神尊平常供奉於慶安宮廟內，但在聖誕農曆六月初六前夕，會到慶安宮恭請境主媽到玄天宮為其祝壽，除了境主媽

外,帥爺團主神康辛二元帥聖誕六月二十四前夕,帥爺團成員也會到慶安宮迎請康辛二元帥回堀子頭祝壽,因此境主媽在聖誕結束後,會一直待在玄天宮,直到康辛二元帥聖誕後再一起回慶安宮。堀子頭玄天宮供奉的玄天上帝,歷史相當悠久,為角頭守護神,所以堀子頭角的爐主,並非於境主媽聖誕時筶選,而是在每年農曆 10 月 27 日玄天上帝聖誕時筶選。[9]

　　堀子頭和南海埔一樣有「捧龜」的儀式,一樣由出丁的家庭,於境主媽生日時,拿紅龜到廟裡祭拜,並分送給親朋好友。而南海埔及堀子頭間有個有趣的故事,傳說以前南海埔是負責境主媽的祭祀,而堀子頭是負責境主公的祭祀,後來因為新生兒男女比例的問題,其中一方要求對換,才變成現今由南海埔負責境主公、堀子頭負責境主媽的情形。

（四）瓦厝內角

　　瓦厝內角負責祭祀的神明為中壇元帥,慶安宮共有三尊中壇元帥,平時大太子都固定供奉於慶安宮,二太子到爐主家鎮宅,三太子則到吉善堂,刈香、聖誕、過年才會回到慶安宮,聖誕為 9 月初九,但慶安宮在每年農曆 9 月初一至初九會舉辦九皇禮斗法會,9 月初九為該法會最後一天,會在廟前舉行普度,但因場地不足,瓦厝內角便將祝壽時間提早一天至 9 月初八,該日下午進行賞兵,晚上為平安宴。瓦厝內的爐主較為特別,一任任期為三年,通常都在刈香隔年筶選,角頭內有意願的戶民皆可參與,瓦厝內亦有著「捧龜」的習俗,但較為少見。[10]

大太子（中）、二太子（右）、三太子（左）。

茄苳腳媽祖。

9　口訪堀子頭玄天宮總幹事徐國安。
10　口訪瓦厝內角董事林土水。

（五）茄茇腳角

茄茇腳角負責祭祀的神明為媽祖，有輪祀爐主佛一尊，聖誕為農曆 3 月 23 日，茄茇腳媽祖會請回慶安宮，由爐主及主會準備供品祝壽，下午進行賞兵，晚上則舉辦平安宴，遇到刈香年就會因場地問題而停辦，爐主任期為一年，有意願戶民皆可報名參與評桮。

（六）慶安宮中元普度

慶安宮每年的中元普度，固定於農曆 7 月 15 日舉行，五角頭集中在慶安宮廟埕舉辦，依照角頭分區，由各角頭主會、爐主準備壇頭供品、牲醴、銀紙，再由角頭居民自行準備普度品出盆，各分區對應到廟內神明的位置，文衡殿前為西港街角，城隍殿前為南海埔角，大殿前則為瓦厝內、茄茇腳、堀子頭等三角頭。

慶安宮中元普度依五角頭分為五區。

（七）結語

　　慶安宮為西港刈香主辦廟宇，所需處理的業務相當繁多，過去的耆老執事，便以角頭來分配工作，依照角頭的特質來做分配，王轎的部分，人多的自己扛一頂，人少的就兩個角頭扛一頂，有錢出錢、有人出人，有效的分配各種不同的任務，來完成三年一次的盛事。隨著時代變遷，居民對於信仰、祭祀等活動參與減少，在籌措人力上越來越困難，需以補貼方式吸引戶民出來參與轎班，甚至需要以外聘方式補足缺少的人力，且居民對於角頭的認識，也越來越不足，就發生過長輩繳納丁錢，角頭工作人員因疏忽忘了蓋章，年輕人不懂角頭收取丁錢的慣例及意涵，未經求證就以為是詐騙，引發不必要的誤會。期許大家都能試著去了解自己家鄉廟宇的組織運作及各項儀式的內涵，讓流傳多年的文化能繼續流傳下去。

關廟區定安宮主祀「董元帥」由來之考述

劉自仁 *

摘要

本論述旨在探討關廟區定安宮所主祀的「董元帥」真實身分，以理解當地的亡靈崇拜信仰與當時的歷史背景及人文關係。首先說明定安宮為何奉祀「董元帥」的起因和緣由，解析其信仰的形成與演變過程。其次，根據當地已故耆老盧榮祿（1922-1996）所作的〈董公祠記〉之描述與日治時期的史料，進行對照與比較，藉以找出其中的虛實。再來至關廟區實際進行田野調查與訪談，並針對廟方沿革中所敘述的事發地點，進行考察與探究，甚至利用古地圖加以比對，找出相關佐證，從多方面切入，以檢視「董公祠記」中對董元帥的種種描述，嘗試還原定安宮所主祀「董元帥」的歷史原型。

關鍵字：關廟區、山西里、董元帥、抗日事件、定安宮

關廟定安宮外貌、〈董公祠記〉及其主祀「董元帥」等神。（黃文博／攝）

---

* 高雄師範大學臺灣研究所碩士生、臺灣大百科徵稿比賽總冠軍、2019 第三屆寫高雄出版獎助得主、《亂世中的人神傳說：奇廟高雄故事》作者

● 前言

關廟區因山西宮主祀關聖帝君而得名，日治時期（1895-1945）山西宮後方區域，曾是新豐郡神社及壯丁定期到此舉行團訓和運動會的大運動場，戰後則改為今關廟國中。而就在關廟國中體育場外，鄰近關廟第一公墓的燈樑山（俗稱「廟後山」），位於崇平路 107 巷 46 號的定安宮，除了主祀董元帥之外，還同祀朱葛元帥以及陳春公等神。

至於所祭拜的董元帥是何許人也，根據已故耆老盧榮祿[1]（1922-1996）採集到的資料，而於 1971 年所作的碑誌〈董公祠記〉記載，董元帥本名董祈年，今高雄市湖內區的葉厝甲人，在清領末期曾擔任過捕頭，1895 年清廷割讓臺灣給日本，爆發乙未抗日戰爭，他與盧拱讓一同加入劉永福麾下黑旗軍，參與過八卦山之役，乙未戰敗後，他回到關廟仍暗中從事抗日活動，在一次襲殺日警事件後，卻被部屬出賣而遭到逮捕，警察以「土匪」罪名將其斬首示眾於今定安宮前的芒果樹下。

據說董祈年被公開處決後，當地居民為感念其犧牲自我、捍衛鄉里的精神，便暗中以有應公的名義，建了一間小廟立祀祭拜祂，並尊稱祂為「董元帥公」。但由於日治時期該廟周邊為亂葬崗，散置著無數遭日本軍警處決的人犯及無主遺骨，在臺灣民間傳統觀念認為這些孤魂野鬼，若無人祭祀，將成為厲鬼而為害世人，於是附近的居民，便出自於一片善心，收埋骸骨集中放置在廟後地窖，戰後，在鄉內早覺會的捐資下，才重新興建廟宇，並改名「董公祠」，後來才再改稱為「定安宮」。

在信仰上，定安宮的分類，乃屬大眾爺之亡靈崇拜體系的祠廟，也就是俗稱的「陰廟」，但這些所謂的「陰廟」，也不全然是沒有子孫供奉、不知姓名的枯骨，畢竟祂們生前也與我們一樣，曾經是有七情六慾的血肉之軀，只是因水土不服而病死，或因各種意外等因素而客死異鄉，如水流公、水流媽等等，甚至是對地方有貢獻或保衛鄉里而犧牲之士，如義民爺、忠勇公、好漢公、某先生等等，通常亦可從亡靈祠廟的廟名或是神位上，可知該神尊生前的亡故經過，如因戰爭衝突而被殺，或因互

1　盧明教等，《濃濃關廟情 戀戀香洋風》（臺南：關廟鄉公所，2010），頁 193。

爭墾地而械鬥喪生的亡者，通常會以「某府將爺」、「某府將軍」、「某府元帥」、「某府王公」稱之，所以定安宮廟內主祀神——董元帥，即是此類。

　　而這類的亡靈崇拜之起始，基本上都有個共同點，就是必須要有「故事」。且故事並非是憑空想像，必須有部分的事實做根據，如真有其人或實有其事，再附會上相關之神蹟或傳說。

　　而目前對於董元帥故事的記載，乃是依據盧榮祿所立的廟內碑誌〈董公祠記〉為主，該內文中表明董元帥即是抗日英雄董祈年，但這些口述記載，對董祈年生前來歷的身分判定佐證並不多，無法全盤了解其中的歷史，到底董元帥的真實身分為何，則為本文探究與釐清的地方。

● 「董元帥」之身分考辨

　　從前文可知定安宮的建廟背景，只是關於「董元帥」之相關典故傳說，目前也僅有廟內碑誌〈董公祠記〉有所記載，雖然經過口傳的內容，可能與史實稍有不同，但此碑誌所記載之內文，係當時關廟耆老盧榮祿與鄉民對董元帥的共同記憶，仍能作為追查董元帥生平的線索，故要探究出董元帥的身分，就必須以此作為出發點，進而翻閱日治時期相關的歷史文獻資料，找出是否有背景相符的人物？

　　回歸到〈董公祠記〉對董元帥身分的描述，寫道：

> 相傳董祈年是高雄縣湖內鄉葉厝甲人，個性豪爽、崇尚武術、交遊廣闊，曾於清末當過捕頭，與外新豐里田中央的盧拱讓（咸豐年間任新豐里總理的盧朝盆之子）素有交陪。中日乙未戰役起，兩人相偕投入劉永福的麾下。當吳彭年帶領黑旗軍死守彰化，屢戰不利、危急之際，董祈年率領義軍前往馳援，並奉命分守八卦山。後來在八卦山與日軍展開一場激戰，臺南義軍不敵潰散，盧拱讓中彈壯烈成仁，董祈年的腿亦因此受傷。

> 當劉永福逃回廈門後，董祈年潛回臺南，隱匿於關帝廟，並率領同志活動於二層行溪南北，游擊東門城外至關帝廟一帶。董祈年出入關帝廟街頭時，倘若見到日警對庄民有無理的蠻行時，隨即加以痛打懲戒。但因八卦山之役腿部受過傷，所以走起路來腳一跛一跛的，行蹤也就容易洩漏。有一次與同志數人行經仁德庄林仔社口（現中山高仁德交流道東側中山路），與日警 4 人相遇，雙方立即展開一場激烈的戰鬥，結果殺死日警 1 名，另 3 名日警亦受重傷。身亡的日警被運回

關帝廟埋葬，就葬在今董公祠的北邊山巔，碑上刻著「故巡查石神藤之丞之墓」以及「明治32年3月13日戰死」等字。

自此日軍搜捕甚急，並重金懸賞通緝，董祈年為了避風頭，暫時遠離關帝廟，但不久又重回關帝廟街頭。沒想到卻被最信任的手下陳開出賣，勸酒將其灌醉後，前往密告，醉得不省人事的董祈年，遂被五花大綁的帶回關帝廟警察支廳（當時借用山西宮當辦公室），董祈年雖然慘遭嚴刑拷打，卻堅決不透露同志的行蹤。後來還是陳開提供線索，日軍再循線逮捕其他11人，在完全沒有經軍事法庭審判的情形下，逕以「土匪」罪名，判決12人就地斬首示眾，處決時間是明治32年（1899）11月12日午時，法場就在董公祠前的芒果樹下。後人就以其去世日期作為祭祀日。[2]

從上述的碑記內文可以得知三點：

一、董祈年是今高雄市湖內區葉厝甲人。

二、曾與外新豐里田中央的盧拱讓，相偕投入劉永福的麾下，參與過乙未抗日戰爭的八卦山之役。

三、戰敗後，回到臺南，繼續在關廟從事抗日活動，曾在仁德庄林仔社口殺害一位日警石神藤之丞，因而遭到通緝被逮捕。於是日軍警依據當時的「匪徒刑罰令」處置反抗者，所以不需軍事法庭，也沒有判決就直接處決。

筆者在採集到這些資料後，根據這三點線索，開始查閱日治時期相關的歷史文獻資料以及地方誌書，進行整合與對照，但第一點在文獻上似乎都沒有任何記載，而第二點也僅在《關廟鄉誌》有提到，只有第三點在《臺灣憲兵隊史》發現〈第八十三節 臺南縣轄內土匪歸順狀況，搜索匪徒〉這段有描述到：

明治三十二年（1899）三月十二日關帝廟支署紅毛厝派出所巡查八名巡行偵察轄內。十五時許在長興下里竹仔腳庄附近，據該庄庄民陳述，知悉土匪約二十名潛伏在附近甘蔗園內，隨即開始搜索擬予逮捕時，忽遭到賊徒射擊，雖立即還擊，但賊先以園內溝渠為障壁頑抗，我隊不易前進，巡查石神藤二郎當場身亡，濱川巡查亦受傷。此緊急報告抵達關帝廟所時，該所憲兵五名與關帝廟支署長以下巡查及壯丁等數十名共同趕往赴援。

大東門支署及羌仔街派出所聽聞此槍聲，支署長率巡查十名迅速赴援。無奈甘蔗

---

2 盧明教等，《濃濃關廟情 戀戀香洋風》，頁169。

園面積廣漠，且賊徒充分占有地利，射擊尤為激烈。我方因缺乏子彈，陷於非常苦戰但不屈。包圍中賊徒趁暗夜獲三十餘名支援，我隊忽遭自左方甘蔗園內歹徒側擊，因寡不敵眾，暫停射擊等待天明，惟賊徒已逐漸散逸。十日在賊徒根據地發現屍體二具，附近鮮血淋漓。據云，此股賊徒乃為潛伏在匏仔寮附近的匪首卓認黨羽。[3]

由此記載在與〈董公祠記〉的碑文第三點線索進行比對，可以發現三個共通點，分別為：

一、人名：按〈董公祠記〉內文中寫到葬在今董公祠的北邊山巔，墓碑上就刻著「故巡查石神藤之丞之墓」，對照《臺灣憲兵隊史》那段內文寫到「巡查石神藤二郎當場身亡」，名字幾乎一樣。

二、時間：在《臺灣憲兵隊史》那段內文，一開始就寫到事發於日明治 32 年（1899）3 月 12 日，與〈董公祠記〉內文中故巡查石神藤之丞之墓碑上所記載的「明治 32 年 3 月 13 日戰死」，時間也非常相近。

三、地點：於〈董公祠記〉碑文寫到「有一次與同志數人行經仁德庄林仔社口（現中山高仁德交流道東側中山路），與日警 4 人相遇……」，而以臺灣百年地圖系統的日治二萬分之一臺灣堡圖進行比對，與《臺灣憲兵隊史》那段內文所提到的「長興下里竹仔腳庄附近」，兩處事發地名其實是緊鄰重疊的。有趣的是，文中還提到「賊先以園內溝渠為障壁頑抗」，而該處附近唯一的溝渠旁，正好有間奉祀日本人的廟宇「帥軍廟」，至於是否與此事件有關，值得進一步探討。

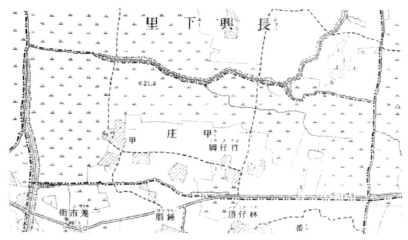

長興下里竹仔腳庄與仁德庄林仔社（頂）相對位置圖。

3　臺灣憲兵隊著，宋建和譯，《臺灣憲兵隊史》（南投：國史館臺灣文獻館，2019），頁 477。

據《自由時報》2011 年 3 月 22 日由記者吳俊鋒在臺南仁德的地方報導：

> 帥軍廟主祀山本大將等十二名官兵。地方耆老指稱，民國三十四年，日本宣布戰
> 敗，山本元帥帶領這群飛官搭機從台北南下，要與部隊一起撤離，卻墜落在廟宇
> 附近的果園裡，全部殉難。該廟建於民國七十九年，主祀山本元帥，旁邊則是同
> 行的龍田將軍，還有眾官兵牌位等。[4]

　　雖然文中指出此廟所奉祀乃空難殉職的日本官兵，這與本文所探討的對象並無
關聯，但仍存在著許多疑點，例如：廟中主祀山本元帥、旁祀龍田將軍，卻又再祭
祀包含這兩位在內的十二官兵，頗不合常理，加上內容幾乎與許獻平在《學甲有應
公採訪錄》所記載的煥昌里「將軍廟」[5]如出一轍，而且在先前《臺灣憲兵隊史》那
段記載中，有提到「在賊徒根據地發現屍體二具」，有沒有可能這二位就是主祀的
山本元帥和旁祀的龍田將軍，之後發生空難才再加以奉祀十二官兵？相當值得另外
再做研究來考證。

　　由以上可見，整起事件不僅僅是「石神藤之丞」與「石神藤二郎」姓名只差兩
個字而已，他陣亡的時間、地點也幾乎是完全吻合，故探討到目前為止，雖然《臺
灣憲兵隊史》資料與《董公祠記》的內容，仍稍有些微出入，但對於該事件判定，
大致已可獲得初步的確認，只是這樣的對照下也產生了一個問題，那就是該事件主
謀到底是〈董公祠記〉碑文中所寫的「董祈年」，還是《臺灣憲兵隊史》所記載的
「卓認」，他們到底是同一人，或兩者為不同人物？於是筆者透過臺語的判讀，試圖
去找出一些關聯性。

　　因為在那資訊不發達的年代，仰靠口述來記錄的史料，往往姓名上常會因為
當時主要是講臺語的關係，而出現音同字不同的記載，例如：在《臺灣南部武力抗
日人士誘降檔案》中，「劉朝榮」也被記載為「劉條榮」，因為「朝」臺語的發音就
是「條」；所以，「董祈年」與「卓認」兩者之間看似毫無關聯，但若以華語唸「董」
字，其實是與「卓」的臺語發音是有點類似，而「年」與「認」臺語發音也是相
近的，但即便如此，這樣要證實「董祈年」就是「卓認」還是過於牽強，而且撰寫

4　吳俊鋒，《自由時報》，2011 年 3 月 22 日。
5　許獻平，《學甲有應公採訪錄》（臺南：臺南縣政府，2006），頁 40-43。

〈董公祠記〉的盧榮祿曾任私塾老師，漢學造詣高，能詩能文，著有《詩稿》、《新編雜字》等書，應該不至於會將「卓認」聽成「董祈年」，所以不能因此就將「董祈年」與「卓認」畫上了等號。不過，〈董公祠記〉對於「董祈年」襲殺日警「石神藤之丞」的描述，與《臺灣憲兵隊史》中「卓認」襲殺「石神藤二郎」文獻上的記載，卻如出一轍，所以筆者仍合理的懷疑，「卓認」極有可能就是「董元帥」的歷史原型，但這僅為筆者的聯想和臆測，還需更進一步的研究考證。

● 「卓認」身分之探討

　　雖然本文核心論述是聚焦在「董元帥」的身上，但綜合前文發現，「董元帥」很有可能並不姓董，反而應該是與造成「石神藤二郎」（石神藤之丞）死亡事件的「卓認」有著密切關係，所以要瞭解「董元帥」的歷史背景，當然要知道卓認究竟是何人？故在探究卓認之身分前，先回歸到《臺灣憲兵隊史》，筆者又參閱了另一段記載：

> 在臺南縣轄內的匪徒，大半已於明治三十二年（1899）四月以前歸順，所剩未歸順者只不過匪魁林少貓、匪首張添壽、蔡雄、陳黨、卓認及林其春等以及其他小匪首二、三名而已。……卓認與其部下二、三人，則於四月底經關帝廟支署捕獲。[6]

　　從這一段文獻資料可知，卓認在臺南地區抗日勢力中，也是有舉足輕重的地位，而且他在事發後一個半月內就遭到逮捕，應與殺害「石神藤二郎」事件脫離不了干係。

　　所以筆者先從前一節由《臺灣憲兵隊史》已知的這段線索—「此股賊徒乃為潛伏在匏仔寮附近的匪首卓認黨羽」開始著手，經臺灣百年地圖系統的日治二萬分之一臺灣堡圖進行比對查詢，文中的「匏仔寮」乃隸屬現今臺南市六甲區，位於烏山頭水庫集水主流的上游山區，距離關廟相當遙遠，本來這兩處看似很難有所連結的地方，沒想到筆者在《臺灣南部武力抗日人士誘降檔案》中，發現歸仁北里看東厝庄的楊豬屎口供指出：

6　臺灣憲兵隊著；宋建和譯，《臺灣憲兵隊史》，頁477。

明治三十年六月三日投為土匪首曾春華部下，與匪徒二百餘名同類聚合於蕃薯寮
所轄四社砲仔寮庄大坵園。八月二十六日與曾春華部下五百餘名於噍吧哖后大
埔商議襲擊關帝廟警察事宜。十月廿四日與匪首曾春華、張添壽部下等二百餘名
潛伏於噍吧哖東方柑仔坑山，屢出掠奪附近庄民財物。三十年十月三十一日與土
賊二名於仁德北里林仔邊庄后舊路，掠取外門里蕃薯寮街王其秤之金壹百二十二
圓。……十一月十八日與土賊三名於仁德北里林仔庄外舊路，劫捕外門里蕃薯
寮街林福外一名強奪價值九百餘圓之雜貨。仝年十一月二十日午后三時與楊昆等
七名，狙擊巡邏中之關帝廟警察署警吏林誠義、韓劍奇等於歸仁北里大道公廟
邊，開槍三發但均未擊中，狼狽相逃。[7]

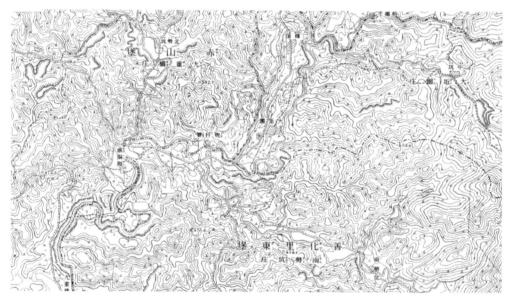

蕃薯寮所轄四社砲仔寮庄大坵園位置圖。

　　因此，文中不僅將整個犯案過程與地點的來龍去脈，都鉅細靡遺的描述出來，
而且前去「仁德北里林仔庄附近」打劫和射殺日警已不只一兩次，可見在卓認襲殺
石神藤二郎之前，仁德北里林仔庄早已受「土匪」侵擾多時，甚至還交代當時抗日
份子在臺南地區的領袖就是曾春華、張添壽，原來據《臺灣總督府警察沿革誌第二
編：領臺以後的治安狀況（上卷）》所記載：

7　洪敏麟編，《臺灣南部武力抗日人士誘降檔案 第一冊》（臺中：臺灣省文獻委員會，1978），頁 208-209。

蕃仔山地區匪徒之跋扈 其後匪援再度猖獗，明治三十年十一月二十日，臺南縣知事所具之報告，稱「嘉義匪首與鳳山匪首結盟，據報企圖一舉襲擊嘉義、臺南、鳳山三縣各要地。……」另略與上載報告同時，嘉義縣知事之報告曰「日前襲擊斗六大坪頂、崁頭厝時聲稱吾等投誠歸順，但軍隊、憲兵妄自扼殺不顧，則與其坐以待斃不如舉大事以博耳云云。土匪藉此說辭煽惑愚民，自林杞埔起至蕃仔山止，響應附和者蓬勃，其聲勢甚猛。蕃仔山有蔡愛、蔡雄等一百人，後大埔有黃國鎮、葉福春、吳目得等四百人……。[8]

再比較對照《臺灣憲兵隊史》，更知道張添壽、蔡雄、楊豬屎、陳黨、卓認及林其春等，很可能都是同黨，只是主要以張添壽、蔡愛、蔡雄為首，故未將卓認列入記載中，以及他們的根據地「蕃仔山」，即為烏山嶺這一帶山區總稱，[9]就是現今烏山頭水庫附近，而「匏仔寮庄大坵園」就在其上游，相當符合「此股賊徒乃為潛伏在匏仔寮附近的匪首卓認黨羽」。這段敘述，也正好說明「匏仔寮」乃是卓認這群從嘉義、臺南各地所集結過來的抗日份子藏匿之處，例如：楊豬屎乃歸仁北里看東厝庄人，並非匏仔寮人，所以此處也應該不是卓認的出身之地，那麼卓認究竟是從哪個地方來的呢？

因此筆者繼續查閱《臺灣南部武力抗日人士誘降檔案》，雖然並未找到任何關於卓認的記載，不過，倒是發現所有卓姓被誘降的抗日份子，都分布在「哆囉嘓西堡番社街」和「崇德東堡里松仔腳庄」這兩處，經臺灣百年地圖系統的日治二萬分之一臺灣堡圖之比對，分別是現今的臺南市東山區與高雄市田寮區西德里，若依地緣來判斷，東山區是距離當時抗日根據地六甲區的匏仔寮較近，而本文所探討的定安宮董元帥，則是離僅與關廟區一溪之隔的高雄市田寮區西德里較近，因此還需要更有力的依據來佐證。

所以筆者再比對這兩地的歸順申請書，發現了一個關鍵點，就是哆囉嘓西堡番社街的高秘發甲第 10 號第 2 案歸順申請書，[10]是在日明治 32 年（1899）1 月 8 日由店仔口辦務署所核准，乃是在石神藤二郎遭卓認襲殺之前；而崇德東堡里

8　鷲巢敦哉編；蔡伯壎譯，《臺灣總督府警察沿革誌 第二編 領臺以後的治安狀況（上卷）》（臺南：國立臺灣歷史博物館，2008），頁 336。

9　鷲巢敦哉編；蔡伯壎譯，《臺灣總督府警察沿革誌 第二編 領臺以後的治安狀況（上卷）》，頁 325。

10　洪敏麟編，《臺灣南部武力抗日人士誘降檔案 第一冊》，頁 24。

松仔腳庄的蕃辦警秘第 68 號之 1 案歸順申請書，及蕃辦警秘第 77 號之 1 案歸順
申請書[11]，分別是在日明治 32 年（1899）4 月 1 日和 4 月 13 日由蕃薯寮辦務署
核准，時間則是落在石神藤二郎遭殺害至卓認被逮捕之間，因此，日本憲警為何
在這段期間針對崇德東堡里松仔腳庄展開誘降，很明顯的就是為了搜捕造成石神
藤二郎死亡事件的卓認，所以卓認應該為崇德東堡里松仔腳庄人士，而且就地緣
的關係，也與關廟區較為接近。

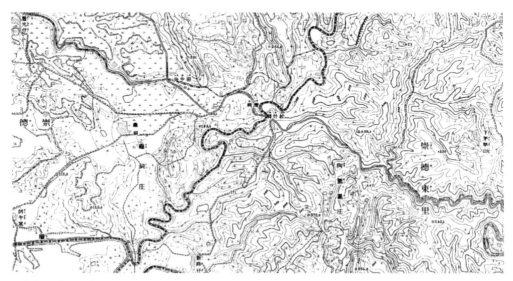

崇德東堡里松仔腳庄位置圖。

㈣ 崇德東堡里「松仔腳」之背景分析

由上一節得出當時的卓認，應為日治初期的崇德東堡里松仔腳庄人，也就是位
在現今高雄市田寮區西德里，所以筆者針對該地區做進一步的分析，試著找出更多
關於卓認的線索，因此查閱《田寮鄉誌》記載：

11　洪敏麟編，《臺灣南部武力抗日人士誘降檔案 第一冊》，頁 262-265。

松仔腳：位於本村西北端的丘陵地帶，隔灣崎溪與關廟鄉的灣崎相望，為本鄉少數仍有平埔族新港社後裔居住的村落。至今本庄的居民仍多標、卓、鄂、羅、鬆、溫、双等新港社民特有姓氏。因村落位在一棵大榕樹的旁邊，福佬話將榕樹稱為「松仔」，故稱庄頭為松仔腳。該部落大部份（分）土地近年為「大崗山高爾夫球場」所收購，為闢建球場，大榕樹已遭砍伐，人口也急速減少，如今僅剩43人居住該部落，餘大部份（分）遷徙台南縣。[12]

就目前能掌握的資料所知，松仔腳是以平埔族新港社民特有姓氏標、卓、鄂、羅、鬆、溫、双等姓為當地大姓，難怪在《臺灣南部武力抗日人士誘降檔案》及《臺灣南部抗日份子名冊》等資料上，僅「哆囉嘓西堡番社街」和「崇德東堡里松仔腳庄」這兩處有卓姓抗日份子的記載，算是相當罕見的姓氏。但隨著時間的演進，傳承了數代之後，大部分的松仔腳庄民，卻開始遷徙至臺南，應該就是越過灣崎溪，來到了現今關廟區田中里，而原本的松仔腳目前已成為「大崗山高爾夫球場」，幾乎已沒有居民還待在該地，而造成遷徙的緣由，是否與卓認所引發的事件有關，仍需要繼續探討下去，於是再回頭翻閱《關廟鄉誌》發現：

早年居住「番社溪」兩岸的居民，皆為清代遷移至此地定居的「新港社」平埔族人。於清代奉派於番社溪南岸的松仔腳庄（高雄縣田寮鄉）看守山賊土匪，因而定居在松仔腳庄。以時代背景及遷移史來看，應該就是清乾隆末年「林爽文之亂」平定之後，官方所徵調來的那批「番丁」。

在日治時期以前，灣崎曾因地理位置重要，而形成一條長達300公尺、熱鬧的雙現街，松仔腳、湖裡的住民開始往灣崎遷移，並且在雙現街敗街之後，各庄庄民四處遷移。大約到了民國60年前後，松仔腳等各庄僅剩少數幾戶人家。[13]

而據《臺案匯錄王集卷一》記載，的確早在林爽文事件之後，清乾隆53年（1788）6月7日，福康安等就奏請臺灣設置番屯，[14]因此在清乾隆56年（1791）就開始實行屯番制度，其作法便是將全臺灣「熟番」九十三社，挑選較為健壯的番丁四千人，分為十二屯，設大屯四處、小屯八處，在隘口搭寮防守，與各處營汛官兵聲勢聯絡，稽查盜賊，以資巡防，並由清廷發給屯丁山埔地，名曰「養贍埔地」，以供自養。

---

12 沈同順編，《田寮鄉誌 續修》（高雄：高雄縣田寮鄉公所，2014），頁112。

13 盧明教等，《濃濃關廟情 戀戀香洋風》，頁407。

14 臺灣銀行經濟研究室編，《臺案匯錄王集 卷一》（南投：國史館臺灣文獻館，1997），頁4。

所以，當時清朝官方便引進臺南一帶的西拉雅族「新港社人」，在狗氳氤的營盤頂（今高雄市田寮區崇德里）設立番屯，派番丁三十名駐守，負責守衛府城至羅漢門（今高雄市內門區）的道路、隘口，以彎崎、松仔腳、湖裡等三地的荒埔，交由番丁及其眷屬墾殖。

　　因此，彎崎、松仔腳曾是連通關廟區與高雄市田寮區、阿蓮區的重要聯絡通道，自然發展為一條鴉片煙館、妓院、布商、鹽行林立的「雙現街」，「頂街」及「下街」兩側均為店家，相當熱鬧，但盛況卻在日治初期開始急速衰退，依據《關廟鄉誌》所載：

> 1895 年日人領台，今關廟鄉南半部的「抗日份子」很多，初期至此任職的日人警察、職員屢遭殺害。遂於大約 3 年後（1898 年前後）實施大規模的「武力清庄」。

　　很可能就是因為抗日事件頻傳，才將交通路徑移往日治時期曾有軍隊駐紮，因在山崙上豎立旗竿得名的「旗竿崙」（今關廟區龜洞里）。所以根據上述的原因，筆者查閱《臺灣憲兵隊史》發現：

> 十月七日，關帝廟憲兵所憲兵二名擔任交通連絡兼護送到件，而赴古亭坑分遣所。經過田中央庄時，被一群土匪伏擊，郵便腳夫及土人搬運工等驚愕逃走，憲兵亦寡不敵眾而撤退，適大苓庄憲兵屯所憲兵七名及古亭坑交通連絡兵來援，合力擊退匪群。據該日被土匪虜去的新埔庄苦力一名脫險回來云，此次土匪為楊豬屎、吳大城、黃振明及嘉義歐洪庄的匪徒二十人，花園庄、五甲尾庄等匪徒十餘人，看東、看西庄的匪徒三、四人。該股匪徒已離開灣潭，潛伏在九氳氤庄。[15]

　　由此可知，以「菢仔寮」一帶做為根據地的抗日份子楊豬屎等人，確實曾在關廟丘陵地帶的龜洞、田中、布袋尾、八甲寮、深坑仔等地，與日本憲警發生過交戰，並聯合當地的抗日份子一起參與，甚至最後還窩藏在當地。而這也間接的證實

15　臺灣憲兵隊著；宋建和譯，《臺灣憲兵隊史》，頁 414。

卓認確與潛伏在匏仔寮附近的抗日份子有所關聯。也因此在關廟流傳著一則龜洞庄戴姓庄民，因保護落隊遭追殺的日本憲兵，而獲頒一面「功勞牌」的故事；後來爆發「清庄事件」，龜洞及田中央受到了波及，戴姓庄民就靠這面「功勞牌」，才使龜洞免於被清庄，但田中央庄就無法倖免，據說田中央庄同日做忌者特別多，也使得彎崎、松仔腳逐漸沒落，今僅剩散居在丘陵地的幾戶人家。[16]

　　而自從「雙現街」沒落後，灣崎溪（番社溪）南岸的高雄市田寮區松仔腳庄人，為了生活所需，就必須到早期稱為「田仔中央」的關廟區田中里消費購物，久而久之，有許多的平埔族後裔，皆開始陸續遷入定居，包括卓姓後代，而且目前仍保有平埔族人的重要文化特徵，就是祭祀太祖矸仔的拜壺習俗，所以「卓認」不僅是崇德東堡里松仔腳庄人，還是西拉雅新港社的平埔族後裔。

五　結語

　　關廟區，顧名思義就是以關聖帝君為主要信仰的聚落，但除了當地信仰中心「山西宮」之外，從日治初期才開始出現的有應公小廟「董公祠」，到如今也發展成一間甚有規模的「定安宮」，百餘年來，亦形成了另一種頗具特色的在地信仰文化與相關的典故傳說；可是從歷史的角度來檢視，以前所記下的口述內容，或許隨著故事的傳承，部分已與史實稍有不同，所以，為了可以瞭解定安宮所奉祀之董元帥的真實性，從廟方記載董元帥事蹟的碑文《董公祠記》開始進行探究，用「以書找書」的方式，來還原真實的「董元帥」身分，以手邊所掌握的歷史資料研究，證實其原型並非空穴來風，而是確有其人，只是不確定盧榮祿筆下的高雄市湖內區葉厝甲人「董祈年」，是否為日明治 32 年（1899）遭逮捕的崇德東堡里松仔腳庄平埔族後裔「卓認」？

　　雖然目前關於卓認的日治時期檔案或史籍，並未如廟方碑文〈董公祠記〉所記載的董祈年一樣，曾於清末當過捕頭，並在 1895 乙未抗日戰爭爆發時，與外新豐

16　盧明教等，《濃濃關廟情 戀戀香洋風》，頁 436-437。

里田中央的盧拱讓，相偕投入劉永福的麾下，率領義軍前往支援當時由吳彭年帶領死守在彰化的黑旗軍，並在八卦山與日軍展開一場激戰，最後盧拱讓壯烈成仁，董祈年則因腿部受傷而返回故鄉。

倒是從眾多史籍剖析得知，卓認所屬的，乃是由張添壽、蔡愛為首，集結了嘉義、臺南兩地的抗日份子，以位於現今烏山頭水庫上游「匏仔寮」一帶，做為根據地所組成的武裝集團，常出沒於嘉義、臺南、鳳山等各地大逞其掠奪，並伺機襲殺巡邏之日警。

明治 32 年（1899）3 月 12 日 15 時許，卓認率領其黨羽埋伏在長興下里竹仔腳庄附近的甘蔗園內，待關帝廟支署紅毛厝派出所的八名巡查巡邏經過，隨即遭到卓認等人開槍射擊，造成巡查石神藤二郎當場身亡，濱川巡查也因此受傷，雖然其餘的日警立即開槍還擊，但卓認等人以溝渠做為屏障，日警難以推進，只能隔溝駁火，雙方僵持不下，即派員緊急通報關帝廟辦務支署，該所立刻派遣巡查及壯丁等數十名，以及憲兵五名趕赴支援，加上附近大東門支署及羌仔街派出所聽到槍聲，支署長也率巡查十名前來赴援，卓認才逐漸率眾散逸。

但由於已造成一名日警喪命，官方隨即發佈通緝令，全力緝捕卓認到案，因此針對卓認的出身地崇德東堡里「松仔腳」，展開大規模的清庄搜查，並以誘降的方式，逼迫卓認出面投案，所以分別在日明治 32 年（1899）4 月 1 日和 4 月 13 日成功誘降了多名卓姓族人，但卓認為避風頭，一直躲藏在「匏仔寮」，到了 4 月底以為風頭已過才回來關帝廟，沒想到卻被人出賣而遭到逮捕。

故從這些歷史文獻記載，與當地已故耆老盧榮祿（1922-1996）所作的〈董公祠記〉做比對，可以清楚的知道「董祈年」與「卓認」的事蹟，幾乎如出一轍，即使並非同一人，但絕對脫離不了干係，所以兩者之間並不衝突，甚至還產生了互補作用，還原了整起事件的來歷。

洪通的繪畫美學

吳嘉陵 *

摘要

臺南市北門區蚵寮里新厝仔，有著許多魚塭、宮廟及老磚房，洪通（1920-1987）故居紀念園區位於此。地方社造家採用油漆彩繪形式串聯起紀念園區的牆面，2016 年紀念園區逐漸完善。洪通以素人畫家的身分，影響著 1970 年代臺灣的美術風格和地方文化，也影響世界觀看南臺灣美學。洪通故居紀念園區代表著北門地方特色，是微型社會歷史博物館，講述著洪通與南鯤鯓廟的歷史故事，包括南鯤鯓廟、地方住民和洪通後代等等。2021 年臺南市立美術館為洪通舉辦「再現傳奇—洪通百歲紀念展」，百年冥誕回顧展分為「經典的形塑」與「風格與時代」兩個展區。「經典的形塑」精選洪通作品，點出其經典之處，「風格與時代」展區則展現洪通的風格獨特處，例如圖像學、宮廟文化的關聯，呈現出少見的地方特色與藝術家情懷。筆者嘗試融合以上主題，由圖像學來看洪通的風格語彙、道教文化元素、趣味人體、組織圖案填滿了空間討論洪通的繪畫美學。理解洪通創作圖案的母體形態，圖案的出處大略有三：鄉野傳說、神話故事和自己想像的創作空間，突顯出素人創作者的地域感與有限的知識。這些困乏與限制，讓人類的想像發酵成異想世界。

關鍵字：洪通故居紀念園區、南鯤鯓廟、美術鄉土運動、臺南北門

洪通和他人生最後落腳的「新厝仔」。（涂順從、黃文博／攝）

* 中國福建三明學院副教授

洪通的傳奇

　　臺灣是位於南太平洋上亞熱帶氣候的一座海島，洪通想像的畫出船、海／魚塭與土地的主題。20世紀時臺灣美術史論及洪通的畫作，不是由鄉土美學來談，便是以民間藝術家出身論其原創性，很自然的在1970年代以洪通與朱銘興同樣起於民間而被相提並論，之後兩人有了各自的發展，此即學者廖新田所言：因鄉土運動偶然的相遇，必然的分歧。這分歧來自於20世紀解嚴以後與國際接觸，由西方觀點看待整體美術史的脈絡，我們忽略了由本土意識看待亞熱帶下孕育的自然環境，人文環境的文化資產，以及臺灣人的本質。

　　所謂的「原創性」，是指個人鮮明且獨特的觀點，表達完整且具美學價值的作品。於是在洪通素人畫家風潮一過，「臺客美學」、「具地方特色的畫家」、「夜市文化」及藍白拖、懷舊品等等物件逐漸取代「本土」的定位。這是一條新的美學脈絡，突顯出臺灣藝術對藝術的尊重及多元看待。

　　洪通是點燃海島殖民的庶民印象。欣賞其原創性之外，還可以閱讀出他在殖民（日本）及觀察地方（農漁民）生計、生死信仰（宮廟）的終極關懷。可喜的是他對女性地位的尊重，來自於勞動婦女、傳宗接代的婦女，以及來臺異國的婦女，相互對照產生出女性的樸實／華麗，是男性眼中的女性。

　　1920年出生的洪通，本名洪朱豆，生於臺南北門，遺腹子，母親在他4歲時過世。洪通有創作力與毅力，機運並不順遂。洪通父親過世於日治時期（1895-1945），洪通在親人寄養下長大，對父母的印象不深，曾替人放牛、當過工人、漁夫、廟會時扶轎。寄人籬下，文盲，曾到高雄當建築工人與漁夫，許多前人記述簡略幾字便交代了洪通的前半生。1972年在南鯤鯓代天府廟後自行掛圖供人觀賞，獲得《漢聲雜誌》報導。1973年，雄獅美術四月號出版〈洪通特輯〉，開始有了藝術家的身分。1976年3月洪通在美國新聞處臺北分處林肯中心舉辦個展，展出約百幅作品，為期13天，同年5月在高雄大統百貨八樓展出兩百多幅。1986年妻子劉來豫辭世，隔年

洪通去世，享壽 67 歲。

　　北門當地相傳著他與神明相遇的傳奇，筆者於洪通故鄉進行田野調查，根據當地人的記憶，工人出身的洪通偶爾當乩童，替神明與問事的信徒代言，後來坊間的書籍，大多記載 50 歲的洪通某日開始創作畫畫，他認為是神明教他作畫，畫時大多在夜間鎖門一人畫，並且相信畫如符咒一樣有神明助力，如果把畫作賣了則他會喪失神力。由於洪通是沒有經過藝術訓練的素人，他的作品有傳統圖案與宗教的喻意，並且看得出他的世界觀是局促的、單純的，正因為他們對藝術的知識與歷史不了解，自發性的表達樣式，成為他獨特的標誌。

　　素人的創作，來自內心的喜好與慣用符號。於是重複其元素上，產生豐沛產量與質量；然而，貧瘠的是階段性創作的發展上，沒有明顯的進化，會吸引人的是，爆發的創造力與個人語彙與色彩。某種程度來說，原始藝術與母體藝術在形態上相似。在國際素人畫家的特質中，洪通符合「想像」、「神秘」、「宗教」等類型化特質。

　　洪通畫中的景象與圖紋形態，是由漁船、土地與地平線的關係交互形成的，對海洋生物的遐想，傳達出滿船豐收即一家溫飽，社會底層人對於生活與生計混為一談的最直接表達。洪通開創了臺灣素人畫家的傳承脈絡，也將素人畫家作品登至展覽場，國際上也將洪通視為臺灣的符號之一。洪通遠離商業畫廊，逝去以後約 370 至 500 張不等的畫作，交由其子保管，素描與草稿約上千張，他不僅是世俗裡最直率的藝術家，也是後人研究與理解人類原生藝術創作的重要對象。

㊂ 在美術鄉土運動裡

　　洪通從事創作的時間約 12 年（1970-1982），[1] 荷蘭畫家梵谷創作的時間也是約 10 年。他們兩人沒有因為開畫展而致富，認識他們的人們，都持定見與偏見看待，例如洪通怪人，梵谷是精神病人等等。他們都不易親近，對主流的藝術評價不重視，對大家的言論覺得困擾，活在自己的世界裡，並且有自己的繪畫論點。許多人嘗試

1　在紀年部分，藝評家陸蓉之認為是洪通有誤記，一般認為洪通是 50 歲開始畫畫，找到資料有紀年的是 1957 年，如是真實的話，洪通創作將提早到 37 歲。

給洪通在美術史的定位，例如以國外的原生藝術（Art brut）、樸素藝術或是素人藝術家、兒童畫領域及神秘藝術家等等。它們的共通性，是不重視質材的持久性、作品通常不大、容易損壞等，因為他們創作的當下，不是因為商業性交易與拍賣的動機。比較偏向於封閉社會，表現自我為主，直到國際開始注意到這類非主流藝術的重要性，納入商業拍賣與博物館典藏，藝術行為無意識的表達自己，打開心房與社會產生連結。洪通的畫作，在美國新聞處林肯中心展覽，代表著 1970 年代的美國，對臺灣畫壇交流的多元樣貌。1966-1976 年臺灣發起中華文化復興運動，以復興中華傳統文化為目的的文化風潮，10 年後，遭遇了外交國紛紛斷交及兩次國際石油危機，重挫了經濟與政治，文化界開始內省風雨飄搖中臺灣的重要性，外省籍的畫家開始將「故鄉情結」由對岸的原鄉，轉而到居住 30 年的臺灣。於是鄉土之景在北部、中部、南部的地域不同，種種鄉間風景、古厝與稻田、地形與光線交織下，成為畫面的主題，本土美學帶有懷舊意識、地方性文化特色，於是臺南北門出身的漁工洪通與苗栗三義木雕師朱銘等，以鄉土藝術家身分陸續被新聞報導。

於是，臺灣在正統中華文化以外，洪通透過地方信仰賦予北門農漁生活特色畫面及人情風俗，洪通也可以說是臺南北門人對宮廟的信仰文化觀；洪通代表的，不只是他這個人而已。

☰ 畫作是洪通的孩子

1970 年代的資料，記載洪通認為「畫作是他的孩子」、「他與畫作是一體的」、「畫畫只為開心快樂」……，眾說紛紜，由於洪通個性固執少言，作品有難解的繪畫語彙，個人直觀式的創作，很少向不熟悉他的人說明，也隨性想說甚麼就說甚麼，他對城市與商業畫廊的排斥，使得他晚期時獨居凋零，窮苦一生。筆者認為以其堂弟轉述洪通本人當時的說法最為真實，洪通認為自己是「神的代言人」，畫賣了他便喪失畫畫的能力。堂弟也曾問他畫的圖樣是甚麼？洪通拒絕說明。生命晚期最支持

他的妻子因病去世，加上自己生病不再畫。這謎樣的畫面，成了後來許多藝評家自我詮釋的理論。無法解釋洪通堅持不賣畫，貧困如故的緣由。

　　洪通的固執少言，讓他的作品語彙，一再重複相似的圖案，圖案造形不一，令人想起日本藝術家草間彌生執著於南瓜表面與整體黑色圓點的表達上。草間彌生說她看到的世界與常人不同，眼前就是充滿了黑色圓點。在原生藝術家認知裡，「生物同時屬於礦、植、動物三界，而它們的並置、重疊或層疊，使最小的與極大的得到同化，總結來說，在這類作品中雖然很難找到進步的跡象，某些循環卻是可能存在的。」[2] 幻想的人與動物等合體有別於真實世界，卻靠近了洪通真實的心靈世界（trans-substantiation）。洪通作品畫面透露靈性、畫面流露出強烈精神力量、筆觸濃密、紋理纖細、形式繁瑣、無師自通的繪畫技巧，用色彩顏料，取材自然物，自行研磨混合，自製而成。

　　繪畫材質以底材為主，分甘蔗板、紙、畫布等三種，經濟拮据情況下，繪畫用具在文具店購買，簡單色筆來進行描繪，曾經使用民間春聯紙、密集木板等廉價繪畫材料，受限於質材，色彩與精緻度粗獷不拘，又受到宗廟文化的影響，是他表達思想的美學特徵，具有強烈的個人特色。

　　據知洪通創作畫作時，除了以慣用手的右手為主外，有時會以左手、雙腳、生殖器具等身體部位輔以作畫。洪通約 50 歲時，曾經進入學院出身的曾培堯的畫室學畫。有一說是他突然想畫並向太太下跪，自此以畫畫為主，家中經濟委由妻子擔任，每月支出畫畫材料約 1000 元，妻子也是工人身分，不懂繪畫之於洪通的重要，還是尊重了。另一說法，比較可信的是，說他去參觀過畫展，認為畫畫不難，自己也會畫，他畫時習慣閉門造車，困頓時會去觀摩曾培堯畫畫，與曾培堯學習不足一年。洪通作畫時，喜歡把自己鎖在昏暗的房間裡，鄰人詫異其行徑，大約創作 3 年後於王爺進香期自行掛畫展出，意外讓漢聲雜誌社黃永村等人認同，進而報導他的奇特畫風。看過他的畫的人，有人說和「鬼畫符」無異，充滿神秘而不解其意。

2　Francoise Monnin，呂淑蓉譯，《原生藝術》（臺北；金鴻兒童文教基金會出版，2000），頁 29。

㈣ 道教文化元素

　　洪通神秘的畫面，也代表著乩童的視界，例如畫中人物少畫耳朵，因為洪通認為畫中神鬼或人物，一旦畫上耳朵代表天聽開啟，會聽到人世間的是非與叫罵。在道教的籤詩、民間諺語及日常生活，都成為他的繪畫結構表現，其中的文字與圖像，影響了繪畫中的花草樹木與符號等，受過去生活背景的影響，繪畫中充滿熱鬧、神幻、宗教信仰的意象，部分畫作整體結構與道教畫相似，道教畫分多層，幾層「天」幾層「地」，整張繪滿符籙的花樣，而洪通畫的分層結構，代表他對世界的秩序和事物本位的感受，所以洪通畫的是人、萬物與天地的關係，又因為他不識字，自己創造畫字體，在充滿自我意識的圖像畫面，存有鬼神與現實，充滿著「薩滿與神秘」的世界，少人看過洪通畫畫的過程，他通常在夜間作畫，用廉價的廣告顏料、墨、雙手畫畫，晚期甚至畫到家門面。洪通是世界上少見的例子，鮮例可循。

　　在歐美國家的「原生藝術」裡，提到了許多和洪通相同的素人，他們的職業與身分都是普通人，執迷於自我藝術的表達，而完成代表作。藝術除了美化的功能之外，逐漸被人看重的是治療的部分；素人藝術家想逃避外在世界的匱乏與不滿，利用創作來打發時間，畫面賦予了神聖的時間性。

　　畫面中，作者的個人密碼，只有洪通才明白其意，偶爾畫面會出現「日本國旗、美（米）國及中華民國」的國旗，作品紀年是用裝飾體的「中華民國」字體，字體常有錯字，卻畫得十分自在，這也代表他的生命周期，市經歷過「日治─國民政府來臺─美援」時期，化為符號表示臺灣的時代感。

　　洪通因家貧而無緣識字，如果能認得一些字，是硬記其字體，畫面上的字體是用拼湊的，看似字體對，仔細看字形少一劃或多了裝飾線條。原因有二，可能是洪通對知識缺乏的不自信，或者可能是以道教符咒字體的變形。因為是雙手寫出文字，文字有正反顛倒的形式，還有不解其義，依樣畫葫蘆隨性寫出。似寫又似畫，有時粗黑字體內藏有人形，有時字形缺筆劃，例如「何」寫成「河」、「洵」二字的合

體，觀畫者有了猜謎的趣味，卻找不到答案。「古士」二字疑是「故事」之意，可能要用臺語來讀字猜意。中華民國的字形加上裝飾畫，成為每張不相同的紀年，有時「民國」成了「明國」。有時出現道教或基本字形經常出現的字，「古月虫天下日山油水木水申法」、「六三士中興明泰」、「九華山」、「天臺山」、「東川月河」等等字串，字中有畫，畫中有字；古人云詩中有畫，有相合的意境，洪通的字與畫是不相干的，看起來似乎有協調，其實是浮光掠影、缺橫豎筆勢的文字。洪通不在意字體正確與否，道教的符籙是神的字跡，是屬於道教界的，洪通只是把它們融入畫中而已。

　　道家認為天地之間的形勢，都可以畫為文與符籙，包含視覺可見與不可見的。符上字是人與天神溝通的語言符號。籙是指記錄「諸天官的法牒，有共同的符圖、咒語」，祝咒訣語是神示與安慰人心、威嚇鬼神的法力作用。[3] 以毛筆沾朱砂、墨，在黃色土紙上畫符文。洪通曾經參與道教儀式，相信神祇的神權，能夠超越人世的局限，產生安定人心的作用。世人遭遇到災禍、生病，尋求醫學的幫助以外，民間重要安頓人心的力量，即使病情有起色或是事情圓滿解決，都會歸於神祇的幫助。

　　洪通深信消災治病的宗教信仰，並且認同自己看得到的視界。那視界存在於天間與人間，是無形的風、水或雲，有形的神殿、神的化身，想像人死後的世界。加以道教的世界觀，形化為天界、人界與地界等三個部分。洪通的畫面，經常取二至三個表達形式，神鬼人的造形盡可能不重複，輔以咒文表達之。符籙在書法圖象中，書法家李聰明略分為八類符篆：山形、水形、雲形、龍形、人形、天書、龍形、鳳形及混合式。一張符籙通常混合兩種以上於同一符面，洪通亦採用之。山形圖通常為道教山真形圖，民間傳說南北朝時期道士入山修行的密圖，好讓家人安心。[4] 兼雜以水形與漢字揉合之，以長幅形式為主，可能是洪通的畫面，經常出現長幅的原因之一。這類水形、龍形及山形等混合的筆法，將漢字變體衍生成為個人符號。

3　李聰明，《道家天文的書法藝術》（臺北：大千出版，2006），頁 22-25。
4　李聰明，《道家天文的書法藝術》，頁 41。

⑤ 人體趣味的組合

　　洪通畫作元素多以人物、花鳥、樹木、船舶、飛機為主題，創作風格充滿童趣，甚至也有一些宗教陣頭、廟宇建築、布袋戲、歌仔戲等日常生活表現，民間諺語、籤詩也是他繪畫拼湊組成結構。洪通繪畫技巧用色多變且鮮明，不拘泥於實體的比例，創作風格超脫現實且自由，極具想像力；畫作樸拙簡單的圖，但卻能呈現出均衡且對稱的藝術美感。他的崛起與沒落像是煙花一般，起於 1970 年代又迅速殞落於 1980 年代。

　　洪通的畫面人物形式，分為鳥人／雞人、花草人、背景人等，所謂「背景人」是融入場景、物體及填充圖面等用途。基本上用圓臉上簡化的五官，便能夠辨識出人的造形，更精緻的人，是鳥（雞）與人的結合，或是魚與人的結合，人身四肢都可能長出盛開的花，鳥（雞）與人的結合，很直接聯想到臺南北門鄉間養家禽的人家，等到地方節慶或清明時可以祭拜，鳥與花是鄉間自然風景的一部分，鳥還有可能是南鯤鯓廟頂上方的朱雀、人間的孔雀或家禽等，如果以道教思想的角度來解讀，可能是輪迴的概念。由於洪通畫的雞近似火雞，臺灣農家有養火雞，造形比起母雞、公雞更容易誇飾表達，嘴細長有肉垂，頭大且少毛，雙翼與主羽都有展開的形式，成年的尾羽長度相等，洪通有時會在尾羽寫著「米」、「美」等字圖，日治時期的報章雜誌，記載「美國」的諧音就是「米國」。

　　女性裝扮上載滿花朵與魚、裝飾品等，盛開的花，如花圈上塑膠花的聯想，正面花出現的次數很多，代表洪通對裝飾物的美學觀。也代表 21 世紀流行的樹葬概念，人去世以後，肉身化為塵土，滋養土地，生死如同花開、花落。約在繪畫晚期，洪通畫中的女子身穿花衣裙，上衣／下裙的花色不一樣，花布與他一貫的花圖案是同一形態，辨識度很高。

　　反觀 2019 年 10 月在臺灣博物館與澳大利亞國家博物館共同舉辦「大師：澳大利亞原住民樹皮畫特展」，當中的展品〈儒拉津勾氏族葬禮〉，素人畫家馬瑟曼・馬

瑞卡創作出,「上半部是光束的彩色線條,下半部用紅黃黑三色象徵靈魂、精靈與送葬者,結合傳統演奏樂器,呈現原住民的宗教信仰與喪禮風俗,傳達萬物皆有靈和輪迴的概念。」而作品〈彩虹蛇納里奧德〉是由巴戴耀·納加麥瑞克創作,〈彩虹蛇〉是祖靈幻化成多種形態,畫中的「彩虹蛇」有鱷魚的頭、鴯鶓的胸脯、魚的尾巴、長著睡蓮的脊背,以豐富的想像力,將當地的自然景象,巧妙轉化為圖像。洪通也不惶多讓在葬禮上出現十字架的教堂,及葬禮儀式甚至是人死後輪迴的世界,洪通進一步思考靈魂去哪?祖先一個個頭排列冒出畫面,有如祖先牌位或者是族譜的排位,永恆的存在現代人追古的意識裡,象徵著祖先的圖像,可能傳達出父系社會的家族意識。

此外,洪通還用一些色彩來分辨陰間與陽間的人。人臉的顏色有白色、肉色、青藍色、土黃色與橄欖綠色等,無視於是用紅紙還是其他顏色當底。陽間人通常以肉色臉來表現,其餘臉的顏色屬於陰間人,無色的話用穿黑衣來暗示。1973年賴傳鑑在,《洪通特輯——洪通訪問記》中提及:

> 我對鯤島的名字感到懷念,即像我無限懷念我祖父一樣親切。因為那些是屬於我們祖先、祖父、父親時代的產物……。我腦袋裡的臺南古都,應該是充滿著民俗與傳奇色彩的……,想像中的人物體格都屬瘦型……,為何我會這麼想,理由不明,只是我以為這麼想像才像我祖父時代的典型人物。……童年時我家開雜貨店……,小時候我最怕上店樓上,那樓上堆滿一籠籠的金紙銀紙……,還有在人死時在靈桌前供養的一對對男女紙人兒……,到了洪通家,在他的畫裡,我意外地再次踫到了這些小人兒的臉孔![5]

還有一個細微處,暗示出活人與陰人的差異,以眼睛為例,有雙瞳眼、翻白眼、黑眼及黑瞳眼等,黑眼與黑瞳眼的差別,在黑眼中一白點代表瞳孔,炯炯有神的精神。而雙瞳眼充滿血絲,屬於陰界的人。入棺躺著的人,有一張青綠的臉、有些牙縫用複線強調微暴,陰界人入殮時寫實的神情。這是畫家與觀畫者的經驗之談。

---

5   賴傳鑑,《雄獅美術》·「洪通特輯」,雄獅美術出版社,1973年。

洪通的畫面，有時出現西方教堂、南鯤鯓廟及棺木葬禮，代表洪通思考過人死後的歸宿，思考死後的靈魂與不同宗教的歸處，傳宗接代的觀念十分強烈。洪通眼中的男人與女人，代表著他對人的審美標準，他曾以水彩畫三位正面女子，由外形來看，髮際中間處有刻意的瀏海，這瀏海如清朝女子，耳掛垂肩的耳環，花衣格子裙，似鐵鏈的足一律朝右，四肢纖細，瓜子臉型及櫻桃唇、無鼻，早期的女人形態，成了他所有畫中美麗女子的基調。俊挺的男子，是官帽穿正式衣著，有時會在胸上寫「神」，意思是非人類，也有斗笠男、鬍鬚男、戴帽男與軍帽男等等，男人與女人都正面正身示人，以示莊重之態。

　　另有一類男人與女人是生活中的勞動者，抱孩的婦人與家庭成員。雖然是洪通簡單幾個連筆便完成，卻充滿了動態，不重複的線條，充滿了創意的幻想，身軀變化多端，這便是素人畫家令人著迷之處。有一幅圖中女子環抱大腹，腹中有花草、蝸牛的生態，女子前面如菜圃一畦，一人頭頭排列著，那畦人頭們暗示著祖先魂與傳承的精神；有女子背二子，手牽子不勝負荷的狀態，還有一夫妻緊抱一子的團團抱，家人情感濃厚的象徵，女性特質不明顯，無長髮、無美裝，很真摯的圈出二大臉與一小臉緊緊依偎，母性就多了一點捲髮，或是雙乳，奇特在於簡單描繪便有女態。

　　還有畫出禁忌的場面，夫妻同床、女生子，雙腳是雙魚，男子露生殖器或長猴尾巴，還有女性子宮內有鳥、花、魚頭、飛翔人的姿態，想像力十分豐富。一般人想生育的願望，有到廟裡作法的習俗，種白花代表想生男，種紅花代表想生女，想生幾個便種幾朵花的習俗。由古老習俗來看洪通對於女性器官／傳宗接代的寄望，可以聯想到他所表達的家族觀念。

　　洪通的人群畫極為有活力。人群的形式，有疊疊人、圓圈人、直排人、相擁人、扶持人、給與授的人、抬物／背物人及缺四足的人們。「疊疊人」是人頭上疊人再疊人，形成人的疊疊樂；「圓排人」是排成圓形的男女，如同原住民的祭舞，不一定手牽手。此外，洪通還有缺足、多頭、合體人加上文字等形成畫面，一個個不穩定的人，在整體畫面中或擁或扶，自然而然形成穩固的構圖，更有趣的畫面，是圓圈人皆仰著頭看天，隱約可見胸至腹及腳的描述，輔助仰著天空的姿態。一群人在

看甚麼？我們無法得知。祈福天神？看飛機經過？或是看天候？不得而知。「仰望」之於洪通，是他常畫的硬筆素描主題，魚與人的合體，也是他認同的主體。

㈥ 組織構成的空間

洪通成長的社會環境，是社會底層生存的人，心理上對於工作環境危險與生命的溫飽與安定比較敏感，反映在畫面上，不僅是漁夫對海洋發怒會吃人的恐懼，也反映在他童年日治時期美軍攻打當時屬於日本統治的臺灣，也恐懼臺灣在戒嚴時期陌生的對岸（中國），以及海洋上捕魚遇見的東南亞人、外國人，後來攻打臺灣的美軍，在國民政府來臺以後成為防守臺灣的美援立場。這些新聞題材與時代感，在洪通的畫面上看起來零碎且片段，仔細觀察仍能解讀出他的政治立場與國家意識，國旗的旗幟、死亡的軍人及一些依樣畫葫蘆反面有誤的日本文字，有著顛倒、隱晦、無意識的想法，與片段平行時空，字母、事件、面孔混雜一起成謎，一張張畫濃縮他的前半生。

在他的眼中（業餘的漁民與工人）看到的臺灣是如此殖民主義。每當漁船回航時，一條線的岸邊是臺灣也是家。漁獲量決定家中經濟的輕或重。如果去除農（漁）夫的身份畫出記憶中的殘像，賦予宗教永保平安的神效。洪通當農（漁）夫的土地／魚塭體驗以及關心國家的新聞事件，是其他素人畫家沒有的時代意義。也是臺灣美術史把洪通歸類為鄉土美學代表人物的原因。也是跳脫出民俗學文化資產的珍貴價值。

洪通在學院派為主流的臺灣美術史另闢蹊徑，以生活為主題，進行擴充的滿幅，發展出區隔的畫面形式，一層層的格狀空間，容納著許多細鎖的生活物件，物件簡化而平面。洪通使用了原始藝術常見的幾何紋樣。鋸齒形的線條，格子式的編織，幾乎是他的基本手法。線條結構加上素描統合，類阿米巴的自由形態，鋪陳以艷麗的民間色彩，呈現出時間與勞力的堆積，多層重複是民俗藝術衍生出的胚體藝術，素人畫家在作品表現上神祕的造形，素人畫家不具備學院的藝術理論，其素樸

的認知，是臺南鄉土與時代的特色。

　　洪通的作品背景有時會上色，以色彩來區隔陰陽的空間，像是幾層地獄的界線。此外，空間常出現上／下弦月及圓滿的太陽，日落月出象徵著人的生與死，是永恆的道理。仔細觀賞洪通畫的人，是畫面最精采的部分，有仰天的人，有雙面剖開的魚，有船的剖面圖、正面圖、側面圖等等。無論是何種物體，他的畫面都有動態，顯得生意盎然，充滿勞動力與植物生長力；在船的部分，船的輪動機械圖，代表洪通對船的硬體整體了解如何運作，加上有救生圈、船舵、船錨、燈塔等圖案填充畫面；此外，船還有冥界的船，有紙人、紙屋、輪子等輔助運作，想像力極為豐富有趣。

　　畫面中人的背景，有房子、大樹及花草等，比例上相近，如同兒童畫的畫面，洪通不會透視表達空間物體的遠近，房子的主題，有兒童畫的三角屋頂與田形窗屋，還有臺南有菜圃的民宅，也有正面廟門與屋脊，也有十字架的教堂，描繪仔細又耐看，有時要用放大鏡來細看。似乎他對所有的宗教，都有著神聖的敬意。

㊆ 結語

　　洪通的一生歷經時代的更迭，如大海波浪般形成動態的晃動，他的傳奇故事，影響到臺灣美術史的風格，也影響到臺灣的繪畫，由中國的畫境，轉為臺灣的鄉土情懷。他去世三十餘年間，其子協辦許多回顧展及表演《洪通計畫》的戲劇。2015年臺南官學合作規劃彩繪北門為洪通彩繪村，北門成了洪通的代名詞。洪通在當代裡最大的意義，是讓北門發展成為社區營造精神下的紀念園區，讓臺南的濱海小村落，因為有了洪通而有核心價值，成為地方的傳奇。

《臺南文獻》稿約

一 徵稿說明

一　本刊為半年刊，每年 6 月、12 月出刊，係研究有關臺南文獻之學術性專刊，園地公開，舉凡與臺南有關之人文、史地、社會、文化等等論述、史料、田調、訪談……，均歡迎賜稿。

學術性「論述類」稿件請依題目、摘要（500 字內）、關鍵詞（5 個內）、本文、參考書目等順序撰述。

二　來稿以未發表之稿件為限。凡學術性「論述類」稿件每篇以不超過 2 萬字、一般性著作以不超過 1 萬字為宜，內容務必據實考證，切忌虛構事實或有類似攻訐情事；**凡經採用，略贈薄酬（每篇最多不超過 8000 元）**，並贈送該期刊 6 冊。

三　文稿請用電腦繕打印出，並附電子檔；照（圖）片請附 JPG 檔（1600×1200 以上），其取得與使用權需註明出處並由作者負責，填寫投稿者基本資料表後簽名。

四　著作權歸屬：

1　各篇著作者享有其著作人格權，本刊則享有著作財產權；第三者若欲轉載、翻印、翻譯，需先徵得著作者及本刊同意後始得為之。另本刊保有日後推展公益及文教業務所需之刊登發行權。

2　來稿一經採用，本刊除採紙本發行外，日後並有以電子書或光碟等數位格式發行之權利，經採用之文稿不另支付其他報酬或費用。本刊並有權再授權國家圖書館或其他資料庫進行重製、透過網路提供服務、授權用戶下載、列印、瀏覽等行為；為符合各資料庫之需求，作者同意使用人得酌作格式之修改。

五　投稿時請同時填寄：「《臺南文獻》投稿者基本資料表」（如 p4）；來稿錄用與否，均不予退稿，請自留底稿。

六　本刊採雙人匿名審稿制，如有需要，作者需作必要之修稿；另為編輯需要，本刊對來稿有刪改權，不願刪改者，請於稿面註明。凡經錄用之稿件，作者不得要求抽回。

七　來稿請寄，地址：73049 臺南市新營區中正路 23 號；電話：（06）6324453。

並於信封註明「臺南文獻徵稿」。

二 截稿日期

每年 3 月底前、9 月底前。

☰ 撰稿體例

一　格式：

1　A4 規格，橫排，標準版面（上下 2.54，左右 3.17），頁碼置中。

2　字型為新細明體。若有引用文字則用標楷體，直接引原文時，短文可逕入正文，外加引號；如所引原文較長，可另行抄錄，全部空 2 字。

3　字體大小

　　題目：16 號字，置中。

　　小標：14 號字，置中。

　　內文：12 號字，首行空 2 字，每段與後段距離 0.5 列；左右對齊。

　　子目：篇內各節，如子目繁多，應依各級子目次序標明，其次序為：壹、一、（一）、1、（1）。

4　圖表之編號採阿拉伯數字（如圖 1、表 1）；「圖」的標題標示於圖下置左，「表」的標題標示於表上置中。

5　如有臺語專用術語，請括弧注音；注音系統採用教育部「臺羅拼音系統」。

二　標點符號：請用新式標點符號。「」用於平常引號；『』用於引號內之引號；《》用於書、報、期刊；〈〉用於論文及篇名；（）用於夾註。唯在正文中，古籍書名與篇名連用時，可省略篇名符號，如《諸羅縣志・風俗志》。

三　關於年代：

1　統一用詞：荷蘭時期、鄭氏時期、清領時期、日治時期、民國時期。

2　1895-1945 日治時期用日本紀元（日明治、日大正、日昭和）。

3　朝代紀元後面加西曆，如：清道光 3 年（1823）、日大正元年（1912）。

4　民國 34 年 8 月以後可用民國或直接寫西曆，如：「民國 100 年（2011）」或直接寫「2011 年」。

四　關於數字：年代、數目，一律用阿拉伯數字；字體採用 Times New Roman。

五　註釋：隨頁附註，統一置於標點符號之後。註釋內之引用文獻第 1 次出現時，須列舉全部出處資料，第 2 次以後可用簡略方式表示之。中外文並存時，依中文、日文、西文順序排列。

六　引用專書或論文，請依下列格式。

1　**華日文專書**：作者，《書名》（出版地：出版者，年份），頁碼。

　　初引：何培夫，《南瀛古碑誌》（臺南：臺南縣政府，2001），頁 11-22。

　　再引：何培夫，《南瀛古碑誌》，頁 22-33。

　　書目：何培夫，《南瀛古碑誌》。臺南：臺南縣政府，1995。

2　**華日文論文**：作者，〈篇名〉，《期刊名稱》卷期（出版地：出版者，年月），頁碼。

初引：戴文鋒，〈臺灣民間有應公信仰考實〉，《臺灣風物》46：04（臺北：臺灣風物雜誌社，1996/12），頁 94。

再引：戴文鋒，〈臺灣民間有應公信仰考實〉，頁 96。

書目：戴文鋒，〈臺灣民間有應公信仰考實〉，《臺灣風物》46：04（臺北：臺灣風物雜誌社，1996/12），頁 94-96。

3　**西文專書**：作者 - 書名 - 出版地點 - 出版公司 - 出版年份 - 頁碼。

初引：C. R. Boxer ed., South China in the Sixteenth Century (London: Hakluyt Society, 1953), pp. 304-305.

再引：C. R. Boxer ed., South China in the Sixteenth Century, pp. 304-305.

書目：C. R. Boxer ed., South China in the Sixteenth Century. London: Hakluyt Society, 1953.

4　**西文論文**：作者 - 篇名 - 期刊卷期 - 出版項 - 年月 - 頁碼。

初引：Joshua A. Fogel, " 'Shanghai-Japan': The Japanese Residents' Association of Shanghai," Journal of Asian Studies 59.4 (Nov.2000), pp. 927-950.

再引：Joshua A. Fogel, " 'Shanghai-Japan': The Japanese Residents' Association of Shanghai," pp. 927-950.

書目：Joshua A. Fogel, " 'Shanghai-Japan': The Japanese Residents' Association of Shanghai," Journal of Asian Studies 59.4 (Nov.2000), pp. 927-950.

5　**華文報紙**：〈標題〉 -《報紙名稱》（出版地）- 年月日 - 版頁。

初引：林雪娟，〈安平國小學童震撼教育〉，《中華日報》，2009/9/15，版 B6。

再引：林雪娟，〈安平國小學童震撼教育〉，版 B6。

書目：林雪娟，〈安平國小學童震撼教育〉，《中華日報》，2009/9/15，版 B6。

《臺南文獻》投稿者基本資料表

姓名		投稿日期	
投稿題目			
稿件字數	稿件全文（含華英文摘要、正文、註腳、參考文獻、附錄、圖表等） 共＿＿＿＿＿＿＿＿字（請務必填寫）		
服務單位與職稱			
研究領域			
通訊住址			
電話	（O）： （H）： 行動電話：	傳真	
電子郵件			

1 茲保證以上所填資料無誤，並保證本文內容全部未曾在其他刊物出版，亦無一稿多投、違反學術倫理或侵犯他人著作權之情事，否則願負全責。

2 投稿者應保證本文內容為自己創作，如有侵權情事應自行負責，使用他人照片或著作，應取得著作權人之合法授權。

作者簽名：　　　　　　　　　　　　　　　　　日期：＿＿＿年＿＿＿月＿＿＿日

臺南文獻第 20 輯

R037

發 行 人	黃偉哲
總 策 劃	葉澤山
副 策 劃	陳修程、林韋旭
編 輯 委 員	謝國興、黃文博、戴文鋒、何培夫、許献平、鄭道聰、林喬彬
總 編 輯	黃文博
行 政 編 輯	何宜芳、陳慧文、郭錦童
校 對	各篇作者
書 籍 設 計	謝明佑
出 版 者	臺南市政府文化局
地 址	70801 臺南市安平區永華路二段 6 號 13 樓
電 話	（06）6325865
編 印 發 行	編印發行：蔚藍文化出版股份有限公司
負 責 人	林宜澐
總 編 輯	廖志墭
地 址	11072 臺北市信義區基隆路一段 176 號 5 樓之 1
電 話	（02）22431897
總 經 銷	大和書報圖書股份有限公司
地 址	24890 新北市新莊市五工五路 2 號
電 話	（02）89902588
印 刷	世和印製企業有限公司
出 版 日 期	中華民國 110 年（2021）12 月初版
定 價	420 元整

ISSN	2227-8168（平裝）
GPN	2010100948
分類號	R037
局總號	2021-650